Im Tal des wilden Eukalyptus

Das Buch

Die junge Irin Moira hat einiges durchmachen müssen: erst die Zwangsheirat mit dem ungeliebten Arzt Dr. McIntyre, dann die Auswanderung nach Australien. Jetzt aber hat sie ihren Mann verlassen, um ein neues Leben mit dem Ex-sträfling Duncan zu beginnen. Und das Schönste ist: Moira und Duncan bekommen ein Kind!

Doch die Ruhe trügt. Ein Aborigine-Häuptling verbreitet Angst und Schrecken mit Überfällen auf weiße Siedler, Duncan ist plötzlich verschwunden, und zu allem Unglück nimmt McIntyre Moira auch noch das Kind weg. Moira bleibt allein zurück, weiß nicht, wo ihr Geliebter ist und muss ohne Hilfe die Ernte durchbringen. Die junge Frau sieht nur einen Ausweg, um ihr Kind zurückzubekommen: Kurzerhand entführt sie ihren Sohn – und nimmt dafür alle Gefahren in Kauf …

Die Autorin

Inez Corbi, geboren 1968, studierte Germanistik und Anglistik in Frankfurt am Main. Sie lebt im Taunus und widmet sich inzwischen vollständig dem Schreiben.
www.inez-corbi.de

Von Inez Corbi ist in unserem Hause bereits erschienen:
Das Lied der roten Erde

Inez Corbi

Im Tal des wilden Eukalyptus

Australien-Saga

List Taschenbuch

Besuchen Sie uns im Internet:
www.list-taschenbuch.de

FSC
www.fsc.org
MIX
Papier aus verantwortungsvollen Quellen
FSC® C083411

Originalausgabe im List Taschenbuch
List ist ein Verlag der Ullstein Buchverlage GmbH, Berlin.
1. Auflage September 2012

Umschlaggestaltung: ZERO Werbeagentur, München
Titelabbildung: Liebespaar: Getty Images/© Kurt Hutton;
Pflanzen: plainpicture/© Lonely_Planet
Satz: LVD GmbH, Berlin
Gesetzt aus der Sabon
Papier: Munkenprint von Arctic Paper Munkendals AB, Schweden
Druck und Bindearbeiten: CPI – Clausen & Bosse, Leck
Printed in Germany
ISBN 978-3-548-61116-7

Für Katja

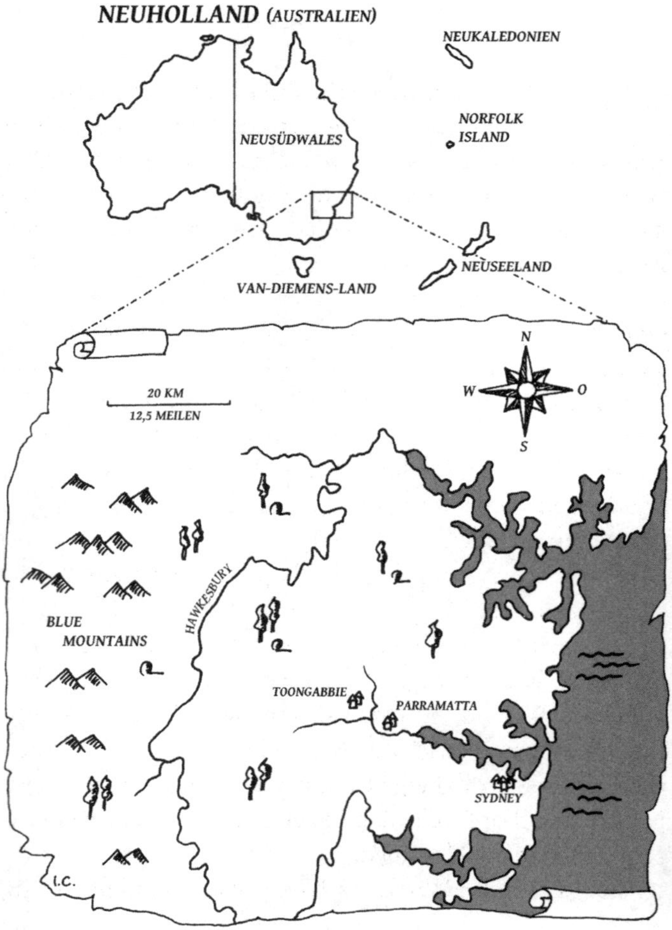
NEUHOLLAND (AUSTRALIEN)
NEUKALEDONIEN
NORFOLK ISLAND
NEUSÜDWALES
NEUSEELAND
VAN-DIEMENS-LAND
N
W
O
S
20 KM
12,5 MEILEN
HAWKESBURY
BLUE MOUNTAINS
TOONGABBIE
PARRAMATTA
SYDNEY
I.C.

1.

Grob zerteilte Karotten und Lauchstücke lagen auf dem Küchentisch, daneben die Blätter eines halben Kohlkopfs und drei kleine Zwiebeln. Mit etwas Glück würde das Gemüse eine essbare Suppe ergeben, und dazu hätten sie dann noch die Reste des gestern gebackenen Brots.

Moira schob die Ärmel ihrer Bluse hoch und strich sich eine Strähne ihrer schwarzen Haare zurück, die ihr ins Gesicht gefallen war. Sie sehnte sich nach etwas Abwechslung in dem eintönigen Speiseplan, der jetzt, im Winter, meist nur Kohl und ähnliches Gemüse umfasste. Wie lange hatten sie schon kein Fleisch mehr gegessen? Aber wenn das der Preis für ein Zusammenleben mit Duncan war, wollte sie ihn gerne zahlen.

Sie wuchtete den schweren Topf aus dem Regal und stellte ihn auf den Tisch. Sollte sie alles zugleich aufsetzen? Kurz entschlossen gab sie das gesamte Gemüse in den Topf, eine Kelle Wasser folgte. Sie griff nach dem Fässchen mit dem Salz. Wie viel Würze brauchte dieses Gericht? Moira tat sich noch immer schwer mit solchen Dingen. Schließlich warf sie eine großzügige Prise der weißen Körner hinein, hängte den Topf über das Feuer und schob ein weiteres Holzscheit in die Flammen.

Auch wenn der Winter in Neuholland weniger streng war als in ihrer alten irischen Heimat, war sie froh über die

Wärme, die die einfache Feuerstelle ausstrahlte. Für eine Weile stand sie dort und sah zu, wie die Hitze im Gemüse aufstieg und die Suppe langsam zu köcheln begann. Dann griff sie nach ihrem wollenen Schultertuch, öffnete die Tür und ging hinüber zu der kleinen Vorratshütte, die Duncan erst in der vergangenen Woche errichtet hatte. Auf dem umzäunten Stück Erde daneben fingen ihre drei Hühner aufgeregt an zu gackern, als Moira das Gatter aufsperrte.

Auf der Wäscheleine, die sie auf der Wiese von Baum zu Baum gespannt hatte, flatterten Hemden und Strümpfe, die sie heute Morgen gewaschen hatte. An solchen Tagen wünschte sich Moira jemanden, der ihr diese anstrengende Arbeit abnehmen könnte. Jemanden wie Ann, die für solche Dinge zuständig gewesen war, als Moira noch in Toongabbie gelebt hatte. Sie hatte nicht gewusst, wie viel Anstrengung es bedeutete, auch nur die wenigen Kleidungsstücke zu waschen, die sie besaßen und die zum Teil schon arg verschlissen waren. Für Moira war es nicht länger wichtig, ihre Garderobe danach auszuwählen, ob sie ihren hellen Teint und ihre blauen Augen am besten zur Geltung brachte. Wichtiger war inzwischen, dass die Kleidung so lange wie möglich hielt. Ihre feingliedrigen, ehemals gepflegten Hände waren mittlerweile rau und rissig, und oft genug hatte sie Schmutz unter den Fingernägeln. Ihre Mutter wäre sicher entsetzt, könnte sie sehen, wie ihre Tochter hier lebte. Und doch hätte Moira dieses Leben um nichts in der Welt wieder hergegeben.

Sie ließ den Blick über das Stück Land schweifen. Dreißig Morgen, die Duncan gehörten, seit er kein Sträfling mehr war. Eine leicht hügelige Fläche von dreihundert mal vierhundert Schritten, größtenteils bewachsen mit Gras und Büschen, im Süden begrenzt von einem schmalen Bach. In den vier Monaten, die seitdem vergangen waren, hatten sie

Bäume gefällt, Wurzeln entfernt, Sträucher herausgerissen und Erde umgegraben. Wenn der Winter vorüber war, würden sie ihre erste Saat ausbringen können. Hinter ihrer Hütte, wo Duncan demnächst eine Scheune für das Getreide bauen wollte, stapelten sich grobgeschnittene Bretter.

Moira öffnete den Hühnerverschlag, griff hinein und tastete im Stroh herum. Nur ein Ei. Nicht gerade viel, aber besser als nichts. Duncan würde sicher wieder darauf bestehen, dass sie es bekam.

Sie schloss den Verschlag – und fuhr zusammen, als sich ein dunkler Schatten neben dem Schuppen erhob. Vor Schreck ließ sie fast das Ei fallen.

»Ningali!«

Das Mädchen stand vor ihr, mit leuchtenden Augen in seinem lachenden, karamellbraunen Gesicht, bekleidet nur mit einem alten Hemd, um das es einen Leinengürtel geschlungen hatte und das ihm bis zu den Oberschenkeln reichte. Die lockigen, goldgesträhnten Haare nahmen sich seltsam fremd über der dunklen Haut aus.

Es war ungewohnt, Ningali ohne ihren Dingo zu sehen, der sie sonst immer begleitet hatte. Vor einigen Wochen war er von einem Soldaten erschossen worden. »Willst du mit hineinkommen?«

Ningali schüttelte lächelnd den Kopf. Duncans zwölfjährige Halbschwester ließ sich nur selten zum Sprechen bewegen; anfangs hatte Moira sogar geglaubt, das Mädchen sei stumm. Inzwischen jedoch hatte Ningali so viele englische Worte aufgeschnappt, dass sie einem Gespräch gut folgen konnte und hier und da auch selbst etwas sagte.

Dampf und der Geruch nach Kohl erfüllten die Hütte, als Moira die Tür öffnete. Sie wedelte die Schwaden fort. Das brodelnde Gemisch im Topf hatte inzwischen eine unansehnliche Färbung angenommen, der größte Teil des

Wassers war verdampft. Moira goss weiteres Wasser nach und rührte.

»Mo-Ra!« Ningalis Stimme, so selten gehört, drang in die Hütte. »Komm!«

Mit dem Kochlöffel in der Hand eilte Moira hinaus. Von dort, wo der kleine Fluss ihr Grundstück von dem des Nachbarn trennte, näherte sich ein Reiter. Besorgt drehte sie sich zu Ningali.

»Schnell, du musst verschwinden! Niemand darf dich hier sehen!«

Es tat Moira weh, das Mädchen verjagen zu müssen, aber es geschah zu seinem eigenen Schutz. Da es in letzter Zeit wiederholt zu Überfällen von Eingeborenen auf weiße Siedler gekommen war, hatte der Gouverneur verfügt, dass jeder Eingeborene, der sich Parramatta näherte, erschossen werden dürfe. Ningalis Dingo war diesem Wahnsinn bereits zum Opfer gefallen.

Aber Ningali dachte nicht daran, zu verschwinden. Gelassen steckte sie sich eine getrocknete Beere in den Mund und kaute.

»Ningali, bitte!«

Das Mädchen schüttelte den Kopf. »Dan-Kin«, sagte es dann mit breitem Grinsen und wies auf den Reiter.

Ningali hatte recht: Es war tatsächlich Duncan, der da näher kam. Moiras Herz tat einen Satz vor Freude.

Duncan hatte seit frühester Kindheit mit Pferden zu tun gehabt. Aber noch nie hatte sie ihn reiten gesehen. Er saß auf dem Pferd, als sei er mit ihm verwachsen. Moira konnte ihre Blicke nicht von seiner hochgewachsenen, schlanken Gestalt lassen. Und von dem Pferd – einer kräftigen, braunweiß gescheckten Stute, wie sie erkannte, als er es vor ihr zum Stehen brachte.

»Du bringst ein Pferd mit?«, jubelte sie. »Woher?«

Duncan sprang ab. Seine dunkelbraunen Haare waren vom Ritt zerzaust, seine grünen Augen leuchteten. »Von Dr. Wentworth. Hallo, Ningali.«

»Er hat dir ein Pferd geschenkt?«

»Nicht geschenkt, das hätte ich nicht angenommen! Es ist als Bezahlung gedacht, für meine Arbeit der letzten Wochen.« Er strich der Stute über die Mähne. »Sie heißt Artemis und ist ein wenig störrisch ... Ich habe mir schon überlegt, ob ich sie umnennen sollte. In Moira ...« Geschickt wich er dem Kochlöffel aus, den Moira nach ihm warf.

Ohne sich darum zu kümmern, dass seine Schwester feixend danebenstand, wollte er Moira an sich ziehen. Normalerweise genoss sie diese viel zu seltenen Momente, wenn er auch in der Öffentlichkeit zeigte, dass sie zusammengehörten. Aber jetzt wand sie sich aus seinen Armen und griff nach dem Zügel. Statt eines Sattels lagen eine zusammengefaltete Decke und ein Schaffell auf dem breiten Pferderücken, und es gab auch keine Steigbügel.

Duncan hielt ihren Arm fest. »Denk nicht einmal daran!«

»Nur ein kurzes Stück! Ich habe so lange nicht mehr auf einem Pferd gesessen ...« So lange hatte sie nicht mehr den Wind in ihren Haaren spüren können und das Gefühl des Tieres unter sich. Das Reiten hatte sie am meisten vermisst, seit sie Irland hatte verlassen müssen, mehr noch als ihre Familie.

Duncan ließ ihren Arm nicht los. »Moira, ich weiß, wie sehr du es dir wünschst, aber ich halte das für keine gute Idee.«

»Du verbietest mir zu reiten?«

»Ich würde dir nie etwas verbieten. Aber wir dürfen nichts riskieren. Nur bis das Kind da ist.«

»Andere Frauen in Umständen reiten auch!«

»Andere Frauen in Umständen haben auch nicht erst letztes Jahr ein Kind verloren!«

Damals, als Moiras Ehemann Dr. McIntyre ihre Liebschaft entdeckt hatte und sie beide überstürzt in die Wildnis geflohen waren. Die darauf folgenden tagelangen Entbehrungen sowie Hunger und Kälte hatten bei Moira eine Fehlgeburt ausgelöst und sie an den Rand des Todes gebracht. Nur Duncans Entschluss, sie zurück nach Toongabbie, zurück zu ihrem Ehemann zu bringen, hatte ihr das Leben gerettet.

Duncan ließ sie los. »Ich werde einen Karren bauen, dann kannst du damit nach Parramatta oder bis nach Sydney fahren. Das Pferd kann man auch davorspannen.«

Moira blieb neben Artemis stehen, schmiegte sich an den muskulösen Pferdehals und streichelte die kurze Mähne. Für einen Moment war sie versucht, sich trotz Duncans Bedenken auf die Stute zu schwingen und einfach loszureiten. Aber dann nickte sie. Er hatte ja recht.

Wenig später saßen sie zu zweit an dem Tisch in ihrer Hütte – Ningali hatte nicht bleiben wollen. Moira teilte die Suppe aus. Duncan rührte in dem heißen Gemisch, fischte ein zerkochtes Kohlblatt heraus, blies darauf und probierte.

»Und?«, fragte sie gespannt.

»Ganz ordentlich. Du machst dich.«

»Wirklich?« Moira griff erfreut nach ihrem Löffel – und hätte fast übersehen, dass Duncan verstohlen nach seinem Becher griff und hastig trank.

Auch Moira steckte ihren Löffel in die Suppe. Es schmeckte nach Kohl. Und salzig. Sehr salzig. So sehr, dass auch sie eilig nach ihrem Wasserbecher langte.

»Wieso sagst du mir nicht die Wahrheit?«, ächzte sie nach einem tiefen Schluck.

»Hab ich doch. Es schmeckt. Nur eben … ein bisschen versalzen.«

Moira ließ den Kopf hängen. »Ich werde es wohl nie lernen.«

»Na ja, immerhin lässt du das Essen inzwischen kaum noch anbrennen. Was ist da schon ein bisschen zu viel Salz.« Duncan lächelte. »Man könnte meinen, du bist verliebt.«

Moira gab das Lächeln zurück und griff über den Tisch nach seiner Hand. »Das bin ich«, sagte sie leise. »Das bin ich.«

*

»Dr. Wentworth hat bedauert, dass wir nicht zu seiner Jahresfeier kommen konnten.« Duncan malte mit dem Finger eine kleine Spirale auf Moiras Rücken. Das Herdfeuer knackte und knisterte, kleine Funken stoben auf und beleuchteten Moiras Truhe, das einzige Möbelstück, das sie aus Irland mitgebracht hatte, und den Tisch. Eng aneinandergeschmiegt lagen sie auf ihrer einfachen Bettstatt aus Strohmatratzen und Decken. Obwohl die Nächte kühler geworden waren, trug Moira kein Nachthemd. Zu sehr genoss sie es, Duncans Haut an ihrer zu spüren und sich von ihm wärmen zu lassen. »Aber er hat eingesehen, dass das keine gute Idee gewesen wäre.«

Die Feier, die D'Arcy Wentworth zu jedem Jahrestag seiner Ankunft in Neuholland abhielt, war ein gesellschaftliches Großereignis. Aber die Dinge hatten sich verändert, und manchen Personen wollte Moira möglichst nicht begegnen. Am allerwenigsten ihrem Ehemann. Oder der Klatschtante Mrs Zuckerman. Dass sie mit einem ehemaligen Sträfling zusammenlebte, obwohl sie mit einem anderen Mann verheiratet war, machte sie in den Augen gewisser Leute zu einem schamlosen Flittchen.

Sie seufzte wohlig, als Duncans Finger langsam ihre Wirbelsäule emporfuhren.

»Es ist jetzt über ein Jahr her«, sagte sie leise.

»Was?« Er hatte ihren Haaransatz erreicht und kraulte sie leicht.

»Dass du mich zum ersten Mal geküsst hast. Weißt du noch? Bei Wentworth, im – huch!« Sie stieß ein überraschtes Schnauben aus. »Ich ... ich glaube, es hat sich gerade bewegt!« Sie drehte sich auf den Rücken, nahm Duncans Hand und legte sie auf ihren kaum wahrnehmbar gewölbten Bauch, rechts unterhalb des Nabels.

Beglückt lauschte sie in sich hinein. Ein leichtes Kribbeln erfüllte ihren Unterleib, wie ein sanftes, inwendiges Streicheln. »Kannst du es auch spüren?«

Duncan verharrte einen Moment völlig reglos, dann schüttelte er den Kopf.

»Es fühlt sich an, als würde ein winziger Fisch in mir aufsteigen und an meine Bauchdecke stoßen«, flüsterte sie. »Wie nennen wir ihn?«

»Den Fisch?«

Sie nickte lächelnd. »Unseren Sohn.«

»Wer sagt dir, dass es ein Sohn wird?«

»Ich dachte, Männer wollen immer einen Sohn.«

»Ich werde mich über jedes Kind freuen, sei es nun ein Sohn oder eine Tochter.«

Sie verschränkte ihre Finger mit seinen. »Nun sag schon: Wie soll er heißen?«

»Wir könnten es wie in Irland halten. Dann müsste man den ersten Sohn nach dem Vater des Vaters nennen.«

»Also Joseph«, überlegte Moira. »Dann könnte man ihn Josie rufen. Oder Joey.« Sie ließ sich den Namen auf der Zunge zergehen. »Ja, Joey. Das gefällt mir.«

Duncans Vater Joseph war als einer der ersten Sträflinge

nach Neuholland gekommen, geflüchtet und hatte sich unter den eingeborenen *Eora* eine Frau genommen. Duncan hatte seinen Vater tot geglaubt. Erst vor wenigen Monaten hatten die beiden sich wiedergefunden.

»Und wenn es ein Mädchen wird, würde man es nach der Mutter der Mutter benennen. Deine Mutter heißt Eleanor, nicht wahr?«

»Ja«, fauchte Moira. »Aber du glaubst doch nicht im Ernst, dass ich mein Kind nach ihr benenne? Sie hat mich zur Heirat mit diesem alten Bock gezwungen!«

»Aber wenn sie das nicht getan hätte, wärest du nicht hier. Und ich hätte dich nie kennengelernt. Also hatte ihr Tun auch etwas Gutes.«

»Ja sicher«, gab Moira widerstrebend zu. Dann musste sie kichern. »Auch wenn sie sich bestimmt nicht vorgestellt hat, dass ich meinen Mann verlasse und mit einem ehemaligen Sträfling in einer skandalösen Verbindung lebe.«

»Wir können den Namen ja abkürzen«, schlug Duncan vor. »Ellie zum Beispiel. Oder Nora.«

Moira schüttelte den Kopf. »Nein, das gefällt mir alles nicht. Wie wäre es mit Eileen? Nach deiner Mutter?«

Er nickte nachdenklich. Ein Holzscheit knackte laut im Feuer, Funken sprühten auf, Wärme erfüllte die Hütte. Moira strampelte sich die Decke vom Leib, bis sie nackt dalag. Duncan stützte sich auf einen Ellbogen, umkreiste ihren Nabel mit dem Zeigefinger und fuhr dann sanft bis zu ihrer Scham. Langsam stieg wohlige Hitze in ihr auf.

»Ich wünschte, ich könnte dich heiraten«, murmelte er.

Moira sah ihn an. »Stell dir vor, es wäre möglich. Stell dir vor, ich wäre frei. Wie würdest du mich heiraten?«

Er hob die Schultern. »Ich bin Katholik. Du bist Protestantin. Allein das –«

»Ich könnte konvertieren«, unterbrach Moira ihn. »Ich

würde zu einer papistischen Frömmlerin werden, den Rosenkranz lernen und den Papst anbeten.«

»Wir beten doch nicht den Papst an!« Sein Finger wanderte wieder aufwärts. »Außerdem würde ich das nie von dir verlangen.«

»Das tust du doch auch gar nicht. Es wäre meine freie Entscheidung.«

»Aber dann wäre dein Ruf endgültig ruiniert.«

»Na und?« Sie sagte es fast trotzig. »Ist er das nicht längst? Aber davon abgesehen geht es ja sowieso nicht.« Sie drehte sich zu ihm, wollte ihn ganz dicht an sich spüren. Ihre Hand glitt tiefer.

Duncan stöhnte auf und wich ein Stück zurück. »Nicht …«

»Meinst du immer noch, es könnte dem Kind schaden?«

Er nickte und versuchte, die Decke zwischen ihre nackten Körper zu bringen.

Moira ließ ihn nicht. »Sollte der Vater nicht dafür sorgen, dass die werdende Mutter sich gut fühlt? Und die gefährliche Zeit ist lange um.« Mit der Rechten strich sie sanft über seine Flanke, spürte, wie seine Haut sich zusammenzog.

Mit einem kleinen Lachen legte er seine Hand auf ihre. »Das kitzelt!«

»Wirklich?« Sie befreite ihre Hand und fuhr erneut über seine Haut. Bewegte ihre Finger im Spinnengang wie kleine Insektenfüße über seinen flachen Bauch. Spürte, wie seine Muskeln unter ihren Fingern krampfhaft zuckten. Sah, wie angestrengt er versuchte, sich zusammenzureißen. Als sie anfing, ihn in die Seite zu stechen, konnte er das Lachen nicht länger zurückhalten. Japsend rollte er sich auf die Seite und griff nach ihren Handgelenken. »Du kleine Wildkatze! Wirst du jetzt aufhören?«

Sie grinste ihn von unten an. »Nein.« Sie spürte seine

Erregung. »Komm«, flüsterte sie und öffnete sich. »Komm endlich!«

Er gab nach, drang behutsam in sie ein, sein Körper ein vertrautes Gewicht auf ihrem. Entzückt seufzte sie auf und klammerte sich an ihn, und die Nacht begann zu leuchten.

*

Etwas Hartes drückte gegen seine Wange. Der Boden seines Zimmers in der Kaserne. James Penrith schmeckte Blut und roch den beißenden Geruch frischen Urins. Nässe breitete sich auf dem Stoff seiner Hose aus. Mühsam richtete er sich auf und nahm das Taschentuch heraus, das er sich gerade noch rechtzeitig in den Mund hatte stecken können. Sein Kopf dröhnte. Als er mit der Hand danach fasste, spürte er eine schmerzende Stelle an seinem Hinterkopf. Er musste während des Anfalls mit dem Kopf auf dem Boden aufgeschlagen sein. Vorsichtig bewegte er seine Arme. Alles intakt, bis auf eine tiefgreifende Schwäche in seinen Gliedmaßen. Aber auch das würde vorübergehen.

Er würde sich von dieser Krankheit nicht in die Knie zwingen lassen!

Zum Glück hatte ihn dieser Anfall ereilt, als er allein in seiner Unterkunft war. Nicht auszudenken, was geschehen wäre, wenn irgendjemand mitbekommen hätte, wie er sich in Krämpfen am Boden wand. Bis jetzt hatte er sein Leiden verheimlichen können, wenn auch nur mit erheblichem Aufwand. Der Einzige, der davon wusste, war sein unfähiger jüngerer Bruder. Und natürlich McIntyre, dieser widerliche Kriecher. Aber auf dessen ärztliche Schweigepflicht konnte er sich wohl verlassen.

Am Boden lag das Tablett, das sein Bursche mit dem Frühstück hereingebracht hatte, Toast und Porridge waren in einer Zimmerecke gelandet, daneben lag zerbrochen die Teetasse. Penrith erhob sich, der Stoff seiner Hose klebte unangenehm zwischen seinen Beinen. Wie viel Zeit war vergangen? Warteten sie schon auf ihn? Nein: Ein kurzer Blick aus dem Fenster zeigte ihm, dass der Morgenappell gerade erst vorbei war.

Vorsichtig bewegte er den Kopf hin und her. Die Schmerzen waren erträglich. Das wattige Gefühl war noch da, aber der dumpfe Druck, den er seit Tagen gespürt hatte, gepaart mit einer erhöhten Reizbarkeit, die ihn seine Männer bei den geringsten Anlässen anfahren ließ, war verschwunden. Wie stets nach den Anfällen. Dennoch fühlte er sich nicht gut. Zu der Müdigkeit gesellte sich auch noch ein Gefühl, als hätte er Fieber.

Er richtete den Blick in den kleinen Frisierspiegel auf der Kommode. Er sah erschöpft aus, die wenigen rotblonden Haare auf seinem Kopf waren schweißverklebt. Aber da war kein Zeichen flackernden Irrsinns in seinen Augen, keine Andeutung nahenden Wahns. Nichts als das Gesicht eines Mannes in den besten Jahren. Kein Anzeichen, dass er auf demselben Weg war wie seine Mutter, die in einem Irrenhaus an der Küste Englands dahinvegetierte. Nein, er litt lediglich an der göttlichen Krankheit. Und er würde sie überwinden.

Immerhin war der leidige Strafdienst vorüber, zu dem er Anfang des Jahres verdonnert worden war. Man hatte ihn in der Kaserne tatsächlich Latrinen entleeren und den Hof reinigen lassen. Diese Erniedrigung nagte noch immer an ihm. Ihn, einen Major, zum einfachen Lieutenant zu degradieren, nur weil er bei der Verfolgung eines Straftäters zu eifrig gewesen war! Aber er würde es diesem aufgeblasenen Gouverneur schon zeigen. Zumindest war es ihm, James Penrith, mittlerweile gelungen, wieder zum Captain befördert zu werden. Bis zum Major würde es allerdings mehr brauchen als Beziehungen. Und das alles hatte er diesem verfluchten papistischen Ex-Sträfling zu verdanken, diesem Duncan O'Sullivan. Der verdammte Ire würde sich noch umsehen.

Sein Kopf schmerzte. Er zwang sich zur Ruhe. Er musste sich jetzt schonen; Aufregung würde in diesem Stadium nur die Gefahr eines weiteren Anfalls nach sich ziehen.

Er hatte sich von innen in die Wange gebissen. Zumindest fühlte es sich so an, auch wenn er kein Blut schmeckte. Er öffnete den Mund, fuhr mit dem Finger in die Wange und warf erneut einen Blick in den Spiegel. Das war kein Biss. Es ähnelte eher einem kleinen, rundlichen Geschwür, das aussah, als habe man ein Loch aus seiner Schleimhaut gestanzt.

Er nahm den Finger aus dem Mund und begann fluchend, sich die Stiefel auszuziehen – eine Tätigkeit, die ohne seinen Burschen einiges an Kraft und Geschicklichkeit erforderte. Aber natürlich war es in dieser Situation ausgeschlossen, den Burschen dafür zu rufen. Der linke Stiefel war unten, nun zog er am rechten. Keuchend zerrte er an dem schwarzglänzenden Leder, bis er sich endlich vom Fuß löste. Jetzt noch die Hose.

Er schälte sich aus dem nassen Beinkleid und warf es zu Boden, zog den Hocker heran und setzte sich. Dann goss er etwas Wasser aus dem Krug in die Waschschüssel, tauchte einen Lappen hinein und begann, den Urin von seiner Haut zu waschen.

Sein Blick wanderte zu seinem Penis, der schlaff zwischen seinen Beinen hing. Auf der Oberseite, knapp unterhalb der rötlichen Schamhaare, saß eine kleine runde Wunde mit erhabenem Rand. Als Penrith darauf drückte, sonderte sie ein paar Tropfen einer wässrigen Flüssigkeit ab. Was zum Teufel hatte er sich da geholt? Immerhin juckte oder schmerzte es nicht.

Rasch trocknete er sich ab, suchte ein frisches, blütenweißes Beinkleid aus seiner Truhe und zog es an. Dann tauchte er die beschmutzte Hose in die Waschschüssel und wusch den stechenden Uringeruch aus. Zum Schluss überprüfte er noch einmal sein Erscheinungsbild im Spiegel, richtete die silberne Offiziershalsberge und die scharlachrote Uniformjacke. Dann öffnete er die Tür und rief nach seinem Burschen.

Es dauerte nur wenige Sekunden, bis der junge, etwas kurzgewachsene Kerl vor ihm auftauchte. Penrith drückte ihm seine feuchte Hose in die Hand.

»Sie war schmutzig«, erklärte er kurz angebunden. Er wies auf die noch immer auf dem Boden liegenden Frühstücksutensilien. »Und sieh zu, dass du die Unordnung beseitigst! Wenn ich zurückkomme, ist hier alles aufgeräumt!«

2.

Die Elizabeth Farm duftete nach frischen Frühlingsblumen. Die Fenster waren geöffnet, Vogelgezwitscher drang herein, Sonnenschein glänzte auf den prachtvollen Blumenrabatten in Weiß und Purpur und den kugeligen gelben Blüten der Silberakazie, und auf der breiten, schattigen Veranda lud eine Bank zum Verweilen ein. Nur der bewaffnete Soldat, der dort gerade ein Stück Kuchen aß, trübte das friedliche Bild ein wenig.

Moira riss sich von seinem Anblick los. »Wann müsst Ihr aufbrechen?«, wandte sie sich an John Macarthur, der neben ihr im Zimmer saß.

John, ein gutaussehender Mann mit entschlossenem Kinn, warf verächtlich den Kopf zurück. »Ich weiß es noch nicht. Vermutlich in den nächsten Wochen, wenn dieser Taugenichts von Gouverneur endgültig darüber entschieden hat. Wenn Ihr es wünscht, kann ich ein paar Briefe von Euch mitnehmen. Von England nach Irland ist es ja nur ein Katzensprung.«

Moira nickte erfreut. »Das wäre sehr freundlich von Euch.« Sie würde ihrer Schwester schreiben. Und wohl auch ihren Eltern. Vor diesem Brief hatte sie sich bislang gedrückt.

Auch Duncan nickte. Moira sah ihn erstaunt an. Hatte er nicht gesagt, er habe niemanden mehr in Irland? Ach nein, es gab ja noch die alte Haushälterin des Pfarrers, der ihn aufgezogen hatte.

Elizabeth, die ihre dunklen Haare zu einem schlichten und doch eleganten Knoten aufgesteckt hatte, rührte gedankenverloren in ihrer Teetasse. Moira konnte nur ahnen, wie es hinter ihrer Stirn aussah. Johns bevorstehende Abreise schwebte wie ein düsterer Schatten über ihnen.

»Wie geht es dem Colonel?«, fragte Moira.

»Besser.« Elizabeth sah auf. »Nicht auszudenken, wenn John ihn –« Sie sprach nicht weiter, aber Moira wusste, was sie sagen wollte. Wenn er ihn getötet hätte.

Die Auseinandersetzung der beiden hochrangigen Offiziere war seit Wochen das beherrschende Thema in der gesamten Kolonie. Nach etlichen heftigen Meinungsverschiedenheiten mit Gouverneur King hatte John Macarthur versucht, seinen vorgesetzten Offizier, Colonel Paterson, auf seine Seite zu ziehen und dazu zu bewegen, mit dem Gouverneur zu brechen. Paterson hatte sich geweigert, darauf einzugehen, und John zum Duell gefordert. In dessen Verlauf hatte er eine gefährliche Schusswunde an der Schulter erhalten. Gouverneur King hatte Macarthur sofort verhaften lassen.

»Er hat mich ins Gefängnis gesteckt. Mich!« John schnaubte vor Wut.

»Aber nur für eine Nacht«, beschwichtigte Elizabeth. Sie legte sanft eine Hand auf seinen Arm und wandte sich wieder an Moira. »Seitdem steht er unter Hausarrest. Keans« – sie deutete auf die Veranda, wo der Soldat soeben seinen Teller auf einen kleinen Tisch stellte – »ist einer der freundlichen Gentlemen, die der Gouverneur zu Johns Bewachung abgestellt hat. Bis das Schiff nach England geht.«

Gouverneur King hatte verfügt, dass das Gerichtsverfahren in London stattfinden sollte.

»Das ist lächerlich!«, ereiferte sich John. »Ich darf das

Haus nicht verlassen. Ich darf nicht einmal nach meinen Tieren sehen!«

Moira bemerkte, dass Elizabeth sich auf die Lippen biss und offenbar zurückhielt, was immer sie hatte sagen wollen.

Duncan war es auch nicht entgangen. »Ich wusste gar nicht, dass Ihr auch Pferde züchtet, Mr Macarthur«, lenkte er das Gespräch in eine andere Richtung. »Wie seid Ihr zu solchen Prachtexemplaren gekommen?«

Vorhin waren sie mit Elizabeth bei den Tieren gewesen. Moira hatte sich kaum von den herrlichen Vollblütern losreißen können.

John lächelte verschwörerisch. »Beziehungen. Und kluge Taktik.« Moira verstand. Die Pferde waren illegal eingeschifft worden – und sicherlich ein Vermögen wert. »Ich hoffe nur«, er legte seine Hand auf die seiner Frau, »dass meine liebe Elizabeth das alles auch ohne mich bewältigen kann.«

»Wann immer Ihr Hilfe braucht, Mrs Macarthur«, wandte sich Duncan an die Dame des Hauses, »könnt Ihr auf uns zählen.«

Elizabeth setzte ihre Tasse ab und lächelte ihn an. »Das ist sehr freundlich von Euch, Mr O'Sullivan. Es ist immer gut zu wissen, dass Freunde in der Nähe sind.«

Moira atmete fast unmerklich auf. Sie schätzte Elizabeth Macarthur sehr, aber sie wusste auch, dass Elizabeth Moiras Verbindung mit Duncan nicht guthieß. Eine Frau gehöre zu ihrem Ehemann, war ihre Meinung.

»Auch wenn ich glaube«, fuhr Elizabeth fort, »dass Ihr zuerst meine Hilfe benötigen werdet. Oder habt Ihr schon jemanden, der Eurer …«, sie zögerte nur kurz, »… der Moira in ihrer schweren Stunde beistehen wird?«

Moira hatte darum gebeten, sie bei ihrem Vornamen

anzusprechen. »Mrs McIntyre« genannt zu werden, fand sie einfach unpassend.

Sie wollte sich gerade für das Angebot bedanken, als Geschepper und Gerumpel von der Hinterseite des Hauses erklang.

»John? John, bist du da?«, hörte sie eine jugendliche Stimme rufen. Im nächsten Moment wurde die Tür zum Salon aufgerissen, und ein halbwüchsiger Eingeborener stürmte herein. Sein Gesicht war weiß bemalt, so dass es aussah wie ein Totenkopf, der schlanke, dunkle Körper mit einem Muster aus weißen Streifen und Punkten geschmückt. In seiner Hand trug er ein ganzes Bündel von Speeren.

»Tedbury!« John sprang auf, und auch alle anderen erhoben sich alarmiert.

Der Soldat auf der Veranda riss die Muskete von der Schulter und legte auf den jungen Schwarzen an.

»Die Waffe runter, Keans!«, rief John. »Dieser schwarze Gentleman steht unter meinem Schutz! Wenn Ihr ihm auch nur ein Haar krümmt, mache ich Euch persönlich dafür verantwortlich!«

Der Soldat ließ das Gewehr wieder sinken. »Aber der Gouverneur hat angewiesen, jeden Wilden zu erschießen, der ...«

»Was kümmert mich der Gouverneur? Das hier ist mein Land, und Tedbury ist mein Gast.« Er nickte dem Jungen zu.

Tedbury, Sohn des gefürchteten Eingeborenenhäuptlings Pemulwuy, wirkte in Johns Salon etwas deplatziert. Bisher hatte Moira den jungen Schwarzen als einen netten und umgänglichen Jüngling kennengelernt. Ihn jetzt bewaffnet und in Kriegsbemalung zu sehen, bestürzte sie.

»Tedbury«, sagte Duncan, »was soll das?«

Das weiß gefärbte Gesicht verzog sich zu einem breiten

Grinsen. Tedbury ließ die Speere sinken. »Habe ich Euch erschreckt?« Bis auf einen kleinen Akzent war sein Englisch fehlerlos. »Ich bitte die Damen um Entschuldigung.«

»Ist schon gut, Tedbury.« Moira und Elizabeth setzten sich wieder.

John deutete auf die Speere, die der junge Krieger noch immer in der Hand hielt. »Was willst du damit, Tedbury?«

»Gouverneur King erschrecken«, gab der junge Mann zurück. »Und ihm sagen, dass er dich nicht fortschicken darf.«

»Das ist sehr ehrenhaft«, bemerkte John, »aber das würde alles noch schlimmer machen.«

Der junge Krieger schüttelte den Kopf. »Pemulwuy, mein Vater, sagt, die Weißen sind schlechte Menschen. Sie kommen zu uns und nehmen uns unser heiliges Land weg. Sie gehen auf den Pfaden der Ahnen ohne Wissen. Sie töten unser Volk.«

»Nicht alle Weißen sind so, Tedbury«, widersprach John.

»Nein, nicht alle. Du nicht. Duncan nicht. Aber die meisten. Und mein Vater sagt, wir müssen uns wehren. Das sagt auch Bun-Boe.«

Moira sah, dass Duncan zusammenzuckte. Bun-Boe, so nannten die Eingeborenen Duncans Vater Joseph, der schon lange bei ihnen lebte. Im vergangenen Jahr hatte ein Soldat Joseph lebensgefährlich verletzt, und er war nur knapp dem Tod entgangen. Noch bevor man darüber entschieden hatte, wie mit ihm zu verfahren sei – schließlich war er vor vielen Jahren aus einem Straflager geflohen –, war er wieder zu den *Eora* zurückgekehrt.

»Das hat Bun-Boe gesagt?«, fragte er.

Tedbury sah plötzlich aus, als habe man ihn bei etwas Verbotenem ertappt. Er nickte zögernd.

»Möchtest du nicht erst einmal etwas essen, Tedbury?« Elizabeth reichte ihm einen Teller voller Kuchenstücke.

»Danke.« Tedbury legte die Speere auf den Boden und griff beherzt zu. Moira staunte, welche Mengen der junge Mann in rasender Geschwindigkeit verschlingen konnte.

»Es ist bereits alles entschieden«, erklärte ihm Elizabeth. »John wird demnächst nach England aufbrechen. Du weißt, das Land weit hinter dem Meer, wo wir herkommen.«

Tedbury nickte mit vollem Mund und schob sich einen weiteren Keks zwischen die großen, strahlend weißen Zähne.

»John wird sich dort vor Gericht verantworten müssen.« Elizabeth seufzte auf. »Und er wird Lizzie und Johnny mitnehmen. Sie werden in England zur Schule gehen, wie es schon Edward, unser Ältester, tut.«

Moira sah Elizabeth erstaunt an. Das war ihr neu. Mit neun und sieben Jahren waren die Kinder offenbar alt genug, um fern von ihren Eltern ausgebildet zu werden.

»D'Arcy Wentworth überlegt übrigens, ob er bis Kapstadt mitreist«, wandte Elizabeth sich an sie. »John und er wollen dort Schafe kaufen.«

Tedbury erhob sich. »Kann ich mich von Johnny und Lizzie verabschieden?«

»Natürlich.« Elizabeth neigte zustimmend den Kopf. »Sie spielen draußen. Aber, Tedbury, lass deine Speere hier, in Ordnung?«

Tedburys weiß geschminktes Gesicht verzog sich erneut zu einem breiten Grinsen. »Schon verstanden, Madam Elizabeth. Für heute ist der Gouverneur sicher.«

*

Dr. McIntyre saß an seinem Schreibtisch, blinzelte durch seine runden Brillengläser und strich behutsam über das silbrig glänzende, fingerdicke Metallrohr, das Duncan in den vergangenen Tagen nach seinen Vorgaben gefertigt hatte. »Sehr schön. Das ist gute Arbeit. Ich hoffe, es ist dir recht, wenn ich dir dafür einen Schuldschein ausschreibe.«

Duncan war einverstanden. Natürlich wäre ihm Geld lieber gewesen, aber wegen der in der Kolonie herrschenden Münzknappheit bekam der Doktor seinen Sold zum Teil in Naturalien ausgezahlt. In McIntyres engem Studierzimmer sah es noch genauso aus wie vor vielen Monaten, als er zum letzten Mal hier gewesen war.

McIntyre begann zu schreiben, die Feder kratzte über das Papier. Als die Tinte getrocknet war, reichte er Duncan das Blatt. Dann griff er erneut nach dem glänzenden Rohr.

»Dun... O'Sullivan?«

Duncan runzelte die Stirn. Hätte der Doktor ihn gerade fast mit dem Vornamen angesprochen? »Sir?«

»Könntest du dir vorstellen, dich noch einmal für meine Versuche zur Verfügung zu stellen?«

Mit dieser Frage hatte Duncan gerechnet. »Nein, Sir. Beim besten Willen nicht.«

»Ich ... ich würde dich auch dafür bezahlen.«

Für einen Moment kam er ins Schwanken. Das Geld würden sie gut brauchen können. Aber schon die Vorstellung, noch einmal das starre Rohr in Kehle und Speiseröhre geschoben zu bekommen, löste bei ihm einen kaum zu bezwingenden Würgereiz aus. Er schüttelte den Kopf.

Der Doktor nickte, als hätte er nichts anderes erwartet. Fahrig fuhr er sich über seinen rotbraunen Backenbart, den bereits ein paar graue Haare durchzogen. »Willst du ... willst du vielleicht zum Essen bleiben? Ann kocht inzwischen recht gut.«

Duncan musste sich bemühen, seine Verwirrung nicht zu

zeigen. Der Doktor hatte ihn noch nie zum Essen eingeladen.

»Nein, Sir, danke. Ich … muss nach Hause.« Moira wartet auf mich, hätte er fast gesagt. Aber sie sprachen nicht über Moira. Als hätten sie eine geheime Absprache, erwähnte keiner von ihnen ihren Namen.

»Natürlich.« Irrte er sich, oder schien der Doktor tatsächlich enttäuscht zu sein? Doch gleich darauf suchte McIntyre geschäftig in irgendwelchen Papieren auf seinem Schreibtisch und schien ihn vergessen zu haben.

Duncan stand noch immer vor ihm. In diesem Moment fühlte er sich wieder wie ein Sträfling. »Sir.«

Der Doktor blickte auf. »Ja?«

»Sir, das … Geld.« Brennende Scham der Demütigung stieg in ihm auf.

»Ah, natürlich.« Der Doktor öffnete eine Schublade, zog einen kleinen Beutel heraus und reichte ihn Duncan. Ein paar Münzen beulten den Stoff. Zumindest die Zahlung für Moira war diesmal richtiges Geld.

Am liebsten hätte er es zurückgewiesen. Sicher, es stand Moira zu, aber es gab ihm stets das Gefühl, nicht selbst für sie sorgen zu können.

Moira war da praktischer veranlagt. »Zeig her«, bat sie, als er zu ihr zurückgekehrt war. »Ich will sie sehen.«

Ihre kindliche Freude angesichts der Münzen sorgte bei Duncan jedes Mal für Erheiterung. Sie hatte fast noch nie Geld in der Hand gehabt. Früher, in Irland, hatten ihre Eltern oder die Angestellten Geldgeschäfte für sie erledigt und in Neuholland ihr Ehemann. Allerdings hatte sie schnell gelernt, wie viel die meisten Sachen kosteten.

Erwartungsvoll öffnete sie den kleinen Beutel und kippte seinen Inhalt auf den Tisch. Etliche Münzen verteilten sich auf der Tischplatte: riesige Kupfermünzen, wegen ihrer

Größe und ihres Gewichts Wagenradpenns genannt; silberne britische Shillings; holländische Silbergulden; dazwischen die Achterstücke – in Viertel und Achtel geschnittene spanische Silberdollars, die in der Kolonie als Shillings und Sixpence gehandelt wurden. Da es in der Kolonie vor allem an Münzgeld fehlte, hatte Gouverneur King vor kurzem in einer öffentlichen Proklamation den Wert jeder Währung festgelegt, die in Neusüdwales kursierte. Um zu verhindern, dass das Geld wieder ausgeführt wurde, hatte er außerdem den Wert dieser »Proklamationsmünzen« verdoppelt.

»Oh, sieh nur!« Moira fischte aus dem Haufen eine kleine goldene Münze heraus und hielt sie hoch. Auf einer Seite war eine kleine Figur eingeprägt, die Rückseite zierte ein fünfzackiger Stern. »Ich glaube, das ist eine indische Pagoda.«

Sie erhob sich und wühlte in der Truhe, bis sie mit einem Papier zurückkam, das sie neben sich auf den Tisch legte – der Text der Proklamation. Die meisten Werte kannten sie inzwischen auswendig, aber manche Münzen hatten sie noch nie gesehen.

»Eine Pagoda …«, Moira fuhr mit dem Finger die Liste entlang, »… ist acht Shilling wert.«

Sie zählte die restlichen Münzen, rechnete, dann nickte sie zufrieden. »Alles in Ordnung. Darin ist er korrekt.«

»Außerdem hat er mir einen Schuldschein über drei Shilling gegeben«, sagte Duncan.

Moira presste die Lippen zusammen. Sie sah es nicht gerne, dass er immer wieder für den Doktor arbeitete, aber manchmal war es die einzige Möglichkeit, überhaupt an Geld zu kommen. Noch war das Getreide nicht reif, und auch nach der Ernte würde es wohl nur für sie selbst reichen. Verkaufen würden sie dieses Jahr noch nichts davon können.

Sie begann, die Münzen zurück in das Säckchen zu geben. »Hat er nach mir gefragt?«

Duncan verneinte.

»Und du hast ihm auch nicht erzählt, dass wir bald zu dritt sind?«

»Nein. Wieso sollte ich?«

Über Moiras Gesicht glitt ein Lächeln, während sie die goldene Pagoda auf ihrer Handfläche betrachtete. »Es wird ihm ganz schön zusetzen, wenn er es erfährt. Wo er doch selbst so dringend einen Sohn haben wollte. Ich glaube, nur deswegen hat er mich überhaupt geheiratet.«

Sie setzte die goldene Münze auf die Kante und stieß sie an. Klingend rollte das Geldstück über die Tischplatte. Bevor es zu Boden fallen konnte, fing Duncan es auf. Dann sammelte er auch die restlichen Münzen ein, verschnürte den Beutel und öffnete Moiras große Truhe, in der sie ihre gemeinsamen Habseligkeiten verstaut hatten. Das meiste davon stammte von Moira. Den Beutel legte er ganz zuunterst und packte den Text der Proklamation dazu, dann öffnete er ein Leinenpäckchen und holte eine der teuren Bienenwachskerzen heraus.

Moira sah ihm zu, als er den Docht in die Flammen des Kaminfeuers hielt. »Was tust du da?«

»Ich zünde eine Kerze an.«

»Das sehe ich! Aber warum?«

Duncan stellte die brennende Kerze auf den Tisch. »Ich habe heute Namenstag. Das ist für meinen Heiligen.«

»Du hast einen eigenen Heiligen? Den hast du mir aber noch nie vorgestellt.« Sie sah ihn amüsiert an. »Der heilige Duncan also?«

Auch Duncan musste lächeln. »Nein, den gibt es nicht. Vater Mahoney meinte, für mich sei der heilige Dionysius zuständig.«

Moira zog die dunklen Augenbrauen hoch. »Der heilige Dionysos. Sicher doch. War das nicht der griechische Gott des Weines?« Sie grinste über beide Ohren. »Und der Fruchtbarkeit? Mir scheint, dein Ziehvater wusste genau, was für einer mal aus dir werden wird.«

»Diony-SIUS, nicht Diony-SOS! Das war ein frühchristlicher Märtyrer. Nachdem die Römer ihn geköpft hatten, ist er noch sechs Meilen weit gelaufen und hat dabei die ganze Zeit gebetet.«

»Während sein Kopf noch immer auf dem Richtplatz lag?«, fragte Moira mit erstickter Stimme, der er anhörte, dass sie das Lachen zurückhielt.

»Nein«, gab er trocken zurück. »Den hat er natürlich mitgenommen. Unter dem Arm.«

»Natürlich. Wie sonst?« Sie lachte auf. »Sag jetzt nicht, dass du das glaubst!«

Duncan hob die Schultern und bemühte sich um ein ernstes Gesicht. »Natürlich. Er war schließlich ein Heiliger.« In Wahrheit bezweifelte er diese Geschichte genauso wie sie.

Moira zog ihr Schultertuch um sich und blickte in die flackernde Kerzenflamme. »Ihr Papisten seid schon eigenartige Leute. Was ist mit denen, die keinen Heiligen haben?«

»Die feiern am ersten November Namenstag. An Allerheiligen.«

»Aha. Sehr praktisch. Alle für einen.« Kurz verzog sie das Gesicht und legte die Hand auf ihren gewölbten Leib. »So kann nur ein Junge treten. Joey. Wann wird sein Namenstag sein?«

»Ich weiß nicht.« Ein warmes Gefühl machte sich in ihm breit. »Dann willst du ihn katholisch taufen lassen?«

Sie lächelte. »Ja.«

»Ich habe schon einmal ein Kind getauft«, murmelte er.

»Du? Ich dachte, das dürfen nur Kirchenmänner.«

»Wenn das Leben des Kindes in Gefahr ist, darf es jeder Christ. Es war unser Kind. Das … das erste.« Das, was Moira im Busch bei ihrer Fehlgeburt verloren hatte. Für einen kurzen Moment krampfte die Erinnerung an den winzigen, lebensuntüchtigen Körper sein Herz zusammen.

»Davon hast du mir nie etwas erzählt.« Noch immer lag ihre Hand auf ihrem Leib. »Wir sollten auch jetzt nicht darüber sprechen. Möglicherweise bringt es Unglück.«

Die Kerze war inzwischen fast bis zur Hälfte heruntergebrannt. Moira erhob sich und blies die Flamme aus. »Der gute Dionysius wird mir vergeben. Ein Heiliger ohne Kopf ist sicher auch mit einer halben Kerze zufrieden.«

Sorgfältig löschte sie den Docht und packte den Kerzenstumpf wieder in die Truhe.

3.

Der mächtige Leib der Regenbogenschlange schob sich aus dem dunklen Meer. Ningali sah mit an, wie das mythische Schöpferwesen Flüsse, Seen, Hügel formte und Menschen erschuf. Wie die Erde entstand – damals, jetzt und dereinst. Wie das Wissen geschaffen wurde. Und das Träumen.

Vor einem Wasserloch spielte ein Kind. Mit seiner weißen Haut und den schwarzen Haaren sah es aus wie ein winziges Ebenbild von Mo-Ra. Die Regenbogenschlange kroch näher. Ningali öffnete den Mund zu einem warnenden Schrei, doch schon hatte sich die Schlange aufgerichtet und verschlang das Kind mit einem einzigen Bissen.

Ningali fuhr hoch, ihr Herz raste. Erneut hatte sie denselben Traum gehabt, der sie in die Zeit der Ahnen geführt hatte. Und immer ging es darin um das Geistkind, das in Mo-Ra heranwuchs.

Sie vermisste die tröstliche Gegenwart ihres Dingos, der ihr Gefährte gewesen war und sie des Nachts gewärmt hatte. Neben sich hörte sie die Großmutter leise schnarchen. In einer der anderen kreisförmigen Hütten aus Zweigen und Gras schlief Bun-Boe, ihr Vater, der auch Dan-Kins Vater war. Für eine ganze Weile hatte Ningali befürchtet, er würde zurückgehen zu den Weißen, von denen er einst gekommen war. Aber nun war er doch bei seiner wahren Familie geblieben.

In den hohen Bäumen wisperte der Wind; die Ahnengeister durchstreiften den Wald. Bald würde die Zeit der großen Hitze kommen. Dann würde Mo-Ras Geistkind zu einem wirklichen Kind werden. Doch der Traum sprach von Gefahr. Gefahr für das Ungeborene.

Ningali legte sich wieder hin, mit offenen Augen. Schlafen würde sie nicht mehr können, doch sie würde auf den Morgen warten. Dann würde sie die Großmutter fragen, was der Traum zu bedeuten hatte.

*

Der Wind trieb ein Blatt über den Boden und wirbelte rötlichen Staub auf. Moira zog einen Faden ein. Sie saß auf der neu errichteten Bank vor ihrer Hütte und versuchte sich darin, einen Riss in Duncans Hemd zu stopfen. Noch immer konnte sie der früher so verhassten Nadelarbeit keine große Freude abgewinnen, aber es war schließlich für Duncan, und das wog vieles wieder auf. Sie selbst hatte ihre gesamten Kleider aus McIntyres Haus mitnehmen können, aber Duncan besaß kaum mehr als das, was man ihm als Sträfling auf der *Minerva,* dem Schiff, mit dem sie gekommen waren und auf dem sie sich das erste Mal gesehen hatten, zugeteilt hatte. Und das würde noch eine ganze Weile halten müssen.

Schräg über ihr erklangen dumpfe Hammerschläge; dort trieb Duncan Nägel in das Dach des Schuppens, der demnächst ihr Getreide aufnehmen sollte. Daneben schnaubte Artemis in ihrem Unterstand. Prüfend drehte Moira das Hemd um und fuhr mit dem Finger über den gestopften Riss. Man sah kaum noch, wo ein Ast das Leinen aufgerissen hatte. Zufrieden begann sie, den Faden zu vernähen.

Als sie fertig war, biss sie den Faden mit den Zähnen ab – eine Untugend, die ihre Mutter immer verboten hatte. Die

Hammerschläge verstummten. Moira sah auf; Duncan deutete über das Weizenfeld, und für einen Moment schien ihr Herz auszusetzen: War das wirklich James Penrith, der ehemalige Major, der da durch das Korn auf sie zugeritten kam?

Langsam legte sie ihre Näharbeit fort und stand auf. Duncan war vom Dach heruntergesprungen und erschien an ihrer Seite.

»Mrs McIntyre«, begrüßte Penrith sie gut gelaunt. »Wie ungewohnt, Euch bei solch niedriger Arbeit zu sehen.«

»Es ist wenigstens ehrliche Arbeit«, gab Moira zurück. Das Herz schlug ihr bis zum Hals, aber sie konnte diesem Mann gegenüber einfach nicht schweigen.

Penrith stieg vom Pferd und warf Duncan die Zügel zu. »Hier, Bursche, kümmere dich darum!«

Duncan blieb bewegungslos stehen, die Zügel glitten an ihm herab. »Was wollt Ihr hier, Captain?«

Penrith zeigte dasselbe höhnische Grinsen wie damals, als er Duncans öffentliche Auspeitschung überwacht hatte. »Willst du mich nicht hineinbitten?«

Duncan rührte sich keinen Zoll. »Was wollt Ihr?«

Penriths Blick glitt über Moiras hochschwangeren Leib. »Wie ich sehe, hast du keine Zeit verloren.« Sein Pferd stampfte unruhig mit einem Huf, warf den Kopf zurück und wieherte. Penrith griff nach dem Zügel und versetzte dem Tier mit der flachen Hand einen Schlag auf die Nüstern. »Ich bin im Auftrag des Gouverneurs hier.« Er zog ein Papier aus seiner Tasche, faltete es auf und hielt es Duncan hin. »Ich nehme nicht an, dass du dreckiger Bastard lesen kannst, aber vielleicht ist Mrs McIntyre so freundlich.«

Duncan griff wortlos nach dem Schreiben und überflog es. Dann ließ er das Blatt sinken. Moira sah, dass er blass geworden war.

»Was ist los? Was steht da?« Sie warf einen Blick auf das Schriftstück. Ein offizielles Siegel der englischen Krone prangte auf dem Dokument.

»Der Gouverneur hat ein Kopfgeld auf Pemulwuy aussetzen lassen«, murmelte Duncan.

»Was?« Sie nahm ihm das Papier aus der Hand.

Tot oder lebendig – wer zur Ergreifung des schwarzen Kriegers Pemulwuy beitragen würde, sollte reich belohnt werden. Sträflinge mit einem *ticket of leave,* der Freilassung auf Bewährung, bekämen eine bedingte Begnadigung und eine kostenlose Überfahrt nach England. Gefangene, die vierzehn Jahre abgeleistet hätten, bekämen ihre Freiheit. Den freien Siedlern wurden zwanzig Gallonen Branntwein und zwei neue komplette Kleiderausstattungen versprochen.

Penrith kratzte an seinem Zeigefinger. »Es heißt, der verdammte Wilde habe einen weißen Helfer, der ihm Waffen und Munition besorge«, sagte er langsam. »Dieser Weiße soll ein ehemaliger Sträfling der ersten Flotte sein.« Er sah Duncan durchdringend an. »Lebt dein Vater nicht mit diesen Wilden zusammen, O'Sullivan? Wo ist er?«

Duncan hielt seinem Blick stand. »Ich weiß es nicht.«

»Tatsächlich nicht?« Penrith wandte sich an Moira. »Aber Ihr, Mrs McIntyre, werdet doch hoffentlich etwas einsichtiger sein. Ihr könnt Euch viele Schwierigkeiten ersparen, wenn Ihr mir verratet, wo ich ihn finde. Und diesen Pemulwuy gleich dazu.«

Moira legte so viel Verachtung in ihre Stimme, wie ihr möglich war. »Habt Ihr nicht noch eine Latrine zu reinigen, Captain?«

Penriths Gesichtszüge entglitten, für einen Moment sah er aus, als wollte er sie schlagen. »Treibt es nicht zu weit, Mrs McIntyre! Es wäre doch wirklich schade, wenn Euch etwas zustieße. Oder dem Kind …«

»Wie könnt Ihr es wagen?«, fuhr sie auf.

Duncan fasste ihren Arm und zog sie näher an sich. »Runter von meinem Land!«, sagte er gefährlich ruhig. Moira konnte seine Anspannung spüren. Auch dann noch, als Penrith längst fortgeritten war.

»Glaubst du, es ist etwas dran an diesen Gerüchten von Pemulwuys weißem Helfer?«, fragte sie und schaute zu ihm auf.

Duncan sah sie lange an. »Ja«, murmelte er schließlich. »Ich wünschte, es wäre anders. Aber ich fürchte, bei dem weißen Helfer handelt es sich um Joseph.«

Langsam zerknüllte er das Papier in seiner Hand.

*

»Ihr müsst schon stillhalten, Mrs Zuckerman!« Alistair fing erneut an, einen Verband um das Handgelenk der fülligen Frau zu wickeln.

Eigentlich war es kaum der Rede wert; die kleine Schwellung des verstauchten Gelenks würde auch ohne Behandlung verschwinden. Aber Mrs Zuckerman hatte darauf bestanden, dass er sie behandelte. Deswegen hätte sie nicht extra nach Toongabbie kommen müssen; in Parramatta gab es genug Ärzte, die sie wegen dieser Lappalie hätte aufsuchen können. Der wahre Grund ihres Besuchs war natürlich ein anderer.

»Und Eure Frau lebt nun wirklich mit diesem ehemaligen Sträfling zusammen?« Mrs Zuckerman versuchte schon wieder, ihm ihre Hand zu entziehen, um gestenreich ihre Sorge zu unterstreichen. »Wie entsetzlich für Euch, lieber Dr. McIntyre. Wenn ich mir vorstelle, was sie Euch angetan hat …«

Alistair hielt ihre Hand nun etwas fester als nötig. »Noch

zwei Tage, Mrs Zuckerman, dann könnt Ihr die Hand wieder wie bisher gebrauchen«, gab er zurück und stellte den Verband fertig.

Nachdem er es endlich geschafft hatte, die schwatzhafte Person loszuwerden, trat er in den schmalen Flur, der sich zwischen Behandlungszimmer und Stube erstreckte. Aus der Küche drang der Geruch nach Bohnen und gekochtem Fleisch.

»Ann, ich gehe in mein Studierzimmer!«, rief er.

»Ja, Sir.« Die junge Sträflingsfrau war nach Moiras Auszug die einzige Person, die mit ihm in diesem Haus lebte.

Lustlos blätterte Alistair in einer alten medizinischen Zeitschrift. Auch in dem engen Studierzimmer fand er nicht die rechte Muße. Solange keine weiteren Patienten auf ihn warteten, hatte er Zeit, sich wieder seinen Forschungen zu widmen. Aber seit Duncan ihm nicht mehr zur Verfügung stand, stockte diese Arbeit. Alistair hatte sich zwar halbherzig um einen Ersatz bemüht, aber es war geradezu ein Ding der Unmöglichkeit, einen so passenden Kandidaten wie Duncan zu finden. Der junge Sträfling – Ex-Sträfling, korrigierte er sich – war tatsächlich eine wertvolle Bereicherung für seine Forschungen gewesen. Und nicht nur dafür.

Wie so oft, wenn er an Duncan dachte, machte sich ein geradezu schmerzhaftes Ziehen in seinem Unterleib bemerkbar. Nein! Diese schändliche Begierde war schon früher sein Verderben gewesen. Er musste endlich davon loskommen!

Es klopfte. Froh über die Ablenkung schloss Alistair die Tür auf – und sah sich Ann gegenüber, die mit schreckgeweiteten Augen vor ihm stand; ihr blasses Gesicht wirkte, als hätte sie den Leibhaftigen persönlich gesehen.

»Der … er … Major Penrith«, stammelte sie.

Der ehemalige Major, inzwischen nur noch Captain Penrith, beehrte ihn mit einem Besuch? Heute gaben sich die unerwarteten Gäste ja die Klinke in die Hand.

Im nächsten Moment erschien der Angekündigte hinter ihr. »Ah, McIntyre, hier versteckt Ihr Euch!«

Ann verschwand eilig. Alistair fühlte sich plötzlich unwohl. Seit Monaten hatte er nicht mehr mit Penrith zu tun gehabt. Aber der Mann war immer noch sein Vorgesetzter.

»Was kann ich für Euch tun, Captain?« Er trat zu ihm in den Flur und schloss das Studierzimmer hinter sich ab.

»Ich brauche Euren Rat, McIntyre. In einer medizinischen Angelegenheit.«

»Und da kommt Ihr ausgerechnet zu mir?« Alistair sah ihn verwundert an. Gemeinsam mit einigen von Penriths Soldaten hatte er gegen den damaligen Major ausgesagt, woraufhin dieser degradiert worden war.

»Nun, Ihr habt Euch einen ganz ordentlichen Ruf als Arzt erworben.« Für einen Augenblick erlaubte Alistair es sich, geschmeichelt zu sein. »Und die Angelegenheit ist etwas … heikel.«

Alistairs ärztliche Wissbegierde war geweckt. »Worum geht es?«, fragte er, als er Penrith ins Behandlungszimmer gebeten und die Tür geschlossen hatte.

Penrith erläuterte sein Problem. »Seit Wochen muss ich immer wieder in dieser stinkenden Kaserne schlafen«, schloss er seine Ausführungen. »Kein Wunder, wenn ich mir Bettwanzen oder etwas Ähnliches eingefangen habe.«

Alistair bat ihn, Rock und Hemd auszuziehen. Ein erster Verdacht formte sich in ihm, aber noch war es zu früh, um eine Diagnose stellen zu können. Er öffnete eine Schublade in seinem Schreibtisch und zog sich ein Paar dünne Stoffhandschuhe über.

Penrith hatte sich seines scharlachroten Uniformrocks

entledigt, zog nun das Hemd aus der Hose und streifte es sich über den Kopf. Auf Rücken und Brust zeigten sich platte, rosafarbene Flecken, dazwischen Knötchen von kupferner Farbe. Alistair berührte eines der Knötchen. Sofort trat eine wässrige Flüssigkeit aus. Auch auf dem Bauch war dieser Ausschlag zu sehen, in dunklerem Rot.

»Juckt oder schmerzt es?«

»Kaum.«

»Wann habt Ihr es zum ersten Mal bemerkt?«

»Den Ausschlag? Vor wenigen Tagen. Aber vor einigen Wochen hatte ich etwas wie ein kleines Geschwür an meinem besten Stück. Das ist jedoch wieder abgeheilt.«

»Zeigt es mir.«

Um Penriths Mundwinkel zuckte es spöttisch, dann begann er, seine Hose aufzuknöpfen. »Wenn Ihr darauf besteht.«

Der Ausschlag erstreckte sich bis in die Leistenbeuge. Penrith war gut bestückt, doch als ihm herber Moschusduft entgegenwehte, bemühte Alistair sich, Penriths Männlichkeit lediglich mit ärztlichem Interesse zu betrachten.

»Gefällt er Euch?«

Alistair blickte auf. »Sir?«

»Ich fragte, ob er Euch gefällt, so, wie Ihr darauf starrt. Ach nein, es ist ja dieser irische Bastard, dieser O'Sullivan, den ihr bevorzugt.«

Ein plötzlicher Schwindel erfasste Alistair, nur mühsam fing er sich wieder.

»Ich weiß nicht, wovon Ihr sprecht, Captain Penrith«, sagte er steif und richtete sich wieder auf. Sein Magen zog sich vor Furcht zusammen, er fürchtete, sich im nächsten Moment übergeben zu müssen. Niemand, niemand durfte es wissen!

Penrith knöpfte seine Hose zu. »Wie Ihr meint, McIntyre.

Aber was sagt Ihr dazu, dass er mit Eurem Frauchen zusammenlebt? Dass sie sogar ein Kind von ihm bekommt?«

»Ein ... Kind?«

»Nicht einmal das wusstet Ihr?« Penrith schloss den letzten Knopf. »Der Bauch springt einem förmlich entgegen. Es kann nicht mehr lange dauern, bis sie entbindet.« Er zog sich sein Hemd an. »Aber nun zurück zu mir. Was habe ich mir da geholt, und wie kriege ich es wieder weg?«

Alistair stellte einen Stuhl vor das Fenster und wies darauf, ohne auf Penriths Frage einzugehen. »Setzt Euch. Ich will noch etwas nachprüfen.« Er griff nach einem Spatel, drehte Penriths Kopf näher zum Licht und hieß ihn den Mund öffnen.

Ja, er hatte recht. In der Mundschleimhaut und auf der Zunge wuchsen kleine Geschwüre. Auf Penriths Stirn glänzte es feucht, diese Untersuchung war ihm sichtlich unangenehm. Dennoch ließ Alistair sich Zeit, genoss das Gefühl der Überlegenheit.

»Ihr habt zwei kariöse Backenzähne«, erklärte er, als er den Spatel zurückzog. »Die solltet Ihr dringend behandeln lassen.«

»Ich bin nicht wegen meiner Zähne hier!«, fuhr Penrith ihn an. »Ich will wissen, was ich mir da eingefangen habe!«

»Gestattet mir noch eine letzte Frage, Sir: Hattet Ihr in letzter Zeit«, Alistair räusperte sich, »geschlechtlichen Verkehr? Vielleicht mit einer Person von zweifelhaftem Ruf?«

Penrith sah ihn spöttisch an. »Ob ich eine Dirne gestoßen habe? Natürlich, schließlich bin ich ein Mann.« Nun wirkte er doch etwas besorgt. »Was ist es? Sagt schon, McIntyre! Hat sie mir etwas angehängt?«

»Nun.« Vorsichtig zog Alistair die Handschuhe aus und ließ sie in einen kleinen Korb fallen. Ann würde sie später auskochen müssen. »Ich fürchte, ich habe keine guten

Nachrichten für Euch. Wie es aussieht, habt Ihr Euch mit der Syphilis angesteckt.«

»Die Franzosenkrankheit?« Penrith lachte auf, aber es war ein gequältes Lachen. »McIntyre, macht Euch nicht lächerlich!«

»Es tut mir leid, Sir, aber alles spricht dafür. Ihr weist alle bekannten Symptome auf.«

»Diese verdammte Hure! Ich bringe sie um!« Penrith schluckte mühsam, er war blass geworden.

»Offenbar seid Ihr im zweiten Stadium. In diesem Stadium ist die Krankheit überaus ansteckend. Ich muss Euch daher dringend bitten, Euch jeglichen geschlechtlichen Verkehrs zu enthalten. Überhaupt solltet Ihr Berührungen meiden.«

»Was sagt Ihr da? Ich darf keine Frau mehr anfassen?«

»Am besten überhaupt niemanden mehr. Bis der Ausschlag verschwunden ist.«

Penrith atmete sichtbar auf. »Dann verschwindet es also wieder?«

Alistair nickte. »Aber es wird wiederkommen. Wenn man es nicht behandelt, zerstört es innere Organe und das Nervensystem. Und führt irgendwann zum Tode.«

»McIntyre, redet nicht um den heißen Brei herum, sondern bringt es wieder in Ordnung! Ich werde Euch anständig dafür bezahlen!«

»Die einzig wirksame Behandlung ist eine Schmierkur mit Quecksilber. Und selbst dann ist eine Heilung nicht gewährleistet.«

»Gut, McIntyre, gut. Gebt mir einfach dieses verdammte Quecksilber, und die Sache ist erledigt. Was schulde ich Euch?«

Alistair hätte fast gelacht über Penriths Eifer. »Sir, ganz so einfach ist es nicht. Ich muss das Mittel erst zusammenstellen. Und die Kur selbst ist äußerst strapaziös. Ihr werdet für eine ganze Weile Euren Dienst nicht versehen können.«

Penrith erhob sich. Er sah aus, als wollte er Alistair am Arm packen, besann sich dann aber anders. »Ich werde darüber nachdenken. Und, McIntyre: zu niemandem ein Wort! Sollte irgendjemand davon erfahren, kenne ich genug Mittel und Wege, Euch zu vernichten!«

4.

Moira warf einen prüfenden Blick nach oben, wo der glühende Ball der Sonne von einem wolkenlosen Himmel herunterbrannte. In Irland, auf der anderen Seite der Welt, war jetzt Winter, kurz vor Weihnachten. Doch hier, auf ihrem eigenen Stück Land, war ihr Weizenfeld zu einer wogenden Fläche goldgelber Halme geworden und das Licht des frühen Vormittags so grell, dass es in den Augen stach.

Moira lehnte sich an den großen Baum hinter sich. Unter ihrem leichten Sommerkleid floss der Schweiß. Mit ihrem riesigen Bauch kam sie sich vor wie ein unbewegliches Schlachtschiff, aufgedunsen und unattraktiv. Sie blickte sich um. Duncan war auf dem Feld, blieb immer wieder stehen und ließ prüfend ein paar Halme durch seine Finger gleiten. Sonst war niemand hier. Verstohlen hob sie ihren langen Rock und wedelte sich etwas Luft zu. Oh, wie gut das tat! Und dennoch: Obwohl sie ihre dünnsten Seidenstrümpfe trug, fühlten sich ihre Beine unendlich schwer und plump an. Sie schob ihren Rock höher und lehnte sich an den Baumstamm, dann beugte sie sich vor und öffnete das Band, das ihren rechten Strumpf über dem Knie festhielt. Langsam, denn der dicke Bauch war ihr im Weg, rollte sie den Strumpf hinunter bis zum Knöchel. Welche Wohltat! So etwas gehörte sich natürlich nicht. Aber ihr war warm, und der Stoff klebte auf ihrer Haut. Außerdem sah es ja niemand. Unter diesen Umständen, fand sie, durfte sie sich durchaus etwas Erleichterung verschaffen.

Sie war gerade dabei, den zweiten Strumpf hinunterzurollen, als ein heftiger Krampf ihren Leib durchfuhr. Sie ließ den Strumpf los, der auf ihren Knöchel rutschte, und richtete sich langsam auf. Eine Hitzewelle, die nichts mit der äußeren Temperatur zu tun hatte, breitete sich in ihr aus und ließ ihr am ganzen Körper den Schweiß ausbrechen. Sie stöhnte leise auf. Ihr Bauch war hart wie ein Brett.

Allmählich ebbte der Schmerz wieder ab und ließ nur ein leichtes Ziehen zurück. War das eine Wehe gewesen? Sollte sie Duncan rufen? Nein, noch nicht. Zählen, hatte Elizabeth Macarthur gesagt. Wenn es so weit war, sollte sie anfangen, zwischen den einzelnen Wehen zu zählen. Schwerfällig ließ sie sich ins Gras sinken.

Bald darauf erschien Duncan neben ihr, ein paar Ähren in der Hand. »Das Korn wächst gut. Nächste Woche werde ich zu Mr Betts gehen und ihn fragen, ob er mir eine seiner Sensen ausleiht. Dann kann ich ernten.«

Moira nickte stumm, ohne mit dem Zählen aufzuhören. Sie war bei dreihundertvierundzwanzig, als der Schmerz ihr erneut reißend in Rücken und Unterleib fuhr. Sie legte eine Hand auf ihren brettharten Bauch und atmete langsam aus.

»Aber vorher«, sagte sie, als die Wehe wieder abflachte, »solltest du Elizabeth holen.«

*

Ningali sang. Ihre leise Stimme, so selten gehört, drang nach draußen zu Duncan und verlor sich im unwirklich blauen Himmel. Woher hatte sie gewusst, dass die Geburt bevorstand? Und wie hatte sie so schnell hier sein können?

Solche Dinge, fürchtete Duncan, würde er wohl nie begreifen. Aber wie auch immer sie davon erfahren hatte – ihre Anwesenheit beruhigte ihn. Zumindest ein wenig.

Ningali und Elizabeth Macarthur waren nun schon seit Stunden dort drinnen bei Moira. Duncan konnte ihr schmerzerfülltes Stöhnen hören. Er saß mit dem Rücken an der Wand unter dem geöffneten Fenster ihrer Hütte, um ihr auf diese Weise so nah wie möglich zu sein. Dauerte es immer so lange? Auf seine besorgte Frage hatte Mrs Macarthur ihn nur mitleidig angelächelt. Noch nie hatte er sich so freudig erregt und gleichzeitig so hilflos gefühlt.

Anfangs hatte auch er noch dabei sein dürfen, hatte Moira herumgeführt und ihre Hand gehalten, wenn sie mit schmerzverzerrtem Gesicht eine weitere Wehe durchstand. Aber irgendwann hatte Mrs Macarthur ihn mit dem freundlichen, aber bestimmten Hinweis, Männer würden hier nicht mehr gebraucht, hinausgeschickt.

Eine rotglühende Sonne senkte sich über die Bäume und ließ das Weizenfeld feurig auflodern. Noch immer war es heiß wie in einem Backofen. Im Straflager von Toongabbie, knapp vier Meilen entfernt, würden die Sträflinge jetzt die Ernte einbringen. Vor einem Jahr war er selbst einer von ihnen gewesen, verurteilt als Rebell gegen die englische Herrschaft in Irland. In der brütenden Hitze hatte er Garben geschnitten und Weizen gedroschen – und verzweifelt versucht, sich damit abzufinden, Moira nie wiederzusehen.

Ein langgezogener Schrei aus der Hütte ließ ihn auffahren. Er stürzte zur Tür und stieß sie auf.

Kaum war er hineingestürmt, als ihm auch schon Ningali wild gestikulierend entgegenkam. »Nein!« Entschlossen schob sie ihn in Richtung Tür zurück.

Moira lag zusammengekrümmt auf der Bettstatt, ihr Gesicht war schweißnass und schmerzverzerrt, ihr Keuchen erfüllte die kleine Hütte. Elizabeth Macarthur saß neben ihr.

»Bitte, Ningali, ich muss zu ihr!«

»Mr O'Sullivan«, sagte Mrs Macarthur, ohne aufzusehen, »wenn Ihr nicht augenblicklich verschwindet, werfe ich Euch eigenhändig hinaus!«

Er hatte sich kaum wieder unter das Fenster gesetzt, als ein erneuter Schrei ertönte. Sein Magen zog sich zusammen. Er war schuld daran. Er war schuld, dass Moira jetzt so leiden musste, denn er hatte das Kind gezeugt, das nun auf die Welt drängte. Noch nie hatte er eine Geburt so hautnah miterlebt. Er hatte nicht gewusst, wie qualvoll es für die Gebärende war. Er selbst hatte in seiner Zeit als Sträfling auch einiges an Schmerzen erleiden müssen. Aber was waren die Schläge der Neunschwänzigen gegen diese stundenlangen Wehen?

Oder strafte Gott Moira, weil sie nicht mehr mit ihrem Mann zusammenlebte? Weil sie McIntyre für ihn, Duncan, verlassen hatte?

Er konnte nicht länger sitzen bleiben. Unruhig marschierte er vor der Hütte auf und ab und ertappte sich dabei, ganz ähnlich wie Moira an einem Fingernagel zu kauen. Sie war stark. Sie würde es überstehen.

»Heilige Maria, voll der Gnaden«, murmelte er. »Hilf ihr!«

Die Sonne war verschwunden, die Dämmerung senkte sich mit staubigen Fingern über das Land. Moiras Schreie kamen jetzt dicht hintereinander, manchmal hörten sie sich an wie die eines Tieres. Duncan unterbrach sein rastloses Umherlaufen und horchte angespannt. Stöhnen, ein halberstickter Schrei, dann ein atemloses Hecheln. Mrs Macarthurs ruhige Stimme. Ningalis leiser Gesang.

Dann war es still. Angstvoll lauschte er. Was war passiert?

Ein leichtes Klatschen erklang, und im nächsten Moment vernahm er den Schrei eines kleinen Kindes.

Moira! Warum hörte er nichts von ihr? Ein eisernes Band zog sein Herz zusammen.

Dann öffnete sich die Tür. Elizabeth Macarthur stand dort, sie lächelte. »Herzlichen Glückwunsch! Ihr könnt jetzt zu ihr.«

»Dann ... geht es ihr gut?«

»Aber ja doch.« Sie machte einen Schritt zur Seite, damit er eintreten konnte.

Moira lag, von einer Decke gestützt, halb aufgerichtet auf der Bettstatt, die schwarzen Haare noch feucht von Schweiß, und hielt einen in ein Tuch gewickelten Säugling im Arm. Obwohl man ihrem blassen Gesicht die überstandenen Qualen noch ansah, strahlte sie Duncan an. Ihm wurde schwindelig, er fühlte sich so schwach, als würde er im nächsten Moment umfallen.

»Und ich hatte recht: Es ist ein Sohn!« Moira zog das Tuch vom Kopf des Kindes. Er sah ein rotes, verknautschtes Gesicht, zusammengekniffene Augen und ein Büschel dunkler Haare. Winzige Fäuste ruderten haltlos durch die Luft, dann öffnete sich der zahnlose Mund und stieß ein empörtes Brüllen aus. »Joey, darf ich dir deinen Vater vorstellen?«

Vorsichtig reichte sie ihm das Kind, und er nahm das kleine, warme Bündel und presste seinen Sohn an sich. Erst als ein paar Tropfen auf den Kopf seines Sohnes fielen, merkte er, dass er vor Rührung und Erleichterung weinte.

*

»Dieser verdammte Gouverneur!« Duncans Vater Joseph O'Sullivan lief unruhig in der kleinen Hütte auf und ab.

»All die Jahre war er ein Freund der *Eora*. Aber jetzt? Setzt ein Kopfgeld auf Pemulwuy aus. Ich habe ihn für einen gerechten Mann gehalten. Aber das geht zu weit. Wieso tut er das?«

»Weil dein großer Krieger unschuldige Siedler überfällt! Und ihr Korn niederbrennt.« Duncan lehnte am Tisch. »Hilfst du ihm?«

Joseph sah ihn kurz an, dann schnaubte er unwillig. »Sie sind nicht unschuldig. Manche von ihnen haben unbewaffnete *Eora* angegriffen. Haben Frauen und Kinder getötet!«

Moira saß auf dem Bett, der kleine Joey war in ihren Armen eingeschlafen. Nachdem sie wochenlang nichts von ihm gehört hatten, war Duncans Vater vor kurzem überraschend bei ihnen aufgetaucht. Um seinen Enkel zu begrüßen, hatte er verkündet. Jetzt allerdings war ihm ein anderes Thema wichtiger. Und Moira konnte sich nicht länger zurückhalten.

»Joseph«, sagte sie. »Bitte versteh es nicht falsch, aber … es wäre besser, wenn du jetzt gehst.«

»Moira!« Duncan stieß sich vom Tisch ab.

»Er bringt uns alle in Gefahr! Und vor allem dich!« Sie biss sich auf die Lippen, um nicht noch etwas Unüberlegtes zu sagen. Es wäre nicht das erste Mal, dass sie wegen seines Vaters mit Duncan aneinandergeriet.

»Ich bringe doch meinen Sohn nicht in Gefahr!« Joseph hatte die Hände in die Hüften gestemmt. Die mit Schmucknarben versehene gebräunte Haut seines nackten, fast hageren Oberkörpers ließen ihn wie einen Eingeborenen aussehen, aber der kurze graue Bart und die zum Zopf zusammengefassten, glatten grauen Haare offenbarten den Weißen.

Moira atmete gepresst aus, als sie ein weiterer schmerzhafter Krampf durchlief. Fast, als hätte sie noch immer

Wehen. »Willst du es denn nicht verstehen, Joseph?« Sie bemühte sich, ihre Stimme leise zu halten, um das Kind in ihren Armen nicht aufzuwecken. »Der Gouverneur hat jeglichen Kontakt zu den Eingeborenen verboten. Er hat ein Kopfgeld auf Pemulwuy ausgesetzt. Und Duncan ist ein ehemaliger Sträfling. Was glaubst du, was Gouverneur King tun wird, wenn er erfährt, dass der Vater dieses Ex-Sträflings Pemulwuys Verbündeter ist, der munter bei uns ein und aus geht?«

»Moira, es reicht!«

Joseph schüttelte den Kopf. »Nein, ich habe schon verstanden. Wenn ihr auf meine Gesellschaft keinen Wert legt, dann verschwinde ich besser.« Er drehte sich um und verließ ihre Hütte.

»Was sollte das?«, fragte Duncan aufgebracht. »Er ist mein Vater! Du kannst ihn doch nicht einfach vor die Tür setzen!«

»Wenn er so uneinsichtig ist, dann schon.« Sie sah ihn trotzig an, dann lenkte sie ein. »Ich wollte ihn nicht verärgern. Aber ich habe Angst! Es ist noch nicht lange her, da dachte ich, ich ... ich würde dich für immer verlieren! Und jetzt muss ich mir anhören, dass dein Vater Pemulwuy unterstützt.«

Duncan nickte langsam und setzte sich zu ihr. »Jemand sollte zu Pemulwuy gehen und mit ihm reden. Ihn davon überzeugen, mit diesen Überfällen auf die Siedler aufzuhören und die Waffen abzugeben. Vielleicht nimmt der Gouverneur dann das Aussetzen des Kopfgeldes zurück.«

»Und wer sollte das tun?« Moira setzte sich aufrecht hin. »O nein! Das wirst du nicht!«

»Wieso nicht? Ich kenne seinen Sohn, und mein Vater ist mit ihm befreundet. Möglicherweise hört er auf mich.«

Moira schüttelte den Kopf. »Der Gouverneur wird nicht

noch einmal so viel Milde walten lassen. Wenn er erfährt, dass du Pemulwuy hilfst, dann kann er dich sofort wieder zum Sträfling machen. Oder noch Schlimmeres …«

»Ich helfe Pemulwuy nicht. Ich will nur mit ihm reden.«

»Ach, und du glaubst, dieser feine Unterschied wird Gouverneur King bewusst sein?« Ein plötzliches Frösteln überkam sie. »Willst du, dass dein Sohn auch ohne Vater aufwächst?«

Duncan zögerte. Sein halbes Leben lang hatte er geglaubt, sein Vater sei in Irland wegen Pferdediebstahls hingerichtet worden. Stattdessen war Joseph mit einem der ersten Sträflingstransporte nach Neuholland verschifft worden. Genau wie dreizehn Jahre später auch Duncan.

»Das … das ist es nicht wert!«, sagte Moira leise und fasste nach seiner Hand. »Versprich es mir. Versprich mir, dass du nicht zu Pemulwuy gehen wirst. Und dass du nichts tust, was dich in Gefahr bringt.«

Duncan strich über den dunklen Schopf seines schlafenden Sohnes. Dann nickte er.

»Da kommt jemand«, bemerkte er nach einer Weile. Er stand auf und ging zur Tür.

Jetzt vernahm auch Moira die Geräusche einer vorfahrenden Kutsche. Elizabeth? Oder D'Arcy Wentworth? Nein, der war ja mit John Macarthur unterwegs nach Kapstadt.

Sie hörte Duncan mit jemandem reden, dann begann ihr Herz zu rasen, und wie zum Schutz drückte sie Joey an sich. Es war Dr. Alistair McIntyre. Ihr Ehemann.

Hastig richtete sie ihr leichtes Hemd. Mit jedem hätte sie gerechnet, nur nicht mit ihm. Sie hatte den alten Bock, wie sie ihn heimlich nannte, zum letzten Mal Anfang des Jahres gesehen, als sie ihre Sachen aus seinem Haus geholt hatte.

»Darf ich hereinkommen?«

»Sicher.« Duncan gab die Tür frei. Sie warf ihm einen

schnellen Blick zu, aber er hob die Schultern und schüttelte den Kopf.

McIntyre trat ein; eine krummbeinige Gestalt im dunklen Rock, die Arzttasche in der Hand. »Guten Tag, Moira.«

Sie nickte stumm. Sie hätte sowieso kein Wort herausgebracht. Wieso war er gekommen? Er war noch nie hier gewesen. Würde er etwa das Geld zurückfordern, das er ihr monatlich zukommen ließ?

»Ich habe von deiner Niederkunft erfahren«, begann McIntyre. »Und da ich ohnehin gerade in der Gegend war, kann ich auch nach Mutter und Kind sehen.« Er stellte seine Arzttasche auf den Tisch und ließ einen raschen Blick hinter den runden Brillengläsern durch den Raum gleiten, dann trat er neben Moiras Bettstatt. »Wie geht es dir?«

Sie räusperte sich, ihre Kehle schien wie zugeschnürt. »Gut. Elizabeth – Mrs Macarthur hat mir geholfen.«

»Und das ist also der Nachwuchs. Darf ich?«

Moira nickte zögernd. Sein Verhalten verwirrte sie. Er war so – anders. So freundlich. Andererseits konnte es nicht schaden, wenn ein Arzt sich den kleinen Joey einmal ansah.

McIntyre legte das Kind auf das Fußende des Bettes und wickelte es vorsichtig aus dem Tuch, in das Moira es gehüllt hatte. Als er die frische Windel öffnete, erwachte der Junge und begann zu schreien, die kleinen Ärmchen und Beinchen strampelten wild. Moira beobachtete ihn angespannt. McIntyre besah sich den Körper des Säuglings genau, bewegte die Gliedmaßen und strich zuletzt über seine Fußsohlen.

»Ich gratuliere«, sagte er schließlich und reichte Moira das Kind. »Das ist ein gesunder kleiner Bursche.«

Moira stieß einen kleinen Seufzer aus. »Danke«, murmelte sie und begann, Joey wieder einzuwickeln.

»Trinkt er gut? Hast du genug Milch?«

Sie bejahte.

»Sie hat Schmerzen«, sagte Duncan. Moira hob den Kopf und funkelte ihn böse an. »Jedes Mal, wenn sie stillt.«

McIntyre hob eine Braue. »Auch Fieber?«

»Ich werde nicht ...«

»Moira, bitte!«

Die ungesagten Worte schwebten im Raum. Nach der Fehlgeburt im vergangenen Jahr war er zu Recht besorgt. Und so nickte sie schließlich zähneknirschend.

»Ich warte draußen«, sagte Duncan und war schon auf dem Weg zur Tür.

»Nein«, hielt Moira ihn zurück. »Bitte bleib.« Wenn es sein musste, würde sie sich untersuchen lassen, aber sie wollte dabei nicht mit McIntyre alleine sein.

Seine tastenden Hände auf ihrem Bauch waren erstaunlich sanft.

»Kein Grund zur Sorge«, sagte er schließlich und zog Moiras Nachthemd wieder über ihren Schoß. »Das sind nichts weiter als Rückbildungswehen, der *uterus* zieht sich zusammen. Schone dich noch ein paar Tage und lege das Kind häufig an. Die erste Milch ist wichtig.«

Kein Wort über das, was damals vorgefallen war. Nur eine nüchterne, ärztliche Feststellung. Hatte er sich allmählich damit abgefunden, dass seine Frau ihn verlassen hatte? Dennoch – Moira fühlte sich unbehaglich. Ihr war erst wieder wohler, als er fort war.

5.

In dem großen, hellen Stall war es im Vergleich zu draußen fast schon kühl, es roch nach Holz und dem scharfen Duft der Pferde. Der Braune wieherte, senkte aber sofort seinen Kopf über das frisch ausgelegte Stroh. Duncan strich ihm beruhigend über den Hals. Die befürchtete Kolik hatte sich zum Glück als harmlos entpuppt, nachdem er das Pferd eine Weile herumgeführt hatte.

»Ich danke Euch sehr, Mr O'Sullivan«, sagte Elizabeth Macarthur freudestrahlend, als er wieder zu ihr ins grelle Sonnenlicht trat. »Mit den Schafen komme ich allein zurecht, aber bei dieser Sache war ich mir doch etwas unsicher. Seit John fort ist, ist für mich alles viel schwieriger geworden.«

Elizabeth kokettierte gerne mit der Rolle als schwache, unwissende Frau, das hatte Duncan schon gemerkt. Dabei leitete sie die große Schaffarm mit bewundernswertem Geschick. Auf ihrem Gesicht unter dem Sonnenhut zeigten sich ein paar feine Schweißperlen. Duncans grobes Leinenhemd dagegen war völlig durchgeschwitzt. Aber auch wenn er sich nach Abkühlung sehnte – in Anwesenheit einer Dame würde er sicher nicht sein Hemd ausziehen.

»Und jetzt müsst Ihr unbedingt meine selbstgemachte Limonade versuchen.«

Die Veranda lag dankenswerterweise im Schatten, und die Limonade aus kühlem, gesüßtem Zitronenwasser war köstlich und erfrischend. Viel zu schnell war Duncans Glas leer.

»Nächste Woche ist Weihnachten«, sagte Elizabeth und trank einen kleinen Schluck. »Ich würde mich sehr freuen, wenn Ihr und Moira – und natürlich der kleine Joey – meine Gäste sein würdet.«

»Mit dem größten Vergnügen.« Er wollte noch etwas sagen, aber dann blickte er sich um. »Riecht Ihr das auch?«

Elizabeth hob prüfend die Nase. »Nein, was denn?«

»Ein schwacher Rauchgeruch. Als würde irgendwo etwas brennen.« Er erhob sich hastig. Es war nichts zu sehen, aber jetzt roch er eindeutig einen Brand. Auch Elizabeth war aufgestanden, auf ihrem blassen Gesicht malte sich Schrecken.

»Die Schafe! Die Pferde!«

»Es ist nicht hier«, beruhigte Duncan sie. »Ich glaube, es kommt von … da.« Er deutete nach Osten. Und wirklich: Als er genauer hinsah, konnte er schwach den grauen Rauch erkennen, der von dort aufstieg. Zum Glück nicht aus der Richtung, wo die Hütte seiner kleinen Familie stand, aber ein Brand in dieser trockenen Jahreszeit, in der schon ein leichter Wind das Feuer schnell weitertrug, konnte verheerend für die ganze Region sein. Er musste sofort etwas unternehmen.

Elizabeth hatte offenbar die gleiche Idee. »Ich gebe Euch zwei Männer mit«, sagte sie und eilte schon zu den beiden Hütten, in denen die ihr zugeteilten Sträflinge wohnten.

*

Die einfache Bank vor ihrer Hütte lag jetzt im Schatten und war bei der Gluthitze dieses frühen Nachmittags einer der wenigen Plätze, an denen es sich gerade so aushalten ließ.

An der Hauswand lehnte die Sense, die Duncan sich von Mr Betts geliehen hatte. Heute Morgen hatte er angefangen, den Weizen einzubringen, auf dem Getreidefeld standen bereits die ersten gebündelten Garben.

Der kleine Junge hatte die Augen fest geschlossen; er war Duncan wie aus dem Gesicht geschnitten, stellte Moira wieder einmal beglückt fest. Sie streifte das Tuch zurück, mit dem sie das Köpfchen vor der Sonne geschützt hatte, und strich ihrem Sohn sanft über den weichen, dunklen Haarflaum. Es war so heiß, dass sie ihn nur gewindelt hatte und er die rosigen Glieder frei bewegen konnte.

Joey. Seit gestern war er offiziell auf diesen Namen getauft, auch wenn zu ihrem großen Bedauern nicht D'Arcy Wentworth sein Taufpate hatte sein können. Aber D'Arcy war mit John Macarthur unterwegs. Große Auswahl an Paten hatten sie daher nicht gehabt, schließlich gab es nicht allzu viele Katholiken, die für diese verantwortungsvolle Aufgabe in Frage kamen. Und so hatte der gute Vater Dixon auch noch diese übernommen, obwohl er schon mit der Taufe gegen das Gesetz verstieß, denn für katholische Priester war die Ausübung ihres Amtes in Neusüdwales verboten.

Eine offene Kutsche näherte sich. McIntyres Kutsche. Und diesmal war er nicht allein; neben ihm saßen die blasse, dürre Ann und ein großer, feister Mann in schwarzer Soutane – Reverend Marsden.

Es staubte, als das Gefährt mit einem Ruck zum Stehen kam. Moira erhob sich, ihr Blick huschte zwischen den Neuankömmlingen hin und her. Was hatte das alles zu bedeuten?

Marsden grüßte und stieg schwerfällig aus der Kutsche. McIntyre folgte ihm, er wirkte eigenartig nervös. Ann dagegen hielt den Kopf wie üblich gesenkt. In ihren Händen trug sie einen leeren Korb.

»Was tut Ihr hier, Reverend?«

Marsden richtete sich zu seiner vollen Größe auf, so dass sein Bauch die Soutane zu sprengen drohte. Er hatte überhaupt keinen Hals; sein Kopf schien direkt auf seinen stämmigen Schultern zu sitzen. »Madam, ich bin heute nicht in meiner Funktion als Kirchenmann hier, sondern als Magistrat von Parramatta. Ist Euer …«, er räusperte sich. »Ist Mr O'Sullivan anwesend?«

Moira verneinte. Sie bemerkte, dass McIntyre leise aufseufzte, und ihre Unruhe wuchs. Ihr Herz schlug schneller, sie presste Joey an sich. Der Junge regte sich und begann leise zu greinen. »Was wirft man ihm vor? Er ist ein freier Mann. Der Gouverneur hat ihn begnadigt.«

Reverend Marsden verzog verächtlich die Lippen. Sein Gesicht ähnelte dem eines verdrießlichen Ochsen. »Nein, Madam, bis auf die Tatsache, dass er ein Papist und ein ehemaliger Sträfling ist, der einem rechtschaffenen Bürger die Frau geraubt hat, haben wir Mr O'Sullivan nichts vorzuwerfen.«

Moira schluckte, dann warf sie hochmütig den Kopf zurück. Sie hatten nichts gegen Duncan in der Hand, das war das Wichtigste. Alles andere war nebensächlich. Es war schließlich nicht das erste Mal, dass ihnen solche Ablehnung entgegenschlug.

Auf Marsdens Bitte hin gingen sie in die Hütte. Der Reverend deutete auf Joey. »Das ist Euer Sohn?«

Sie nickte, ihr Atem ging wieder etwas ruhiger. Wahrscheinlich ging es nur darum, Joeys Geburt aktenkundig zu machen.

»Und Ihr seid Mrs Moira McIntyre?«

»Ja. Geborene Delaney.«

»Verheiratet mit dem hier anwesenden Dr. Alistair McIntyre?«

»Ja, aber ...« Sie sah kurz in McIntyres Richtung. »Wie Ihr bereits erwähnt habt, leben wir nicht mehr zusammen.« Jetzt war es ihr doch ein wenig peinlich. Sie schaute hinüber zu Ann, aber die blickte zu Boden. »Was soll das, Reverend? Seid Ihr deswegen hier? Weil ich meinen Mann verlassen habe?«

»Nein, Mrs McIntyre, nicht deswegen, auch wenn ich dieses Verhalten zutiefst verabscheue und Frauen wie Euch als Konkubinen bezeichne.« Er zog seine Soutane stramm. »Daher freut es mich, dass ich zumindest in einer Beziehung für Recht und Ordnung sorgen kann. Nach britischem Recht ist ein Kind, das während einer Ehe geboren wird, als Nachkomme beider Eheleute anzusehen. Dr. McIntyre ist somit der gesetzliche Vater des Kindes. Ich bin hier, um seinen Anspruch auf das Kind durchzusetzen.«

»Was?« Moira kam sich vor wie in einem schlechten Traum. Wieso nur wachte sie nicht endlich daraus auf? »Aber er ist nicht der Vater, das kann ich beschwören! Duncan – Duncan O'Sullivan ist Joeys Vater!«

»Und wenn Ihr es hundertmal beschwören würdet – vor dem Gesetz ist es Dr. McIntyre.« Marsden sah sie von oben herab an und verzog die Lippen zu einem freudlosen Lächeln. »Und er wird den Jungen jetzt in seine Obhut nehmen.«

Moira wollte aufschreien, aber kein Ton kam aus ihrer Kehle. Sie drückte Joey an sich. Ihr Blick flog panisch zwischen den Männern hin und her und richtete sich dann auf die Einzige, die sie noch als ihre Verbündete ansehen konnte. »Ann, bitte, hilf mir! Sag, dass mein ... dass dieser Mann nicht Joeys Vater ist!«

Ann schaute auf, und zum ersten Mal, seit Moira sie kannte, sah sie nicht verschreckte Furcht in den Augen des

Mädchens, sondern einen gewissen Stolz. »Ihr habt doch gehört, was der Reverend gesagt hat.« Sie streckte einen Arm aus. »Gebt mir den Jungen. Ich werde gut für ihn sorgen.«

»Nein!« Moira schrie auf und umklammerte Joey, der laut zu weinen anfing. »Das lasse ich nicht zu! Niemand nimmt mir mein Kind weg!«

Sie versuchte, nach draußen zu gelangen, aber der bullige Marsden verstellte ihr die Tür. Feuchte Locken kräuselten sich auf seinem Schädel. Moiras Gedanken überschlugen sich, sie atmete hektisch. Sie musste Zeit gewinnen. Wenn doch wenigstens Duncan hier wäre!

»Bitte, lasst mir noch ein paar Minuten.« Mit aller Gewalt zwang sie sich zur Ruhe. »Und ... wollt Ihr Euch nicht setzen? Ihr habt sicher Durst an einem so heißen Tag.«

Marsden wich keinen Schritt von der Tür. »Mrs McIntyre, macht es Euch doch nicht so schwer.«

»Reverend«, mischte sich jetzt McIntyre ein, der bis jetzt geschwiegen hatte. »Wir sollten gehen.«

»Ihr sagt es.« Marsden deutete auf Ann. »Gebt ihr das Kind.«

»Nein!« Moiras Stimme überschlug sich. »Bitte, Sir, wartet ... wartet wenigstens, bis Duncan zurück ist!«

Marsden wirkte, als würde das weiße Beffchen ihm die Luft abschnüren, so rot wurde er plötzlich im Gesicht. »Ich werde sicher nicht auf einen ehemaligen Sträfling, noch dazu einen Papisten, warten. So jemand ist niemals gleichzusetzen mit einem freien Siedler. Solche Leute schwächen die Klasse der Arbeiter und sehen sich selbst als Herren an, wo sie doch Diener sein sollten. Außerdem würde es nichts ändern. Das Recht ist auf der Seite Eures Mannes. Und nun seid vernünftig, Mrs McIntyre, und gebt das Kind heraus. Der Junge wird schnellstmöglich getauft, um in den Schoß der Kirche von England aufgenommen zu werden.«

Moira blickte verzweifelt auf. »Er ist schon getauft!«, stieß sie hervor. »Und zwar katholisch!«

Marsdens feistes Gesicht schien zu versteinern. »Wer? Wer hat die Frechheit besessen? Kein papistischer Priester darf in Neusüdwales praktizieren! Damit habt Ihr Euch strafbar gemacht!«

Und wenn schon. Moira sah an Marsden vorbei auf McIntyre. Ihr Herz hämmerte. Ob ihn diese Eröffnung umstimmen würde?

»Bitte!«, formten ihre Lippen lautlos.

»Mrs McIntyre, ich fordere Euch hiermit zum letzten Mal auf, das Kind herauszugeben!«

Moira schüttelte heftig den Kopf und sank auf die Knie. Schützend barg sie ihren Sohn vor ihrem Bauch und kauerte sich zusammen.

Sie waren zu viele. Gegen drei Leute, die alle an ihr und Joey zerrten, kam sie nicht an. Schon gar nicht in ihrem immer noch geschwächten Zustand. Ihre verzweifelten Bitten mischten sich mit Joeys ohrenbetäubendem Gebrüll. Sie schrie, heulte, bettelte – und musste doch mitansehen, wie man ihr den Sohn aus den Händen wand. Wieder und wieder klammerte sie sich an den Korb, in den man ihn gepackt hatte, versuchte, den Jungen an sich zu reißen, bis es den Männern und Ann schließlich gelang, in die Kutsche zu steigen.

Als sie davonfuhren, sank Moira vor der kleinen Bank zusammen, ihr Atem ging in hektischen Schluchzern, für einige Augenblicke glaubte sie, ohnmächtig zu werden. Dann hob sie den Kopf, starrte durch tränen- und staubverklebte Wimpern der Kutsche hinterher.

»Ich lasse dich nicht bei ihm, Joey! Ich hole dich zurück!«

Mühsam richtete sie sich auf und schlug den staubigen Pfad nach Toongabbie ein.

*

Als Duncan vom Pferd sprang, war er im ersten Moment sprachlos vor Wut und Erschrecken: Mr Betts' Maisfeld brannte. An zwei Ecken des beinah quadratischen Feldes, auf dem die noch nicht ganz erntereifen Kolben wuchsen, schlugen Flammen hoch, fraßen sich in rasender Geschwindigkeit durch die Anpflanzungen. Ein verzweifelter Mr Betts versuchte gemeinsam mit seiner Frau und zwei seiner Kinder, die Flammen mit nassen Tüchern auszuschlagen. Und überall sah man Eingeborene, sicher an die dreißig, vierzig johlende Männer. Die weiße Kriegsbemalung, mit der die dunklen Körper geschmückt waren, machte es Duncan schwer, jemanden zu erkennen. Nur einer von ihnen war nicht nur weiß, sondern auch ockerfarben, rot und schwarz bemalt. War das etwa Pemulwuy, den sie den Regenbogenkrieger nannten? Und was um alles in der Welt sollte das? Hatte er den Verstand verloren?

Manche von ihnen trugen brennende Fackeln in der Hand, andere Gewehre, die sie offenbar auf früheren Raubzügen erbeutet hatten. Der laute Knall, wenn einer von ihnen eine Musketenkugel in die Luft feuerte, hallte wie Donner über ihre Köpfe. Sie wollten niemanden töten, nur erschrecken, das wurde Duncan schnell klar. Dennoch raubten sie Mr Betts und seiner Familie die Lebensgrundlage. Neben Betts' Hütte lagen eine getötete Ziege und zwei leblose Hühner, zwei weitere Hühner rannten panisch gackernd im Kreis herum. Betts' jüngste Tochter versuchte, sie einzufangen.

Duncan und die beiden Sträflinge, die Elizabeth ihm

mitgegeben hatte, banden ihre Pferde in der Nähe des kleinen Flusses an, dann eilten sie Betts zu Hilfe. Weitere Nachbarn trafen ein, doch das einzige wassergefüllte Fass war längst geleert. Die Männer rannten mit Eimern und anderen Behältnissen hinunter zum Bach und kamen keuchend wieder, kippten schwungvoll Eimer um Eimer auf das strohgedeckte Dach und die aus Holzbohlen erbauten Wände von Mr Betts' Hütte, damit diese nicht auch noch Feuer fing. Auf dem Feld kämpften Betts und seine Familie einen aussichtslosen Kampf gegen die Flammen. Duncan zog sich das Hemd aus und schlug gemeinsam mit den beiden Sträflingen auf die Flammen ein. Aufstiebende Funken versengten seine Haut, der dichte Rauch, der vom Feld aufstieg, ließ seine Augen tränen und reizte zum Husten.

Es war ein vergebliches Unterfangen. Kaum waren sie an einer Seite gelöscht, schlugen die Flammen an einer anderen Stelle wieder hoch. Aber zumindest blieb das Feuer auf das Maisfeld beschränkt.

»Warum tun sie mir das an?« Erschöpft ließ Mr Betts sein zerfetztes Tuch sinken. »Ich habe doch nichts verbrochen!«

»Das ist dieser verdammte Pemulwuy«, keuchte Mr Gaskin, einer der Nachbarn, und gönnte sich eine kurze Pause. »Ich habe meinen Ältesten nach Parramatta geschickt, um die Soldaten zu holen. Wenn sie diesen eingeborenen Mistkerl jetzt erwischen, dann ist mir ein Teil des Kopfgelds sicher!« Er fuhr sich über das verschwitzte Gesicht und hinterließ eine Rußspur.

Duncans Blick ging über das Feld, über dem weiterhin dichter Rauch aufstieg. Dann nahm er aus dem Augenwinkel eine Bewegung wahr: Betts' kleine Tochter irrte weinend und offenbar blind vor Angst herum. Ins Maisfeld. Direkt auf die Flammen zu.

Duncan ließ sein Hemd fallen, das ohnehin nur noch aus ein paar Fetzen bestand, und rannte los.

Er hatte das Mädchen kaum erreicht, als von rechts ein Eingeborener auftauchte und ebenfalls auf das Kind zulief. Das Mädchen sah nur den *Eora*, schrie auf und rannte wieder zurück. Fort vom Feuer.

Er blieb stehen.

»Duncan?«, hörte er dann eine leicht atemlose, vertraute Stimme. »Verdammt, Junge, was machst du hier?«

Duncan fluchte nur selten – schließlich sollte man den Namen des Herrn nicht beschmutzen. Aber diesmal stieß er einen geradezu gotteslästerlichen Fluch aus. Der hagere Mann, der da vor ihm stand, war kein Eingeborener. Auch wenn seine Züge unter der weißen Farbe kaum zu sehen waren, so erkannte Duncan ihn doch an den glatten, grauen Haaren und dem kurzen Bart.

»Joseph?« Wut und Enttäuschung schossen durch seine Adern. »Du wendest dich gegen dein eigenes Volk?«

»Du solltest nicht hier sein!«, gab Joseph statt einer Antwort zurück. »Dir und Moira werden sie nichts tun.«

»Ich bin hier, weil ich meinem Nachbarn helfe! Gegen meinen eigenen Vater – ist es denn zu glauben? Wieso tut ihr das? Mr Betts hat den *Eora* nichts getan!«

»Aber andere Weiße haben es. Schlimme Dinge. Wusstest du, dass einige Siedler den *Eora* die Kinder weggenommen haben? Dass sie ihre Frauen vergewaltigt und ihre Männer getötet haben? Dafür müssen sie bezahlen.«

Duncan war für einen Moment fassungslos. »Das heißt, ein Siedler zahlt stellvertretend für das, was ein anderer getan hat? Auch wenn er überhaupt nicht schuldig wurde?«

»So ist es.«

»Du willst mir doch nicht weismachen, dass –«

»Die Soldaten!«, erklang in diesem Moment ein erleichterter Aufschrei. »Sie kommen!«

Duncan drehte sich um. Ein Trupp Soldaten näherte sich im Laufschritt, jeder hielt eine Muskete vor sich. Und vor ihnen ritt ein Offizier der englischen Krone. Im nächsten Augenblick erkannte Duncan ihn: Es war Captain Penrith, der ehemalige Major.

Hastig wandte Duncan sich ab. Hatte Penrith ihn gesehen? Er musste fort, und zwar so schnell wie möglich. Auch wenn er nur zu Mr Betts' Hilfe hier war – Penrith konnte ihm nur allzu leicht einen Strick daraus drehen, und dann war er die längste Zeit ein freier Mann gewesen. Einem ehemaligen Sträfling war schließlich alles zuzutrauen. Vor allem, wenn dessen Vater gemeinsame Sache mit den Eingeborenen machte.

Schon fielen die ersten Schüsse. Die *Eora* erwiderten die Attacke mit Speerwürfen und einzelnen Gewehrschüssen, und hier wie dort brachen Männer zusammen. Dennoch war es ein ungleicher Kampf, die Eingeborenen hatten keine Chance. Nicht gegen eine ganze Kompanie bewaffneter Soldaten des New South Wales Corps.

Hastig sah Duncan sich um. Vor ihm begann der Busch. Von dem brennenden Maisfeld stieg noch immer dicker, beißender Rauch auf. Die Soldaten fächerten sich auf, kamen von vorne und den beiden Flanken. Der Weg zu Betts' Hütte war ihm versperrt, es gab keine Möglichkeit, zu seinem Pferd zu gelangen, wenn er nicht Penrith in die Arme laufen wollte. Aber er musste hier weg!

Die *Eora* zogen sich in den Busch zurück. Duncan überlegte nicht lange. Er lief einfach mit. Hinein in den dichten Wald, der sich wie eine schützende Wand hinter ihnen schloss, durch Buschwerk und niedriges Gestrüpp, über querliegende Baumstämme. Neben sich sah er Joseph, trotz seines Alters genauso schnell wie die anderen. Und hinter, vor, neben ihm huschten die weißbemalten Leiber der *Eora* dahin, die mit nackten Füßen nahezu lautlos über den Waldboden zu fliegen schienen.

Zum Überlegen, zum Reden war jetzt keine Zeit. Alles wirkte unwirklich, fremdartig, fast wie in einem Traum. Sein Denken war reduziert auf das Laufen, er achtete nur noch darauf, seine Füße richtig zu setzen, im Takt zu bleiben, nicht zurückzufallen, auch wenn sich seine eigenen Schritte für ihn im Vergleich zu den *Eora* unnatürlich laut anhörten.

Stundenlang, so schien es ihm, liefen sie durch den Busch. Längst hätte er nicht mehr sagen können, wo er sich befand oder in welcher Richtung Parramatta lag. Die hohen Bäume mit ihren dichten Kronen ließen kaum die Sonne durch, der Wald war erfüllt von Vogelstimmen. Die Soldaten, Mr Betts, sogar Moira und der kleine Joey – all das schien unendlich weit entfernt und zu einem fremden, fernen Leben zu gehören. Das Einzige, was zählte, war der rasche Atem in seiner Brust und der Schweiß, der auf seiner Haut trocknete.

6.

Hinter dem schmalen, schlammfarbenen Fluss konnte man die Hütten der Sträflinge sehen, darüber flimmerte die Luft vor Hitze. Moiras Zunge klebte am Gaumen, ihre Füße brannten, und ihre Brüste spannten schmerzhaft. Wenigstens hatten die Krämpfe nachgelassen, die ihren Körper anfangs immer wieder geschüttelt hatten.

McIntyre hatte ihr Kind gestohlen. Das war ihr einziger Gedanke. Nur das hatte ihr Auftrieb gegeben, hatte sie trotz der krampfartigen Schmerzen in ihrem Unterleib einen Fuß vor den anderen setzen lassen, auf der staubigen Straße die fast vier Meilen nach Toongabbie entlang. Einmal war eine Kutsche an ihr vorbeigefahren, als sie sich Schritt für Schritt vorangeschleppt hatte, aber sie hatte nicht angehalten. Seit Moira ihren Mann verlassen hatte, kannten die meisten ihrer ehemaligen Nachbarn sie nicht mehr.

Das Haus hatte sich kaum verändert. Hier hatte sie noch vor einem Jahr mit McIntyre gewohnt. Noch immer hingen helle Gardinen vor den Fenstern, blätterte die Farbe an der Tür ab. Dennoch erschien ihr alles fremd, wie aus einem anderen Leben, das schon lange nicht mehr zu ihr gehörte.

Aus dem Gebüsch hinter dem Haus erscholl heiseres Vogelgekreisch, das Moira zu verhöhnen schien. Die Veranda lag in glühender Nachmittagshitze. Ein Bild tauchte vor ihrem inneren Auge auf: Vor fast zwei Jahren hatte sie hier Duncan etwas zu trinken gebracht – und zum ersten Mal mit ihm gesprochen. Damals, als ein Aufseher einen anderen Sträfling zum Doktor begleitet und Duncan dabei an eine der hölzernen Säulen der Veranda gekettet hatte.

Und jetzt war sie hier, um ihr gemeinsames Kind zurückzufordern.

Moira war so erschöpft, dass sie kaum die drei kleinen Stufen hinaufkam, die zur Eingangstür führten. Ihr war schwindelig, ihr Atem ging schwer, und sie musste sich am Geländer festhalten, um nicht umzufallen, doch dann pochte sie an die Tür.

Niemand öffnete. Sie klopfte erneut, rief und hämmerte schließlich mit aller Kraft, derer sie noch fähig war, an die Tür. Hinter einem Fenster schob jemand die Gardine ein Stück zur Seite und ließ sie dann wieder fallen.

Ein ehemaliger Nachbar, den sie flüchtig kannte, ging auf der Straße vorbei, blickte pikiert zu ihr herüber und schüttelte den Kopf. Moiras Mutter hätte solch ein Verhalten sicher ebenfalls nicht gebilligt. Aber das war Moira egal. Sie wollte ihr Kind, nichts anderes zählte. Und sie würde sich nicht vom Fleck rühren, bis man sie anhörte.

Die Tür wurde langsam geöffnet. Nicht von McIntyre, sondern von Ann. Die junge Frau sah Moira in einer Mischung aus Erschrecken und Ablehnung an.

»Ma'am, bitte, das hat doch keinen Sinn.«

Moira kam vor Schwäche zuerst kein einziges Wort über die Lippen. Dann straffte sie sich. »Gebt mir mein Kind zurück!«

Fast schon betäubt vor Erschöpfung sah sie, dass Ann, die kleine, schüchterne Ann, den Kopf schüttelte. Sie blickte ihr zwar nicht in die Augen, aber sie wich auch keinen Zoll zur Seite, als sie sagte: »Nein, Ma'am. Reverend Marsden hat es bestätigt: Es ist jetzt nicht mehr Euer Kind.«

»Aber ...« Moira zuckte zusammen, als sie von drinnen

Joey brüllen hörte. Ein starkes Ziehen ging durch ihre Brust, sie spürte, dass ihre Bluse nass von ihrer Milch wurde. »Ich bin hier, Joey, Mama ist da! Ann, hörst du nicht, wie er schreit? Ich muss zu ihm. Lass mich rein!« Sie wollte das Mädchen beiseiteschieben, aber Ann stellte sich ihr in den Weg.

»Ihr wohnt hier nicht mehr, Ma'am. Und der Doktor hat mir verboten, Euch einzulassen. Eigentlich hätte ich nicht einmal öffnen dürfen.«

»Aber ... Ich bin seine Mutter! Ich muss ihn doch wenigstens stillen, ich muss ...«

»Darüber braucht Ihr Euch keine Sorgen machen. Dr. McIntyre hat eine Amme eingestellt. Und auch ich werde mich natürlich um den kleinen Henry kümmern. Bitte, Ma'am, geht nach Hause.«

»Henry?« Moira starrte sie fassungslos an. »Sein Name ist Joey! Joey!«

Ann antwortete nicht. In der Schrecksekunde, die Moira gebraucht hätte, um ihren Fuß dazwischenzuschieben, fiel die Tür bereits ins Schloss.

Moira stieß einen hilflosen Schluchzer aus. »McIntyre, du armseliger Schuft«, flüsterte sie, »gib mir meinen Sohn zurück!«

Aber diesmal öffnete sich die Tür nicht mehr.

Ihre Kraft war restlos verbraucht. Sie konnte nicht einmal mehr weinen. Erschöpft sank sie auf der Veranda nieder. Die Welt um sie herum schrumpfte zusammen auf die hölzernen Bohlen unter ihr, auf flirrende Hitze, Staub und Schweiß. Ihre Brüste schmerzten, noch immer benetzte Milch den Stoff ihrer Bluse. Geräusche wogten auf und nieder; Vogelstimmen, der Gesang der Zikaden, eine Kutsche.

»Mrs McIntyre?«, hörte sie irgendwann eine erstaunte Stimme.

Es fiel so schwer, die Augen zu öffnen, und sie brauchte ein paar Sekunden, um den Mann zu erkennen, der in Offiziersuniform am Fuß der Veranda stand. Mühsam kam sie auf die Beine und hob die Arme vor den Körper, um damit die Milchflecken zu verdecken.

»William«, kam es ihr schließlich über die aufgesprungenen Lippen. Gott, wie durstig sie war … Es war William Penrith, Verwalter des Sträflingslagers und jüngerer Bruder des verhassten James Penrith. Seine Uniformjacke spannte am Bauch, rotblonde Haare klebten verschwitzt an den Schläfen seines rundlichen Gesichts.

»Was tut Ihr hier, Mrs McIntyre? Kann ich … Euch irgendwie helfen?« Er war immer freundlich zu ihr gewesen. Nun ja, zumindest, solange sie ihre Rolle als McIntyres Ehefrau erfüllt hatte.

»Hättet Ihr vielleicht … etwas zu trinken?«

»Natürlich.« Er ging zu seiner Kutsche und kam gleich darauf mit einer lederumwickelten Zinnflasche zurück. Mit großen Schlucken trank sie fast die gesamte Flasche leer. Als sie sie ihm zurückgab, sah sie die Frage in seinen Augen.

Für einen Augenblick war sie versucht, ihm alles zu erzählen, aber dann entschied sie sich dagegen.

»Ihr könntet mir einen großen Gefallen tun«, sagte sie stattdessen.

»Gerne«, kam es etwas zögernd von ihm. »Sofern ich dazu in der Lage bin.«

»Ich … ich muss ins Haus. Ich habe dort etwas vergessen …«

Williams Blick sprach Bände. Dennoch ging er tatsächlich zur Tür und klopfte. Militärisch kurz und fordernd. Moira erhob sich hastig.

Nichts passierte. Nicht einmal die Gardine bewegte sich. William klopfte noch einmal, dann wandte er sich an Moira.

»Es tut mir leid, Mrs McIntyre, offenbar ist niemand zu Hause.«

»Aber – ich weiß, dass er da ist. Mit ... mit Joey!«

William runzelte die Stirn. »Wer ist Joey?«

»Mein Sohn!« Moira schrie es fast. »Er hat mir mein Kind weggenommen, versteht Ihr! Meinen neugeborenen Sohn!«, brach es aus ihr heraus, und bevor sie sich zurückhalten konnte, erzählte sie ihm nun doch, was passiert war.

William hörte ihr mit versteinerter Miene zu. »Es tut mir sehr leid für Euch, Mrs McIntyre«, kam es dann von ihm, »und ich wünschte, ich könnte etwas anderes sagen, aber ich fürchte, Euer Mann ist im Recht. Ich hätte Euch wirklich gern geholfen ...«

Moira sah, wie er sich wand. Erschöpft ließ sie die Schultern hängen. Sie hätte etwas mehr Kampfgeist erwartet, doch mit Unterstützung von seiner Seite konnte sie offensichtlich nicht rechnen. »Aber nehmt wenigstens mein Angebot an, Euch zurück nach Parramatta zu bringen.«

Im ersten Moment wollte sie ablehnen. Sie wollte hier nicht weg. Aber dann siegte die Stimme der Vernunft. Sie musste sich dringend ausruhen und wieder zu Kräften kommen. Und Duncan alles erzählen.

Duncan! Er wusste ja noch gar nicht, was passiert war! Plötzlich konnte es ihr nicht schnell genug gehen. Sie musste sofort zurück nach Parramatta! Duncan würde wissen, was sie tun könnten.

Und so nickte sie matt. Zumindest das konnte er für sie tun. »Und, bitte, William, nennt mich nicht mehr Mrs McIntyre. Mein Name ist Moira.«

*

Sie fühlte sich hohl. Entsetzlich leer, ausgehöhlt bis ins Mark. McIntyre hatte ihr Joey weggenommen. Ihr Kind, ihr Sohn, ihr Leben. Diese Erkenntnis überlagerte jedes andere Gefühl in ihr. Auch die Sorge um Duncan.

Eine solche Nacht hatte Moira noch nie erlebt. Eine Nacht, in der sie hin und her gerissen wurde zwischen Verzweiflung, Hoffnung und Angst, gefolgt von Phasen abgrundtiefer Erschöpfung, in denen sie schlief wie eine Tote, um kurz darauf wieder aufzuschrecken, weil sie meinte, ihr Kind schreien gehört zu haben. Aber da war nichts. Nur stumme, schweigende Nacht.

Und wo um alles in der Welt steckte Duncan?

Als er am Vormittag immer noch nicht aufgetaucht war, schrieb sie eine kurze Nachricht für ihn und steckte sie an den Türrahmen, dann machte sie sich erneut auf den Weg. Diesmal zu Elizabeth Macarthur.

Elizabeth war bestürzt, von McIntyres Vorgehen zu hören. Sobald sie Moira von dem Brand erzählt und berichtet hatte, dass Duncan dorthin gelaufen war, um löschen zu helfen, brachen die beiden Frauen auf. Sie fanden einen aufgelösten Mr Betts vor, der lauthals auf die elenden Wilden schimpfte und Verwünschungen ausstieß. Seiner Familie war zum Glück nichts passiert, aber die *Eora* hatten fast sein gesamtes Maisfeld niedergebrannt.

»Ohne die Hilfe meiner Nachbarn wäre noch mehr vernichtet worden«, sagte er grimmig.

Betts wusste auch nicht, wo Duncan war. Zum letzten Mal erblickt habe er ihn, als die Soldaten des New South Wales Corps gekommen seien und die schrecklichen Wilden endlich vertrieben hatten.

»Haben sie ihn festgenommen? Bitte, Mr Betts, habt Ihr etwas gesehen?«

Betts schüttelte den Kopf. »Nein, das wäre mir nicht entgangen. Könnte sein, dass die Wilden ihn entführt haben. Man hört ja so einiges. Sonst wäre er doch sicher wieder hier aufgetaucht und hätte sein Pferd geholt. Aber jetzt könnt Ihr die Stute ja mitnehmen. Ich habe sie in meinen Stall gestellt und versorgt. Ich bringe sie gleich.«

Er machte Anstalten, die Hütte zu verlassen.

»Paul, warte!«, hielt ihn seine Frau zurück, deren spitzes Gesicht unter der Haube Moira an ein Frettchen erinnerte. Sie reichte ihm ein Stück Stoff. »Vergiss das nicht.«

»Ach ja, das gehört ihm ja auch noch.« Er hielt Moira ein zerfetztes, angesengtes Hemd hin. »Fürchte allerdings, damit wird er nicht mehr viel anfangen können.«

Moira nahm das Kleidungsstück entgegen. Das Hemd roch durchdringend nach Rauch, und vor plötzlicher Schwäche versagten ihr die Beine. Sie sank auf einen Stuhl.

»Könnte ich bitte ... etwas Wasser haben?«, bat sie schwach.

»Natürlich. Maggie, geh und hol Mrs McIntyre etwas zu trinken«, wies Mr Betts seine jüngste Tochter an.

Seine Frau ließ sich neben Moira nieder.

»Es wird alles wieder gut«, sagte sie und tätschelte Moiras Hand. »Wo habt Ihr eigentlich Euer Kind gelassen? Ein Junge, nicht wahr?«

Ein schmerzhafter Stich durchlief Moira, so stark, dass sie sich vornüberkrümmte. Mrs Betts sah sie besorgt an.

»Ja, ein Junge«, gab Elizabeth schnell zur Antwort. »Für ihn ist gut gesorgt.« Sie nahm Maggie den Becher mit Wasser ab und reichte ihn Moira.

Moira trank langsam, ihre freie Hand krallte sich in das versengte Hemd. Dann setzte sie den Becher ab.

»Und Ihr ... wisst wirklich nicht, wo Duncan sein könnte?«, fragte sie.

»Doch«, erklärte Maggie. »Er ist mit dem komischen Mann gegangen.«

»Was?« Moiras Blick flog zu ihr.

Das Mädchen nickte scheu. »Mit dem komischen Mann, der aussieht wie ein Wilder. Er ist aber keiner.«

»Maggie, was erzählst du da für einen Unsinn?«, mischte sich nun ihre Mutter ein. »Hört nicht auf sie, Mrs McIntyre, sie ist noch sehr verwirrt durch den Überfall und den Brand.«

Moira nickte und biss gleich darauf die Zähne zusammen, als sie plötzlich heiße Wut durchfuhr. Joseph! Das konnte nur Joseph gewesen sein. Was bildete er sich ein?

*

»Bin ich euer Gefangener?«

»Hast du diesen Eindruck?« Pemulwuy sah Duncan mit einem Ausdruck an, der nicht anders als belustigt zu nennen war – ein seltener Anblick in dem dunklen, sonst so ernsten Gesicht. »Du kannst jederzeit gehen.«

Der große Krieger hatte recht: Niemand hielt ihn hier fest oder legte ihm gar Fesseln an. Aber genau so fühlte er sich.

»Ich bin keiner von euch. Ich brauche jemanden, der mir den Weg zeigt.«

»Jetzt noch nicht«, gab Pemulwuy gleichmütig zurück.

Duncan seufzte. Es war nicht das erste Gespräch über dieses Thema, und stets war er am freundlichen Widerstand der *Eora* gescheitert. Seit zwei Tagen war er jetzt bei ihnen, mitten im dichten Wald, durch dessen hohe Baumwipfel er kaum die Sonne sah, an der er sich wenigstens ein bisschen hätte orientieren können. Wenn er sich alleine auf den Weg machte, würde er wahrscheinlich tage- oder wochenlang in diesem endlosen Busch herumirren, ohne je nach Hause zu finden.

Ein Luftzug kühlte seinen nackten Oberkörper. Zumindest ließ sich im Schatten der hohen Bäume die sommerliche Hitze gut ertragen. Er versuchte es mit einem anderen Thema. »Wieso überfallt ihr weiße Siedler, die euch nichts getan haben?«

Pemulwuy sah ihn an, bevor er zu sprechen begann. In der fast schwarzen Iris seines linken Auges war etwas wie ein kleiner heller Fleck zu sehen. Es wirkte fremdartig. »Eines Tages tauchten die ersten Weißen an dem Fluss auf, den ihr den Hawkesbury nennt«, sagte er. Sein Englisch war fast fließend, denn er hatte einige Jahre in Sydney gelebt und mit den Siedlern Handel getrieben. »Sie bauten Farmen. Und sie gruben die Yamswurzeln aus, die dort wuchsen und von denen wir uns ernährten. Wir mussten schnell einen Ersatz finden. Und so nahmen wir das, was die Siedler anbauten: Mais, Kartoffeln, Getreide. Die Weißen sagten, es war Diebstahl. Wir sagten, wir mussten neue Nahrung finden. Und deswegen nahmen wir, was auf dem Land wuchs, das zuvor unseres war.«

»Das sehe ich ja noch ein. Aber warum schlachtet ihr das Vieh der Siedler? Warum steckt ihr das Getreide an? Ist es wirklich eine Form von Entschädigung für die Greueltaten mancher Siedler, wie Joseph sagt?«

»So ist es.«

»Aber das ist ungerecht. Wieso soll jemand für etwas geradestehen, das er nicht getan hat?«

»Weil es unser Gesetz so vorschreibt. Einer büßt für den anderen. Danach ist der Friede wiederhergestellt.«

»Wohl kaum.« Duncan schüttelte den Kopf. »Immerhin überfallt ihr weiterhin Farmen und zündet Felder an.«

»Aber nur, weil auch die Weißen weiterhin unsere Rechte verletzen.«

»Du weißt, dass ein Kopfgeld auf dich ausgesetzt ist?«

»Siehst du?«, sagte Pemulwuy statt einer Antwort und deutete auf ein paar vernarbte Stellen auf seiner Schulter, seinem Nacken und seinem rechten Ellbogen. Dann drehte er den Kopf und zog die lockigen Haare auseinander. Auf der dunklen Kopfhaut waren einige kleine, erhabene Stellen zu sehen – Narben, die wohl von den Schrotkugeln herrührten, die man auf ihn gefeuert hatte und die sich noch immer in seinem Körper befanden. »Hier haben mich die weißen Männer getroffen mit ihren Waffen, die Blei und Donner spucken. Sie haben mich getroffen, aber sie konnten mich nicht töten. Solange unser Kampf geht, werden sie mich nicht töten können.«

Auch wenn Duncan diesen Glauben nicht ganz teilen mochte, so nötigte der große Krieger ihm doch Respekt ab. Er selbst hatte sich in Irland schließlich auch gegen die englischen Unterdrücker gewandt.

»Und deswegen werden wir weiterkämpfen. So lange, bis wir die weißen Männer aus diesem Land vertrieben haben.«

»Ich bin auch ein Weißer«, wandte Duncan ein.

»Du bist der Sohn deines Vaters«, erwiderte Pemulwuy und erhob sich. Das Gespräch war offenbar beendet. »Bun-Boe gehört zu uns. Und damit gehörst auch du zu uns.«

Duncan nickte zweifelnd. Er war nicht wirklich überzeugt, aber solange er den *Eora* auf Gedeih und Verderb ausgeliefert war, wäre es wohl klüger, dem nicht zu widersprechen. Er sah dem großen Krieger nach, der in den Tiefen des Waldes verschwand.

Schon nach kurzer Zeit kam Joseph zu ihm, kauend und so gemächlichen Schrittes, als hätte er alle Zeit der Welt. Er trug eine Art Teller aus Rinde bei sich, auf dem sich träge ein paar dicke weiße Maden bewegten.

»Probier mal, sie sind gar nicht schlecht.« Joseph hielt

ihm eine der Maden hin, die eine braune, wässrige Flüssigkeit absonderte.

Duncan wandte sich schaudernd ab. »Nein danke. Bevor ich das esse, muss ich schon fast am Verhungern sein.«

»Wie du meinst. Sind aber sehr nahrhaft und schmecken viel besser, als sie aussehen.« Und schon verschwand die Made hinter dem struppigen Bart.

Duncan sah seinem Vater zu, wie er kaute und schluckte. »Du vermisst dein Mädchen, was?«

»Ich muss endlich zurück! Moira braucht mich! Und Joey.«

»Mach dir keine Sorgen. Moira ist ein großes Mädchen, sie wird gut ein paar Tage ohne dich auskommen.«

Duncan nickte resigniert. Wie es aussah, würde er wohl noch etwas mehr Zeit hier verbringen müssen, bis er nach Hause konnte.

»Soll ich dir etwas erzählen, was dich aufheitern wird?« Joseph zog ein wichtiges Gesicht und beugte sich zu ihm, bevor er mit gedämpfter Stimme sagte: »Wir überlegen, dich in den Clan aufzunehmen.«

»Oh.« Mehr fiel Duncan nicht dazu ein. »So wie dich damals?«

Joseph nickte bedeutungsvoll. »Das ist eine große Ehre für einen Weißen. Die Zeremonie dazu hat es allerdings in sich.« Er richtete sich wieder auf und deutete auf seine sonnenverbrannte Brust, die ebenso wie seine Schultern mit tiefen, wulstigen Narben überzogen war. »Wir werden dich mit Messern ritzen und Asche in die Wunden reiben. Ziemlich schmerzhaft, aber das hältst du schon aus. Wer einmal die Neunschwänzige geschmeckt hat, den kann das nicht schrecken.« Er kam wieder etwas näher. »Und die Beschneidung ist auch nicht so schlimm, wie man denken sollte.«

»Beschneidung?!« Duncans Kopf fuhr hoch. Ihm war,

als zöge sich der fragliche Teil seines Körpers entsetzt zusammen, und unwillkürlich legte er seine Hand davor.

Joseph biss sich auf die Lippen, dann verzog sich sein bärtiges Gesicht zu einem Grinsen, bis er lauthals zu lachen anfing. Er lachte, dass ihm die Tränen kamen.

»Du hast es mir wirklich geglaubt, was?«, keuchte er, als er wieder Atem schöpfen konnte. Er stieß Duncan in die Seite und kicherte erneut. »Keine Sorge, Junge, ich wüsste von keinem Plan, dich in den Clan aufzunehmen.«

Duncan zwang sich zu einem halbherzigen Grinsen, aber seine Erleichterung hatte einen säuerlichen Beigeschmack. Es war nicht besonders lustig, sich von seinem Vater hochnehmen zu lassen. Joseph hatte manchmal wirklich einen seltsamen Sinn für Humor.

*

Die Frauen, von denen jede nur eine dünne Schnur um die Hüften trug, saßen im Kreis um eine Feuerstelle. Jede hatte einen schweren, flachen Stein mit einer Kuhle vor sich und mahlte mit einem faustgroßen, runden Stein Getreide, Körner oder Nüsse. Vor und zurück bewegten sich die dunklen, sehnigen Körper, vor und zurück, während die Mahlsteine mit einem leisen Schleifen über die Körner fuhren. Das Mehl wurde dann mit etwas Wasser zu einem zähen Teig geknetet, aus dem man kleine Fladen formte und diese in der heißen Asche der Feuerstelle buk.

Duncan warf das Stöckchen weg, mit dem er planlos Linien und Kreise in den Boden vor sich geritzt hatte, und stand auf. Seine erzwungene Untätigkeit ärgerte ihn. Während er sich hier langweilte, verdorrte ihm zu Hause womöglich die Weizenernte! Und Moira war alleine mit ihrem neugeborenen Sohn.

Wenn er wenigstens mit Ningali hätte reden können. Aber in den seltenen Fällen, da er das Mädchen sah, war es stets in Begleitung seiner Großmutter und anderer Frauen, die es von jeder Kontaktaufnahme abhielten. Joseph hatte es ihm erklärt: Ningali wurde auf ihre Initiation vorbereitet, mit der sie in den Kreis der Frauen aufgenommen werden würde. Auch jetzt war sie nicht da. Sein Vater war meist mit Pemulwuy zusammen oder zog durch die Wälder, oft begleitet von Pemulwuys Sohn Tedbury. Und von den anderen ungefähr zwanzig *Eora,* die hier ihr Lager errichtet hatten, verstanden die wenigsten Englisch. Oder sie wollten ihn nicht verstehen, was aufs Gleiche hinauslief.

Eine der jüngeren Frauen blickte von ihrem Mahlstein auf, ihre weißen Zähne blitzten, als sie Duncan breit anlächelte. So sah sie ihn nicht zum ersten Mal an. Er lächelte kurz zurück und schlenderte dann weiter.

Vor einer der einfachen, halbkugelförmigen Behausungen aus Rinde und Zweigen hockten zwei junge *Eora*-Männer und malten sich mit weißem Ton Striche und Punkte auf die Körper. Ein wenig weiter abseits saß Joseph, auch er mit weißen Zeichen bemalt, auf einem umgestürzten Baum. Zu seinen Füßen lagen einige Kugeln und ein Pulverhorn, und an dem Baumstamm lehnten mehrere Musketen – Waffen, die sie auf ihren Raubzügen erbeutet hatten. Joseph war gerade dabei, einen langen Ladestock in ein Gewehr zu schieben.

Duncan war alarmiert. »Was hast du damit vor?«

Joseph holte den Ladestock aus der Muskete, seine Finger waren schwarz von Öl und Pulverstaub. »Wir gehen noch einmal nach Parramatta«, sagte er und blickte prüfend in den Lauf der Muskete. »Und du kannst endlich zurück zu Moira.«

»Ihr wollt also noch mehr Farmen überfallen? Noch mehr Unschuldige bestrafen? Das ist Unrecht!«

»Es ist Unrecht, was die Weißen den *Eora* antun«, gab Joseph zurück. »Das müssen sie endlich verstehen.«

»Dann lasst wenigstens die Waffen hier!«

Joseph hob die Schultern. »Wir befinden uns im Krieg, und für einen Krieg braucht man Waffen. Sie sollen sehen, dass wir ebenbürtige Gegner sind. Und nun komm, wir brechen gleich auf.« Er erhob sich und wischte sich die rußverschmierten Finger notdürftig an seinem Schurz aus Känguru-fell ab.

Bevor er nach der Pistole greifen konnte, die neben ihm lag, hatte Duncan sie an sich genommen. »Nur ohne Waffe!«

Joseph blitzte ihn wütend an. »Ich lasse mir doch nicht von meinem Sohn vorschreiben, was ich zu tun und zu lassen habe! Gib mir sofort die Pistole!«

Im Nachhinein war Duncan klar, wie töricht sein Verhalten gewesen war. Töricht und gefährlich. Jetzt aber war er nahezu kopflos vor plötzlicher Rage.

Joseph bekam den Lauf der Waffe zu fassen und versuchte, sie Duncan aus der Hand zu winden. Dann hallte ein ohrenbetäubender Donnerschlag durch den Busch. Ein Gefühl wie ein Fausthieb, gefolgt von einem brennenden Schmerz. Duncans rechtes Bein knickte weg, als würde es nicht mehr zu ihm gehören, und bevor er sich irgendwo festhalten konnte, lag er auch schon auf dem Boden.

Es dauerte einen Moment, bis er verstand, dass die Pistole losgegangen war. Und die Kugel ihn getroffen hatte.

7.

Elizabeth hatte Moira angeboten, für die nächsten Tage bei ihr zu wohnen, aber Moira hatte abgelehnt. Auch wenn ihr ihre kleine Hütte furchtbar leer und trostlos vorkam, so wollte sie doch zu Hause sein, wenn Duncan zurückkehrte. Außerdem war sie so näher an Toongabbie. Dort, wo Joey nun bei McIntyre war.

Was tat ihr Junge jetzt? Wie ging es ihm? Sorgte McIntyre wirklich gut für ihn? Und diese Amme, von der Ann gesprochen hatte – was war das für eine Frau? Die Vorstellung, dass fremde Hände ihren Jungen wickelten, badeten, trugen, war für sie unerträglich. Dass eine fremde Frau ihn stillte.

Ihre Brüste schmerzten noch immer entsetzlich, schrien nach einem Kind, das die schreckliche Spannung von ihnen nahm. Als würde ihr Körper genau wie ihre Seele nach Joey rufen. Sie konnte nicht mehr tun, als kühle Tücher aufzulegen und zu versuchen, jede unnötige Berührung zu vermeiden.

Erneut fuhr sie nach Toongabbie, mit einem Karren, den Elizabeth ihr geliehen hatte. Sie konnte nicht anders. Sie musste einfach versuchen, zu Joey zu gelangen, auch wenn ihr niemand öffnete und sie stundenlang auf der Veranda saß, bis Ann drohte, ihr die Konstabler auf den Hals zu hetzen und sie in Schimpf und Schande fortbringen zu lassen. Erst dann gab sie auf und machte sich erschöpft wieder auf die Heimreise.

Einen Tag später fing sie McIntyre kurz vor Parramatta auf seinem Weg ins Lazarett ab. Sie hatte ihren Karren quer auf den Weg gestellt, so dass McIntyre gezwungen war anzuhalten.

»Lass mich sofort vorbei!«, fuhr er auf, aber er sah sie dabei nicht an.

»Gebt mir mein Kind zurück!«

Er schwieg.

»Lasst mich wenigstens zu ihm! Ich … ich muss wissen, dass es ihm gutgeht.«

»Der Junge gedeiht prächtig, es fehlt ihm an nichts. Und jetzt lass mich vorbei, ich muss ins Lazarett.«

»Wartet!« Moira zwang sich zur Ruhe, obwohl sie am liebsten auf ihn eingeprügelt hätte. »Wisst Ihr vielleicht, wo Duncan ist?«

»Bedaure, das weiß ich nicht. Aber er kommt sicher bald wieder.«

»Nein, das tut er nicht!« Sie schrie es fast. »Er ist verschwunden!«

McIntyre sah auf. Zum ersten Mal blickte er ihr ins Gesicht. »Verschwunden?«

Moira nickte, nun konnte sie kaum noch die Tränen zurückhalten. »Ja«, flüsterte sie heiser. »Schon seit vier Tagen. Seit … seit Ihr Joey geholt habt. Er weiß nicht einmal, dass sein Sohn fort ist. Und ich … habe keine Ahnung, wo er sein könnte.« Nun, das stimmte nicht ganz. Sie ahnte es sehr wohl. Aber davon würde sie McIntyre sicher nichts erzählen.

»So lange schon?« McIntyre wirkte ehrlich bestürzt. »Das tut mir leid. Soll ich mich etwas umhören?«

Moira blickte ihn erschöpft und ein wenig zweifelnd an. Mit einem solchen Angebot hatte sie nicht gerechnet. Wahrscheinlich wollte er sie ohnehin nur loswerden.

»Nein. Nein, das ist nicht nötig.« Sie lenkte den Karren zur Seite und gab den Weg frei.

Bevor McIntyre losfuhr, wandte er sich noch einmal an sie. »Brauchst du Geld?«

Moira zögerte kurz, dann schüttelte sie den Kopf. Jetzt auch noch Geld von dem Mann anzunehmen, der ihr das Kind geraubt hatte, wäre ihr wie Verrat vorgekommen.

*

Sie versuchte, sich zu beschäftigen. Zwang sich zum Essen, auch wenn ihr der Sinn nicht danach stand. Versorgte die Hühner und das Pferd, räumte auf, wusch und flickte. Noch immer war sie schnell erschöpft und musste sich oft ausruhen, aber zumindest ließ die schreckliche Spannung in ihren Brüsten endlich nach.

Das Futter für die Tiere ging allmählich zur Neige, und auch ihre eigenen mageren Vorräte schrumpften immer mehr zusammen.

Elizabeth schickte einen ihrer Sträflinge vorbei, der ihr Brot, etwas Gemüse und eine Hammelkeule brachte – und einen Brief, in der die Schafzüchterin sie nochmals bat, für die nächste Zeit auf ihre Farm zu ziehen. Moira lehnte abermals ab. Sie konnte jetzt nicht weggehen. Außerdem musste der Weizen dringend geerntet werden. Das Getreide begann bereits auf dem Halm zu vertrocknen, aber es war niemand da, der ihr helfen konnte. Mr Betts hatte eigene Probleme, und Elizabeths Sträflinge waren mit der riesigen Farm mehr als genug beschäftigt.

Eine geheime Furcht hielt sie davon ab, selbst zur Sense zu greifen. Das war Duncans Aufgabe. Wenn sie sich selbst daran versuchte, würde das bedeuten, dass sie nicht mehr an seine Rückkehr glaubte.

Morgen, sagte sie sich. Morgen würde er zurückkommen. Spätestens an Weihnachten.

Aber er blieb verschwunden. Auch Ningali tauchte nicht mehr auf. Oder Joseph, oder Tedbury. Es schien, als seien alle *Eora* wie vom Erdboden verschluckt.

Den Weihnachtstag verbrachte sie allein. Am Abend, als die Sonne unterging und die Dämmerung einsetzte, holte sie die halb niedergebrannte Bienenwachskerze aus der Truhe, zündete sie an und befestigte sie mit einem Tropfen Wachs auf der Tischplatte. Dann setzte sie sich mit ihrer Bibel an den Tisch und schlug das Neue Testament auf. Bei Lukas.

»*Es begab sich aber zu der Zeit, dass ein Gebot von dem Kaiser Augustus ausging … Und Maria gebar ihren ersten Sohn und wickelte ihn …*« Die Schrift verschwamm Moira vor den Augen, dann klappte sie die Bibel zu. Nein, sie konnte jetzt beim besten Willen nichts über eine glückliche junge Familie lesen!

Ein paar Augenblicke saß sie wie erstarrt. Draußen hörte sie die Zikaden singen und Artemis, die Stute, leise schnauben. Erneut griff sie nach der Bibel, schlug sie blind auf, tippte auf eine Stelle und blickte hin. Genau so, wie Duncan ihr das Bibelstechen einst erklärt hatte.

Sie hatte eine Stelle aus einem Psalm getroffen: *Höre, Gott, mein Schreien und merke auf mein Gebet! Vom Ende der Erde rufe ich zu dir, denn mein Herz ist in Angst; du wolltest mich führen auf einen hohen Felsen. Denn du bist meine Zuversicht, ein starker Turm vor meinen Feinden …*

Sie ließ die Bibel sinken, ihr Blick glitt durch den Raum, die bescheidene Hütte. Über die verwaiste Wiege. Ihre einfache Bettstatt. Dort lag Duncans Hemd, das Mr Betts ihr mitgegeben hatte. Es war nicht mehr zu retten, so voller Brandlöcher, wie es war. Dennoch hatte sie es nicht übers

Herz gebracht, es wegzuwerfen. Langsam stand sie auf und griff danach, presste ihr Gesicht in das grobe Leinen. Es roch nach Rauch und Feuer und ganz schwach nach ihm.

»Duncan«, schluchzte sie plötzlich auf. »Wo bist du?«

Wieso, wieso kam er bloß nicht zurück? Er würde sie nie so lange allein lassen. Nur eine Zwangslage konnte ihn dazu bringen, nicht zu ihr zurückzukehren.

Vielleicht hielten die *Eora* ihn wirklich fest.

Oder ihm war etwas zugestoßen.

Sie sank auf ihrem Lager nieder, barg ihr Gesicht in dem zerfetzten Stoff und weinte.

Dann hörte sie es. Von draußen. Laut und kläglich: der Schrei eines kleinen Kindes.

»Joey!«

Sofort schoss neue Milch ein, benetzte den Stoff ihrer Bluse. Sie sprang auf, verfing sich fast in der Decke, stieß die Tür auf und stürzte hinaus.

Es war schon beinahe dunkel, der Himmel glühte nur noch in schwachem Rot. Da, ein erneuter Schrei! Er kam aus einem Strauch nicht weit von ihrer Hütte. Sie stolperte vorwärts, fiel vor dem Strauch auf die Knie. Mit zitternden Händen bog sie das Gestrüpp beiseite – und schluchzte erneut auf, diesmal vor Enttäuschung. Ein eiskalter Schwall der Ernüchterung brach über ihr zusammen.

Es war nicht Joey. Es war nur eine kleine rote Katze, die sie aus bernsteingelben Augen vorwurfsvoll anblickte und nun auf sie zukam. Eine Katze, deren hungrige Schreie fast genauso klangen wie die eines menschlichen Säuglings.

Sie wollte wieder hineingehen, wollte allein sein mit ihrem Schmerz. Aber sie brachte es nicht über sich, das Tier dort zu lassen. Sie nahm das Kätzchen auf den Arm, und sofort schmiegte es sich an ihren Hals und fing an zu schnurren.

Also war es Menschen gewöhnt. War es einem Nachbarn entlaufen?

Das schnurrende kleine Fellbündel ließ sich widerstandslos in die Hütte tragen. Dort setzte sie das Tier auf den Boden, wo es ihr sofort mit aufgerichtetem Schwanz um die Beine strich, maunzte und ihr das Hinterteil entgegenstreckte.

Moira hatte sich Rührei mit etwas Speck gemacht, aber kaum etwas davon gegessen. Nun nahm sie das Ei und stellte es dem Kätzchen hin. Sofort begann es, gierig zu fressen. Im flackernden Schein der Kerzenflamme wirkte sein Fell selbst wie in Flammen. Rot getigert, mit einem kleinen weißen Brustlatz. Nach seiner Mahlzeit kletterte es wie selbstverständlich auf Moiras Bettstatt, rollte sich dort zusammen und schloss mit leisem Schnurren die Augen, als hätte es noch nie woanders gewohnt.

*

Sein Bein pochte, und trotz der Wärme in der kleinen Hütte, in der er lag, war ihm kalt. Duncan zog die weiche, wollige Decke über sich, die die *Eora* aus dem Fell vieler Kusus, wie sie die kleinen, katzenartigen Beuteltiere nannten, gefertigt hatten. Bis auf ein Tuch, das er sich um die Hüften gewickelt hatte, trug er nichts; sein Hemd war bei Mr Betts geblieben, und seine Hose hatte nun auch ein Loch und war voller Blut.

Die Pistolenkugel war tief in seinen rechten Oberschenkel eingedrungen. Er konnte sie spüren: ein dumpfer, dunkler Schmerz direkt am Knochen. Laufen konnte er so nicht mehr, höchstens ein paar mühsame Schritte humpeln. Dabei hatte er noch Glück im Unglück gehabt. Hätte ihn eine Kugel aus einer Muskete getroffen, hätte sie ihm aus dieser Nähe wohl den Knochen zerschmettert.

Noch immer konnte er sich über seine eigene Dummheit die Haare raufen. Nur ein Gutes hatte dieser leidige Unfall gehabt: Die *Eora* hatten an diesem Tag keine Siedler überfallen. Stattdessen hatte Ningalis Großmutter, die Schamanin der *Eora,* ihn in diese einfache Laubhütte bringen lassen, die Wunde mit einer Auflage aus Kräutern und Asche bedeckt und ihn unter allerhand rituellen Handlungen besungen.

Tatsächlich hatte sich die kleine Eintrittsöffnung schnell geschlossen, und anfangs hatte es so ausgesehen, als würde die Heilung rasch voranschreiten und er in kurzer Zeit wieder wohlauf sein. Auch die Schmerzen waren erträglich gewesen.

Seit heute allerdings hatte der Schmerz eine andere Qualität bekommen, war dumpfer, bohrender geworden. Erst vor wenigen Stunden hatte die Schamanin die Wunde mit einem neuen Kräuterverband versehen, aber Duncan hatte nicht den Eindruck, als würde es besser werden. Im Gegenteil. Unter dem Verband klopfte und pochte es, als verlange ein kleiner Dämon nach Freiheit.

Die Wunde musste geöffnet werden, damit gestocktes Blut und Eiter abfließen konnten, so viel wusste Duncan von seiner Zeit bei Dr. McIntyre. Aber als er versucht hatte, das der alten Frau klarzumachen, hatte diese nichts davon hören wollen. Und Ningali, die ihm vielleicht hätte helfen können, befand sich offensichtlich in der letzten, der wichtigsten Phase ihrer Initiation und war für niemanden zu sprechen.

Der Windschirm aus Blättern und Zweigen, mit dem der Eingang der Hütte verstellt war, wurde zur Seite gerückt. Für einen Augenblick keimte neue Hoffnung in ihm auf. Aber es war nicht Ningali, es war Yani. Die junge *Eora*-Frau – dieselbe, die ihn schon mehrmals angelächelt hatte –

war zu seiner persönlichen Krankenschwester abbestellt worden. Sie hatte sich zwei rötliche Federn in ihre schwarzen Haare gesteckt, ihre nackte, dunkle Haut glänzte. In der Hand hielt sie ein längliches Behältnis aus Rinde, dessen Enden wie bei einer Schüssel hochgebogen waren.

Ihr hübsches Gesicht verzog sich zu einem scheuen Lächeln, als sie neben ihm in die Hocke ging und ihm die Rindenschüssel hinstreckte. Darin wanden sich mehrere dicke, weiße Maden, die Yani offenbar gerade für ihn gesammelt hatte.

Duncan schüttelte den Kopf und versuchte, ihr freundlich zu verstehen zu geben, dass er keinen Appetit auf derartige Leckerbissen verspürte. Doch so einfach ließ sich die junge *Eora* nicht abweisen. Immer wieder tippte sie ihn an, redete auf ihn ein, drängte ihn mit sanfter Gewalt.

Vielleicht hatte sie ja recht. Er musste dringend wieder zu Kräften kommen. Umso schneller konnte er zurück, zu Moira und dem Kleinen.

Er schob die Decke zurück und richtete sich so vorsichtig wie möglich in eine sitzende Position auf. Dennoch sandte die Bewegung eine Welle von Schmerzen durch sein Bein.

Erneut streckte Yani ihm die Rindenschüssel hin. Duncan nahm widerwillig eine der fetten Maden zwischen Daumen und Zeigefinger und bemühte sich, seinen Ekel zu unterdrücken. Dann schloss er die Augen und steckte sie sich in den Mund. Das Tier war zu groß, um es ganz zu schlucken, und so zwang er sich zu ein paar Kaubewegungen. Es fühlte sich an, als beiße er auf einer weichen Frucht mit einer dicken, zähen Haut herum – mit dem Unterschied, dass es sich dabei um ein lebendes Tier handelte, das sich zwischen seinen Zähnen bewegte. Er musste an sich halten, um es nicht sofort wieder auszuspucken. Vage nahm er einen Geschmack wahr; leicht süßlich und nach Nüssen.

Er hatte die Made kaum unter Aufbietung aller Willenskraft hinuntergeschluckt, als sie ihm auch schon wieder hochkommen wollte. Er zwang sie hinab, presste den Handrücken auf seine geschlossenen Lippen, bis er sicher war, dass sie in seinem Magen bleiben würde.

Strahlend streckte ihm Yani erneut den Rindenteller hin, aber diesmal weigerte Duncan sich. Noch eine Made würde er in zwanzig Jahren nicht hinunterbekommen. Und sein Bein pochte immer stärker.

»Bun-Boe«, sagte er. »Hörst du, Yani? Hol Bun-Boe.«

Auch wenn er wenig Lust verspürte, seinen Vater zu sehen – Joseph O'Sullivan war der Einzige, der ihm jetzt helfen konnte.

Sie sah ihn an, dann nickte sie. »Bun-Boe.« Fürsorglich ließ sie den Madenteller dicht neben ihm stehen und ging hinaus.

Duncan sah ihr nach. Er fühlte sich schwach, krank. In seinen Adern spürte er das Nahen des Fiebers. Am liebsten hätte er sich wieder hingelegt, aber er wollte Joseph wenigstens halbwegs aufrecht begegnen.

»Ich brauche deine Hilfe«, fing er an, kaum dass sein Vater bei ihm erschienen war. »Ich möchte, dass du zwei Sachen für mich erledigst.«

Joseph O'Sullivan nickte. »Sicher. Alles, was du willst.« So zerknirscht und reumütig wie in den vergangenen Tagen hatte Duncan seinen Vater noch nie erlebt. Immer wieder hatte er beteuert, wie leid es ihm tue und wie sehr er das Missgeschick bedaure, das seinen Sohn ans Krankenlager fesselte. »Ich ... ich bin froh, dass du wieder mit mir redest.«

Duncan ging nicht darauf ein.

»Zum einen«, sagte er, »möchte ich, dass du zu Moira gehst und ihr sagst, wo ich bin und was mit mir los ist.«

Er hatte lange mit sich gehadert, ob er riskieren konnte, Joseph zu ihr zu schicken, schließlich wurde sein Vater gesucht, und auf Pemulwuy war ein Kopfgeld ausgesetzt. Aber Joseph hatte schon in der Vergangenheit bewiesen, dass er nahezu unsichtbar sein konnte. Und Moira musste dringend Bescheid wissen.

Sein Vater zögerte. Sicher malte er sich gerade die geharnischten Vorwürfe aus, die er von Moira zu hören bekommen würde. Aber dann nickte er.

»Natürlich. Morgen früh breche ich auf, wenn du das möchtest. Aber in ein paar Tagen bist du wieder gesund, dann wirst du ihr alles selbst erzählen können.«

Duncan verzog das Gesicht. »Ich fürchte, das bin ich nicht. Was mich zum zweiten Punkt bringt.« Sein Blick richtete sich auf das Messer an Josephs Gürtel. Die Vorstellung, gleich den Stahl in seinem Fleisch zu spüren, ließ einen harten Knoten in seinem Magen entstehen. Aber es half ja nichts. »Du musst die Wunde aufschneiden.«

8.

Alistair fasste in seine Westentasche und zog seine Taschenuhr heraus. Schon nach sieben. Captain Penrith würde heute wohl nicht mehr kommen. Er steckte die Uhr wieder ein und trat in die Küche.

Noch immer roch es dort nach Grünkohl und Braten vom Mittagessen, nach Plumpudding und frischem Gebäck – nicht gerade ein passendes Mahl für die heißeste Zeit des Jahres, aber Alistair wollte die Bräuche der Heimat auch in der Fremde beibehalten, schließlich feierte man die Geburt des Herrn. Noch ein weiterer, ganz neuer Geruch mischte sich in die Essensdüfte: der Geruch eines Säuglings.

Die Wiege stand in einer geschützten Ecke, in der Nähe der Tür, die in Anns Kammer führte. Alistair hatte erst überlegt, sein Studierzimmer für das Kind frei zu räumen, denn momentan widmete er sich ohnehin nur noch selten seinen Forschungen. Aber in der Küche war der Kleine zurzeit besser aufgehoben. So konnte Ann nachts nach ihm sehen, und Mrs Harris, die bald zu ihrem abendlichen Besuch vorbeikommen würde, blieb auch ungestört.

Langsam trat Alistair an die Wiege und warf einen Blick hinein.

Der Junge schlief friedlich. Nur sein Kopf schaute heraus, der Rest des winzigen Körpers war eingewickelt und mit Bändern verschnürt, so dass er aussah wie ein kleiner weißer Engerling. Manche Experten lehnten diese seit Jahrhunderten bewährte Praxis der Säuglingspflege ab, aber Alistair hielt nichts von diesen neumodischen Überlegungen. Mrs Harris musste bloß darauf achten, den Kleinen nicht zu fest einzuwickeln. Bei dieser hochsommerlichen Hitze konnte sich sonst leicht ein Wärmestau entwickeln.

Mrs Harris, die Amme, kam ursprünglich aus York im Norden Englands. Vor vier Jahren war sie ihrem Mann, einem verurteilten Sträfling, nach Neusüdwales gefolgt. Alistair kannte ihren Mann, der für einen Kollegen von ihm gearbeitet und manchmal kleinere Fahrten übernommen hatte. Vor wenigen Monaten war er dabei von einem fallenden Baum erschlagen worden. Plötzlich verwitwet und alleine mit zwei kleinen Kindern, von denen das eine noch ein Säugling war, war Mrs Harris dankbar für Alistairs Angebot gewesen, seinem Sohn als Amme zu dienen. Wenn sie sich weiterhin als zuverlässig erwies, würde er sie vielleicht als Kinderfrau behalten, um Ann zu entlasten. Ann war noch befangen in ihrer neuen Rolle als Mutter, war linkisch im Umgang mit dem Jungen und vermied es, ihn zu halten. Aber das würde sich rasch geben, sobald das Kind sich erst einmal an sie gewöhnt hatte.

Ein starkes Gefühl von Zuneigung durchfuhr ihn, als er die winzige, eingewickelte Gestalt und den mit flaumigem dunklem Haar bedeckten Schädel betrachtete. In den ersten Tagen hatte der Kleine viel geschrien, aber mittlerweile schien er sein neues Zuhause anzunehmen.

»Ich werde dir ein guter Vater sein, Henry«, flüsterte Alistair und verscheuchte eine Fliege, die sich auf der Wiege niederlassen wollte.

Der kleine Junge runzelte im Schlaf die Stirn und seufzte. Das Kind sollte Henry heißen, nach Alistairs Vater. Nicht

Joey, wie Moira entschieden hatte. Das war das einzig Ärgerliche an dieser Geschichte: dass Moira den Jungen bereits hatte taufen lassen. Katholisch! Reverend Marsden hatte geschäumt vor Wut. Ob es überhaupt möglich war, diese Taufe rückgängig zu machen und den Jungen in die Kirche von England aufnehmen zu lassen?

Aber das waren müßige Überlegungen. Viel lieber schmiedete Alistair Pläne für die Zukunft.

»Henry Charles McIntyre«, murmelte er, und ein plötzliches Glücksgefühl weitete seinen Brustkorb.

Sein Sohn. Nicht sein eigenes Fleisch, sein eigenes Blut, aber vor dem Gesetz doch sein Sohn. Es erstaunte ihn, wie leicht es ihm fiel, so von dem Kind zu sprechen, und welch tiefe, allumfassende Zufriedenheit es in ihm weckte. Als wäre er endlich dort angekommen, wo er hingehörte. Zum ersten Mal seit langer Zeit fühlte er sich vollständig. Fast schon glücklich.

Vorsichtig strich er dem Kleinen über den Scheitel. Solange der Junge schlief, wollte er ihn nicht aus der Wiege nehmen, auch wenn er ihn gerne gehalten hätte.

Er würde Henry beibringen, was er über das Leben wissen musste. Er würde ihn zu einem großen Wissenschaftler und Forscher heranziehen und ihm alles ermöglichen, was dafür nötig war. Die besten Lehrer, die teuersten Universitäten. Sein Sohn. Sein Erbe.

Diese Aussicht beflügelte ihn. Er würde seine seit Monaten brachliegenden Forschungen wieder aufnehmen. Er würde endlich den Artikel für das *London Medical Journal* fertigschreiben und nach England senden. Ja, das würde er tun.

Später, sobald Henry größer war und mehr Platz brauchte, würde er das Haus ausbauen lassen. Hinten konnten gut und gerne zwei weitere Zimmer entstehen.

Oder er würde sich gleich ein neues Haus kaufen. Am Geld sollte es nicht scheitern. Vor wenigen Wochen war sein Sold, den er als Arzt des Straflagers bezog, erhöht worden. Was leider nicht bedeutete, dass ihm der Dienst im Lazarett erlassen wurde.

Als Henry sich jetzt im Schlaf bewegte und dabei ein leises Schnaufen ausstieß, bemerkte Alistair zum ersten Mal, wie ähnlich der Kleine seinem Vater sah. Jäh durchfuhr ihn die Erkenntnis, die er bis jetzt immer verdrängt hatte: Dieses Kind war von Duncan gezeugt worden. Duncan, der Alistair noch immer den Schlaf raubte.

Duncan, der seit einigen Tagen verschwunden war.

Oder war er mittlerweile wieder aufgetaucht? Wahrscheinlich nicht, denn Alistair konnte sich nicht vorstellen, dass der junge Ex-Sträfling ihm widerstandslos seinen Sohn überlassen würde.

Was war bloß passiert? Bei der Vorstellung, dass dem jungen Mann etwas zugestoßen sein könnte, krampfte sich Alistairs Magen schmerzhaft zusammen, und seine väterliche Zufriedenheit schwenkte plötzlich um in den kalten Griff der Angst.

Dann hörte er es an der Haustür pochen und kurz darauf, wie Ann Mrs Harris öffnete. Wenig später erschien die Amme in der Küche.

»Guten Abend, Doktor.« Sie knickste und wischte sich mit dem Handrücken über die Stirn. »Noch immer so heiß heute.«

»Guten Abend, Mrs Harris. Ja, es ist sehr warm.«

»Sir, da draußen steigt gerade ein britischer Offizier vom Pferd.« Die Amme deutete in Richtung Eingang. »Ich glaube, er will zu Euch.«

Alistair hob eine Braue. Mit Penrith hatte er nicht mehr gerechnet.

Dann zog er seinen Rock glatt und nickte. »Danke, Mrs Harris. Ich gehe schon.«

*

»Aargh!« Captain Penrith drehte den Kopf zur Seite und schob Alistairs Hand fort. »Verdammt noch mal, McIntyre, wie lange braucht Ihr für so einen lächerlichen Zahn?«

»Eine Weile wird es schon noch dauern«, gab Alistair ungerührt zurück. »Ihr sagtet doch, dass ich ihn nicht ziehen soll.«

»Ich weiß, was ich gesagt habe!«, ächzte Penrith und rieb sich den schmerzenden Unterkiefer. Genau wie Alistair selbst trug er ein Paar Handschuhe aus feinem Leder. Zumindest in diesem Punkt hielt Penrith sich also an seine Anweisungen, wegen der Ansteckungsgefahr in diesem Stadium der Syphilis direkte Berührungen zu vermeiden.

»Wenn ich dann also weitermachen dürfte ...«

»Gleich, gleich.« Penrith setzte sich ein wenig aufrechter hin. Der Mann war blass und wirkte heute nicht mehr ganz so unerträglich arrogant wie sonst. »Erst will ich wissen, was Ihr zwischenzeitlich erreicht habt. Habt Ihr getan, was ich Euch aufgetragen habe? Und nehmt das verdammte Ding vor meinem Gesicht herunter, wenn ich mit Euch rede!«

Alistair senkte gehorsam den löffelähnlichen Schaber, konnte sich aber eines Anflugs von Schadenfreude nicht erwehren. Der große Captain Penrith hatte sich schon in der vergangenen Sitzung als wehleidiger Patient entpuppt.

»Ja, Captain. Über Dr. Wentworth konnte ich ein leerstehendes Haus anmieten, am Nordufer des Parramatta River. Es gehört Dr. Balmain, der vor kurzem nach England aufgebrochen ist. Dr. Balmain hat Dr. Wentworth damit beauftragt, sich während seiner Abwesenheit um seine hiesigen Angelegenheiten zu kümmern.«

»Wentworth? Ich hoffe, Ihr habt ihm nichts über den eigentlichen Grund gesagt.«

»Natürlich nicht, Captain. Sobald Ihr es wünscht, könnt Ihr dort Quartier nehmen.«

»Nicht nur ich, McIntyre, das ist Euch doch wohl klar! Ihr werdet dort ebenfalls einziehen. Ich will, dass Ihr rund um die Uhr für mich da seid!«

»Sir, das wird leider nicht möglich sein. Ich muss meinen Dienst im Lazarett und als Arzt des Sträflingslagers versehen. Aber ich werde eine verschwiegene Pflegerin einstellen, die sich Tag und Nacht um Euch kümmern wird.«

Penrith schüttelte den Kopf. »Nichts da, McIntyre, ich will keine weitere Person um mich haben. Ich will Euch und niemanden sonst!«

»Sir, ich bedaure.« Alistair schluckte. Es war gefährlich, dem Mann so offen zu widersprechen. Und dass er Henry nicht länger alleine lassen wollte als unbedingt nötig, würde Penrith wohl kaum interessieren. »Ich fürchte, es würde auffallen, wenn ich für längere Zeit weder zu Hause noch im Lazarett aufzufinden bin. Jemand könnte Nachforschungen anstellen. Ich glaube nicht, dass Euch das recht wäre.«

Penrith blickte ihn aus zusammengekniffenen Augen an. »Wollt Ihr mir etwa drohen, McIntyre?«

»Was? Nein, um Himmels willen!« Alistair brach kalter Schweiß aus. Wenn Penrith wollte, konnte er ihn vernichten! »Es ist nur zu Eurem eigenen Nutzen!«

Penrith runzelte die Stirn. Die Vorstellung, seinen Arzt teilen zu müssen, schmeckte ihm nicht, das war ihm deutlich anzumerken, doch zum Glück beharrte er nicht weiter darauf.

Alistair atmete wieder etwas ruhiger. »Aber ich werde versuchen, jeden Tag nach Euch zu sehen«, versicherte er.

»Versuchen? McIntyre, Ihr werdet es gefälligst nicht nur versuchen, sondern Ihr werdet es tun! Ihr bekommt schließlich gutes Geld von mir.«

»Ja, Sir. Und wenn es irgendwann nötig sein sollte, werde ich selbstverständlich auch nachts für Euch da sein.«

Penrith sah ihn mit hochgezogener Braue an, während ein spöttischer Zug um seinen Mundwinkel spielte. »Ich hoffe, dieses Angebot ist nicht so zweideutig zu verstehen, wie es sich anhört.«

Alistair zuckte kaum merklich zusammen, gewann aber schnell seine Fassung zurück. »Ich weiß nicht, wovon Ihr redet, Captain. Ich spreche von der Zeit, wenn das Quecksilber Zunge und Rachen angreifen und zu Entzündungen und nervösen Störungen führen wird.«

Urplötzlich fiel Penriths Arroganz wieder in sich zusammen.

»Tatsächlich?«, murmelte er.

»Und nun, Captain, möchte ich vorschlagen, dass wir fortfahren.«

Penrith nickte langsam.

Alistair wartete, bis der Captain sich wieder zurückgelehnt hatte, und zückte erneut den Schaber. »Wenn Ihr dann ...«

»Einen Augenblick noch.« Penrith setzte sich abermals auf und zerrte an seiner Halsbinde, als wäre diese ihm plötzlich zu eng. »Ist es wahr, was ich gehört habe? Dass Ihr tatsächlich das Kind an Euch genommen habt?«

»Ja, Sir, das habe ich. Mit Reverend Marsdens Hilfe.«

»Ihr überrascht mich, McIntyre. Für so entschlossen hätte ich Euch nicht gehalten. Was hat Euer Frauchen dazu gesagt? Hat sie nichts dagegen unternommen? Oder dieser irische Bastard?«

Alistair unterdrückte ein Seufzen. Die Sonne stand schon recht tief. Wenn Penrith die Behandlung noch länger hinauszögerte, würde das Licht nicht mehr ausreichen.

»Ich werde Euch später gerne alles erzählen, Captain. Aber jetzt sollten wir uns wirklich wieder Eurem Zahn widmen.« Erneut beugte er sich über seinen Patienten und registrierte mit einer gewissen Befriedigung, dass sich Penriths Augen unwillkürlich weiteten. »Bitte noch einmal aufmachen.«

*

Die schäbige Hütte war etwas gewachsen seit seinem letzten Besuch. Das war aber auch schon alles, was sich zum Positiven verändert hatte. Der Weizen stand hüfthoch und zeigte bereits alle Anzeichen von Überreife. Aber dort hinten, zwischen den Halmen, bewegte sich etwas. War dieser irische Bastard O'Sullivan etwa wieder zu Hause? McIntyre hatte doch behauptet, er sei verschwunden.

Captain James Penrith verengte die Augen gegen die Sonne, richtete sich im Sattel auf und spähte über das Feld. Dann ließ er sich wieder zurücksinken. Nein, das war nicht O'Sullivan. Die Person, die da versuchte, die Ernte einzubringen, war nicht einmal ein Mann. Ein zufriedenes Lächeln umspielte seine Lippen, als er langsam zur Hütte ritt.

Penrith stieg vom Pferd und band es an der schmucklosen Bank vor der Hütte fest. Vor dem Eingang lag eine kopflose Maus, abgelegt wie ein Geschenk. Fliegen umschwirrten den blaugrauen Pelz. Mit einem Fußtritt beförderte er den Kadaver zur Seite.

Die junge Frau hatte ihn gesehen. Er wartete, bis sie die Sense an einen Baum gelehnt hatte und dann langsam zu ihm kam.

»Was wollt Ihr?«, fragte sie, sobald sie ihn erreicht hatte.

»Immer noch so kratzbürstig, Mrs McIntyre? Dabei habe ich etwas mit Euch zu besprechen, was durchaus von Vorteil für Euch sein könnte.« Er wies auf den Eingang. »Darf ich?«

Sie zögerte, dann nickte sie und trat hinter ihm ein.

Ein schneller Blick in das stickige Halbdunkel der Hütte offenbarte ihm das Ärmliche dieser Behausung. Es gab wenig mehr als das Allernötigste. Sicher nicht das, was die junge Frau von früher gewohnt war.

Die Haut zwischen seinen Fingern juckte. Reflexartig wollte er die Handschuhe ausziehen, dann erinnerte er sich an McIntyres Verbot und ließ davon ab.

Auf einem einfachen Regal standen einige versiegelte Flaschen Rum – Stärkung und Zahlungsmittel zugleich in der jungen Kolonie.

Er deutete auf eine der Flaschen. »Ihr erlaubt?«

Sie hob lediglich die Schultern und beobachtete mit misstrauischen Blicken, wie er einen Zinnbecher und eine der Flaschen vom Regal holte, das Siegel öffnete und sich einschenkte. Sie sah erschöpft aus. Ein altes, ausgeblichenes Tuch war um ihre schwarzen Haare gebunden, ihr ehemals vornehmes Kleid aus zitronengelber Seide war fleckig von Schweiß und Schmutz.

Er ließ sich am Tisch auf einem roh gezimmerten Hocker nieder.

»Setzt Euch doch«, sagte er und wies auf den Hocker gegenüber.

Sie rührte sich nicht. Er nahm einen tiefen Schluck, ließ sich den leicht kratzigen Geschmack auf der Zunge zergehen. Nicht der beste Rum, aber trinkbar.

»Ihr wolltet mit mir sprechen?«

Er nahm einen weiteren Schluck, ließ ihn im Mund kreisen, dann setzte er den Becher ab.

»Ihr nötigt mir Bewunderung ab, Mrs McIntyre«, begann er. »Eine Frau, noch dazu so kurz nach der Niederkunft, die alleine versucht, die Ernte einzubringen.«

Sie schwieg, sah ihn nur stumm an.

»Ich fürchte allerdings, Ihr werdet nicht weit kommen.«

»Das lasst nur meine Sorge sein, Captain.«

»Ich habe gehört, dass Euch der Liebhaber weggelaufen ist.«

»Er ist nicht weggelaufen!«, fuhr sie ihn an.

»Ach nein?« In gespieltem Erstaunen hob er die Braue. »Und wo ist er dann?«

»Das weiß ich nicht.«

»Wirklich nicht?« Allmählich fand er Gefallen an diesem Spiel. »Jammerschade. Und das, wo Ihr ihn gerade jetzt so sehr braucht.«

Er hielt inne, wartete, aber bis auf Wut und Zorn, die aus ihren eisblauen Augen sprühten, kam nichts.

»Ich verlange gar nicht von Euch, dass Ihr es mir verratet. Ich will lediglich wissen, wo sein Vater ist.«

Sie wurde ein wenig blasser, behielt aber die Fassung. Kein Wort kam über ihre Lippen.

»Und natürlich dieser eingeborene Krieger, dieser Pemulwuy.«

Je schneller er den schwarzen Mistkerl aufspürte, desto schneller konnte er rehabilitiert werden. Möglichst noch, bevor seine Quecksilberbehandlung anfangen würde.

Sie presste ihre Lippen zusammen. »Es ist besser, wenn Ihr jetzt geht, Captain.«

»Langsam, Mrs McIntyre, wir sollten vernünftig miteinander reden.« Er versuchte sich an einem gewinnenden Lächeln. »Ich möchte Euch helfen. Oder, sagen wir, ich möchte Euch einen Handel anbieten.«

Sie stand noch immer und sah ihn unverwandt mit diesen irritierend hellen Augen an. »Einen Handel?«

Er nickte. »Ich weiß, in welchen Schwierigkeiten Ihr Euch befindet. Allein werdet Ihr die Ernte nie und nimmer bewältigen. Ich könnte Euch einige Sträflinge als Erntehelfer abstellen und für einen guten Verkauf des Weizens sorgen. Außerdem würde ich Euch auch finanziell unter die Arme greifen. Es sieht mir nicht so aus, als würdet Ihr in Reichtümern baden.« Er wies mit einem leichten Nicken in den Raum. »Und das alles für einen einzigen Hinweis, wo ich diesen Pemulwuy finden könnte.«

Sie stieß sich von der Wand ab. »Ich bin nicht käuflich, Captain Penrith. Und jetzt bitte ich Euch zu gehen.«

»Ich war noch nicht fertig, Mrs McIntyre.« Unter seinen feinen Lederhandschuhen juckte es, aber er bezwang den Wunsch, sich zu kratzen. Dann spielte er seinen größten Trumpf aus. »Ich könnte Euch zudem Hilfe bei einer anderen Sache anbieten.«

Sie blickte auf. »Und die wäre?«

»Euer Kind zurückzubekommen.«

Sie stand auf einmal stocksteif da. »Joey?«, flüsterte sie tonlos.

Zum ersten Mal bröckelte ihre mühsam aufrechterhaltene Fassung. Penrith konnte sehen, dass sich ihre Augen mit Tränen füllten.

Er hatte ins Schwarze getroffen – auch wenn er beim besten Willen nicht nachvollziehen konnte, wieso die Leute so rührselig wurden, sobald es um ihren Nachwuchs ging. Er selbst hatte keine Kinder – zumindest keine, von denen er wusste. Gut möglich, dass eine der Sträflingsdirnen, die er sich nachts in sein Bett geholt hatte, einen Bastard von ihm ausgetragen hatte.

»So ist es, Mrs McIntyre. Wenn Ihr mir helft, diesen Pemulwuy zu erwischen, bekommt Ihr Euren Sohn zurück.«

Jetzt schwankte sie tatsächlich. Sie ging zum Tisch, stützte sich ab und setzte sich dann auf den Hocker ihm gegenüber.

»Wie?«, murmelte sie. »Wie wollt Ihr das anstellen?«

Er winkte lässig ab. »Mit genügend Geld kann man jeden bestechen. Auch das Auge des Gesetzes.«

Ob es je dazu kommen würde, stand auf einem anderen Blatt. Noch brauchte er McIntyre schließlich.

Er legte so viel Wärme in seine Stimme, wie er fähig war. »Stellt Euch vor«, murmelte er eindringlich, »wie es wäre, wenn Ihr Euer Kind wieder bei Euch hättet. Wenn der Junge wieder in seiner Wiege liegen würde. Seine ersten Schritte, seine ersten Worte …«

Eine einzelne Träne löste sich, rann über ihre Wange. Es war ein befremdlicher Anblick – er hatte sie noch nie weinen gesehen.

»Ich merke, Mrs McIntyre, Ihr seid erfreulich einsichtig.«

Sie schaute ihn an, einen endlos langen Moment. Dann wurde ihr Blick wieder hart. Sie schüttelte den Kopf und stand auf. »Ich fürchte, da irrt Ihr Euch, Captain Penrith. Und jetzt bitte ich Euch zum letzten Mal, mein Haus zu verlassen.«

Penrith hätte sie am liebsten geschlagen. Nur mühsam konnte er die Wut bezähmen, die plötzlich wie heiße Lava durch seine Adern schoss.

»Ich hätte Euch für klüger gehalten, Mrs McIntyre.« Er kippte den letzten Rest Rum hinunter und erhob sich ebenfalls. »Mein Angebot steht. Ich würde es mir an Eurer Stelle wirklich noch einmal überlegen.«

Sie schüttelte erneut den Kopf und griff nach dem einfachen Reisigbesen, der in einer Ecke lehnte. »Raus hier!«, flüsterte sie.

Jäh loderte Hass in ihm auf. So musste er sich nicht behandeln lassen! Er hatte sich seinem Ziel so nah geglaubt, so nah … Und nun musste diese verdammte Schlampe ihm einen Strich durch die Rechnung machen! Was glaubte sie, wer sie war?

Mit wenigen Schritten war er bei ihr, riss ihr den Besen aus der Hand und warf ihn hinter sich. Sie wich zurück, einen Schritt, zwei, bis die Wand sie aufhielt. Er folgte ihr, fasste nach ihrem linken Arm, drückte sie an die Wand.

»Lasst mich los!«

War es tatsächlich Angst, was er da in ihren Augen sah? Ja, sie fürchtete sich vor ihm.

Sie war eine hübsche Frau, trotz der Erschöpfung, die ihr Gesicht zeichnete. Eine hübsche Frau, die Angst vor ihm hatte. Er spürte, wie sein Körper auf dieses Versprechen reagierte, wie die Lust sein Glied anschwellen ließ. Seine Erektion zeichnete sich deutlich unter der engen weißen Uniformhose ab.

Auch die junge Frau bemerkte es. Ein Schatten von Furcht verdunkelte ihren Blick, sie atmete schneller. Mit einem Ruck wollte sie sich von ihm losreißen, aber damit hatte er gerechnet und umklammerte sie nur noch fester.

Es war schon zu lange her, seit er das letzte Mal ein Weib bestiegen hatte. Zum Teufel mit McIntyres Verbot, eine Frau anzufassen, er brauchte jetzt Erleichterung! Was kümmerte es ihn, wenn sie sich bei ihm ansteckte? Es gab ja immer noch diese Quecksilberkur dagegen.

»Ihr gefallt mir, Mrs McIntyre«, murmelte er, seine Stimme heiser vor Erregung. »So wild und ungebärdig, nicht so gefügig wie die meisten Frauen. Wir könnten viel Vergnügen miteinander haben.«

»Ach ja?«, flüsterte sie rau.

Er presste sich enger an sie, rieb sich an ihr. Für einen Moment verharrte sie stocksteif, er konnte ihren hämmernden Herzschlag fühlen.

»Ja«, raunte er. »Ich besorge es dir. Von hinten, von vorne, ganz wie du willst.«

Sie atmete schwer und lehnte sich so weit zurück, wie es sein fester Griff erlaubte. Etwas strich an seinem rechten Hosenbein empor. Dann spürte er ihre Finger zwischen seinen Beinen und den leichten Druck, den sie auf seine Hoden ausübten. Atemlos vor Überraschung und Wollust stöhnte er auf und drängte sich ihr entgegen.

»Ich sehe, wir verstehen uns«, keuchte er.

»Das glaube ich kaum, Captain.«

Sie drückte ihre Hand mit aller Kraft zusammen. Ein gleißender Schmerz schoss durch seinen Unterleib und explodierte hinter seinen Augen, ein Schmerz, der ihm die Luft abschnürte und ihn vollkommen handlungsunfähig machte. Er wollte zurückweichen, aber sie hielt ihn fest wie in einem Schraubstock, so dass er nicht mehr als ein winselndes Keuchen ausstoßen und sich nach vorne krümmen konnte. Er glaubte zu sterben, wie er da vor ihr hing, zu keiner Bewegung, zu keinem Ton fähig, und blendender, weißer Schmerz ihn erfüllte.

»Verlasst sofort mein Haus!«, zischte sie, ganz nah an seinem Ohr.

Er konnte nicht einmal nicken.

Als sie ihren Griff endlich lockerte und ihn losließ, taumelte er wie ein Betrunkener nach draußen und zu seinem Pferd.

»Das … werdet Ihr … büßen«, stieß er kaum verständlich hervor. Mühsam angelte er nach den Zügeln, löste sie von der Bank. Aufsteigen war ein Ding der Unmöglichkeit. Er hielt sich am Zaumzeug fest und schwankte davon. Nur weg von hier.

*

Ningali hob den Kopf. Hoch über ihr wisperte der Wind in den Bäumen, rauschte das dunkle Blätterdach. Laubfinger streichelten ihre Haut. Seit mehreren Tagen war sie schon allein hier draußen. Allein, aber nicht einsam. Sie war umgeben von lebendigem Wissen.

Die Ahnen sprachen zu ihr. Nicht mit Worten, aber mit Bildern und Taten.

Sie breitete die Arme aus, schloss die Augen und beschwor einen der Gesänge der Großmutter herauf. Sie sah Bunjil, den Adler, wie er Gesetze für die Menschen erließ. Wie er Waang, die listenreiche Krähe, um Wind bat. Wie Waang den Beutel öffnete, in dem sie die Stürme hütete, und einen Wirbelsturm entließ, der sämtliche Bäume entwurzelte und Bunjil in den Himmel blies.

Mit dem Einsetzen ihrer ersten Blutung befand Ningali sich an der Schwelle zum Erwachsenenalter. Um ganz in die Gemeinschaft der Frauen aufgenommen zu werden, musste sie sich für eine gewisse Zeit allein in die Wälder zurückziehen und bestimmte Nahrungsgebote einhalten. Anders als bei den Jungen war die Initiation der Mädchen von Einsamkeit bestimmt, ohne feste Rituale oder Zeremonien. Von den Mädchen wurde kein Blutopfer gefordert.

Die einzige Person, mit der sie sprechen durfte, war die Großmutter. Schon lange, früher als es üblich war, hatte die Großmutter sie unterwiesen. Und auch jetzt kam die alte Schamanin regelmäßig zu ihr, erzählte ihr vom Träumen und von den Taten der Ahnen. Weihte sie ein in die Legenden und Mythen ihres Volkes, in die Geheimnisse ihres Clans. Lehrte sie die geheimen Gesänge und Rituale, von denen Männer ausgeschlossen blieben. Dazu kamen Dinge, die die Angelegenheiten des weiblichen Körpers und dessen Fruchtbarkeit betrafen – Menstruation, Schwangerschaft, Geburt.

Zu Anfang hatte sie nur bestimmte Sachen nicht essen dürfen. Seit einigen Tagen fastete sie vollständig und trank nur Wasser.

Von weit entfernt wehten Fetzen monotonen Gesangs und das Klacken aneinandergeschlagener Holzstöcke zu ihr hinüber. Ningali ließ die Arme sinken und lauschte. Sie erkannte die Tonabfolge – es war ein Ritual, um einen Kranken zu heilen.

Die Zeit der Einsamkeit war fast vorüber. Bald durfte sie zurückkehren zu ihrer Familie, ihrem Clan. Ob Dan-Kin noch immer bei ihnen war? Sie freute sich darauf, ihn wiederzusehen.

Dann lenkte sie ihre Gedanken wieder auf den Gesang aus der Zeit der Ahnen und des Träumens.

Sie wurde zum Teil der Erde, auf dem sie saß. Zum Wirbelsturm, in dem alles zerstob, zum Nebel, der über die Felder kroch.

Sie war der Tau, der Wind und der fallende Regen, war Teil der Felsen und der roten Erde. Sie war der Wind, der Regen und der tanzende Sturm. War Adler, Krähe und die gleitende Schlange.

War die Stimme des Nachtwinds, der murmelnde Bach.

Sie war dieses Land, und das Land war sie.

9.

Moira ließ die Sense sinken und stützte sich erschöpft auf den Griff, Schweiß rann ihr am Körper entlang und tränkte den Stoff des leichten Kleides. Es war sinnlos. Die Menge an Weizen, die sie an diesem Vormittag geschnitten hatte, war lächerlich klein. Mittlerweile hatte sie Blasen an den Fingern, und ihr Rücken schmerzte. Sie würde dieses Feld in hundert Jahren nicht ernten können. Nicht alleine.

Eigentlich war es ohnehin zu spät, inzwischen schrieb man Januar. Die Körner waren überreif und begannen, am Halm zu vertrocknen. Und wie sie das Getreide später dreschen sollte, wusste sie schon gar nicht. Wenn ihre Eltern sie jetzt sehen könnten. Allein, verzweifelt, abgearbeitet wie ein Ackergaul. Das war sicher nicht das Leben, das sie sich für ihre Tochter vorgestellt hatten.

Sie fuhr sich mit dem Handrücken über die Stirn, um den Schweiß abzuwischen. Später würde sie sich noch ihrem kleinen Gemüsegarten widmen, in dem bislang lediglich Zwiebeln und Karotten wuchsen. Außerdem musste sie dringend nach Parramatta, um neue Vorräte für sich und die Tiere einzukaufen. Sie wollte erneut nach der Sense greifen, als ein leises Geräusch sie innehalten ließ. War Captain Penrith etwa schon wieder da? Nein, das war wohl nur der Wind, der durch die Halme fuhr.

Penrith. Noch heute schauderte es sie, wenn sie an seinen

Besuch vor drei Tagen dachte. Sie wäre fast schwach geworden, hatte für einen kurzen Moment tatsächlich überlegt, einen Pakt mit diesem Teufel einzugehen. Einzig und allein um Joey wiederzubekommen. Aber das hätte sie sich nie verziehen.

Danach hatte sie kurz mit dem Gedanken gespielt, doch zu Elizabeth zu ziehen. Aber dann hatte sie es wieder verworfen. Sie konnte hier nicht weg, nicht noch weiter fort von Joey. Sie musste einfach darauf vertrauen, dass Penrith es nicht noch einmal versuchen würde.

Hinter ihr raschelte es; jetzt sah sie, dass es der kleine rote Kater war, der mit hocherhobenem Schwanz durch die unregelmäßigen Stoppeln stakste. Dann erstarrte sein Körper mitten in der Bewegung, der Schwanz senkte sich – ein Sprung, und er hatte eine weitere kleine Maus erbeutet.

Moira lächelte traurig. Wenigstens um ihn musste sie sich keine Sorgen machen. Sie hatte den Kater Noel genannt, weil er an Weihnachten zu ihr gekommen war. In Neusüdwales gab es nur wenige Katzen. Siedler hatten ein paar Tiere aus Europa mitgebracht. Umso dankbarer war sie für ihren kleinen Gesellschafter. Er schlief in ihrem Bett, nah an sie gedrückt, schnurrte bei jeder ihrer Bewegungen und hielt sie tagsüber davon ab, allzu viel nachzugrübeln.

Ein hohes, schrilles Wiehern ließ sie herumfahren. Das war Artemis, ihre Stute! Sie hatte das Tier zum Grasen unweit ihrer Hütte angebunden, aber jetzt bäumte es sich auf und trat mit den Vorderhufen nach einer der Gestalten, die es umringten.

Diebe! Sie wollten ihre Stute stehlen! Wie konnten sie es wagen?! Moira schrie entsetzt auf, packte die Sense und rannte zu Artemis. Angst hämmerte in ihrem Brustkorb, aber der Zorn war noch größer.

Es waren drei Männer, vermutlich entlaufene Sträflinge,

in einfacher Kleidung und mit unrasierten Gesichtern. Einer von ihnen versuchte, die Stute zu beruhigen, ein anderer war gerade dabei, ihr das Halfter überzustreifen. Sie durften ihr nicht auch noch Artemis nehmen! Nicht die Stute, für die Duncan so hart gearbeitet hatte!

»Fort mit euch!«, rief Moira atemlos. »Verschwindet!«

Wut und Angst verliehen ihr Kraft. Mit einem heiseren Schrei stürmte sie voran und ging auf den vordersten der Männer los. Die Sense sauste an ihm vorbei. Er ließ das Halfter los und sprang zurück. Sofort bäumte Artemis sich auf. Ein Luftzug fuhr durch Moiras Haare, die Pferdehufe verfehlten sie knapp.

Der Mann fluchte. »Die Frau ist ja vollkommen närrisch!«

»Verschwindet!«, zischte sie und hob erneut die Sense.

»Ho, ho, ganz langsam, Mädchen!« Der Mann, den sie angegriffen hatte, sprach mit ihr wie mit einem wilden Pferd, während er vor ihr zurückwich. »Los, weg hier!«, rief er dann den anderen zu. »Wir haben, was wir wollten!«

»Bist du irre?«, gab einer seiner Spießgesellen zurück. »Der Captain hat gesagt, auch den Gaul!«

»Ich setze doch nicht für einen blöden Gaul mein Leben aufs Spiel!«, versetzte der Erste. Er hob einen prall gefüllten Sack auf, den Moira bislang nicht wahrgenommen hatte. »Na los, lasst uns gehen!«

»Nein, erst das Pferd!«

Nun näherte sich der andere Artemis, die schnaubend einen Schritt zurückwich, und versuchte, nach dem Halfter zu greifen.

»Wagt es nicht!« Moira umklammerte die Sense fester, schwang sie hin und her, fast wie vorhin, als sie das Getreide geschnitten hatte, und schrie ihre Wut laut hinaus. Doch dahinter lauerte die Erschöpfung. Lange würde sie nicht mehr durchhalten. Und was konnte sie schon allein gegen drei Männer ausrichten? Aber sie würde sich die Stute nicht kampflos nehmen lassen, sie würde …

»Verdammt, da kommt jemand!«

»Verschwindet, ihr Gesindel!« Ein Reiter preschte auf sie zu. Hastig griffen die Diebe nach ihren Bündeln und rannten davon.

Moira stand noch immer mit erhobener Sense da und sah ihnen nach.

»Ist alles in Ordnung, Madam?« Der Mann, der ihr zu Hilfe gekommen war, hatte sie erreicht und stieg vom Pferd. Er hielt sich sehr gerade und trug trotz der Hitze einen dunkelblauen Rock. Moira kannte ihn nicht.

»Ja.« Sie ließ die Sense sinken und strich sich erschöpft das Haar aus der Stirn. Ihr Kopftuch hatte sich gelöst und war ihr vom Kopf gerutscht, Schweiß brannte in ihren Augen. Jetzt erst merkte sie, wie sehr sie zitterte. »Ja, das ist es. Vielen, vielen Dank, Sir, dass Ihr gekommen seid.«

»Man kann mit diesem Gesindel nicht vorsichtig genug sein.« Der Mann warf einen Blick zur Hütte. »Ist Mister O'Sullivan zu Hause?«

Sofort versteifte Moira sich. »Wieso?«, gab sie misstrauisch zurück.

Sie hatte weder Lust noch Kraft, noch mehr Leuten von Duncans Verschwinden zu erzählen.

»Ich komme vom Magistrat. Ich habe Mr O'Sullivan etwas auszuhändigen«, sagte der Mann und holte ein versiegeltes Schreiben aus seiner Packtasche. »Ihm oder Mrs Moira McIntyre. Ich nehme an, das seid Ihr.«

Moira nickte nur stumm. Sie nahm das Papier in Empfang und steckte es ungeöffnet in die kleine Tasche in ihrem Rock. Was immer es war – sie würde es später lesen. Noch mehr Hiobsbotschaften konnte sie jetzt nicht ertragen.

Ungeduldig wartete sie, bis der Bote sich verabschiedet hatte. Dann führte sie die Stute in den kleinen Verschlag und band sie an. Das Tier stupste sie ungeduldig an die Schulter, bis Moira ihm den letzten Armvoll Heu gegeben hatte und es seinen großen Kopf in der Krippe versenken konnte.

Die drei Männer waren keine entflohenen Sträflinge gewesen, schoss es Moira durch den Kopf, während sie Artemis beim Fressen zusah. Sie waren einfach gekleidet, aber weder zerlumpt noch schmutzig gewesen. Keiner von ihnen hatte Spuren von Fesseln oder der Peitsche aufgewiesen. Und sie hatten einen Captain erwähnt. Unschwer zu erraten, dass es sich dabei um Penrith handeln musste.

Als sie ihre Hütte betrat, hätte sie fast aufgeschrien. Die Kerle hatten ganze Arbeit geleistet: Stühle waren umgekippt, ein Regal heruntergerissen. Die halbe Speckseite und das gesamte Brot waren verschwunden, einige Flaschen mit Rum fehlten, andere waren zerschlagen, und der Deckel ihrer Truhe war geöffnet.

Sie stürzte an die Truhe. Auch hier war alles durchwühlt, zwei ihrer guten Kleider fehlten und auch ihre Seidenstrümpfe, aber was das Schlimmste war: Der kleine Beutel mit ihrem Geld war fort. Das Geld, das Duncan sich so mühevoll erarbeitet hatte. Ihre gesamte Barschaft war gestohlen worden!

Mit einem Schluchzen sank Moira vor der Truhe zusammen. Das war Penriths Werk. Und es war womöglich erst der Anfang.

*

Artemis warf den Kopf zurück, wieherte und ging zwei Schritte nach hinten.

»Wirst du wohl stehen bleiben!«, knurrte Moira das Tier an.

Sie war kurz davor, die bockige Stute zu hart anzufassen. Aber sie riss sich zusammen, schließlich wollte sie nicht gleich wieder auf der Erde landen. Wie hatte Duncan es bloß immer geschafft, dass das Pferd ihm so mühelos gehorchte? Bei ihm hatte sich die Stute nie so angestellt.

Sie klopfte und streichelte Artemis, bis sich das Pferd wieder beruhigt hatte, dann führte sie das Tier erneut neben den Holzblock. Mit viel gutem Zureden gelang es ihr schließlich, ein Bein über den breiten Pferderücken zu schwingen und aufzusteigen. Rittlings, wie ein Mann. Sie traute der Stute zu wenig, um sich im unsicheren Damensitz bis nach Toongabbie zu wagen. Sie hätte ja nicht einmal einen passenden Sattel gehabt.

Sie raffte ihren langen Rock, bis es sich bequem anfühlte. Es war ein herrliches Gefühl, endlich wieder auf einem Pferderücken zu sitzen – auch wenn es heute kein froher Anlass war.

McIntyre hatte ihr Joey weggenommen. Duncan war verschwunden. Ihr gesamtes Geld war gestohlen worden und um ein Haar auch ihr Pferd. Und nun sollte sie auch noch eine Strafe zahlen, weil sie gewagt hatten, ihr Kind katholisch taufen zu lassen. Das Schreiben, das der Bote gestern gebracht hatte, kam von Reverend Marsden – dem Mann, der McIntyre geholfen hatte, ihr Kind an sich zu nehmen.

Es half nichts, sich darüber aufzuregen. Sie brauchte Geld. Natürlich hätte sie Elizabeth Macarthur darum bitten können, aber vorher wollte sie jede andere Möglichkeit ausschöpfen. Sie würde nach Toongabbie reiten und sich von McIntyre die Zahlung, die ihr jeden Monat zustand, abholen. Vielleicht konnte sie dabei ja einen Blick auf Joey erhaschen, durfte ihn möglicherweise sogar auf den Arm nehmen …

Das Pferd unter ihr schnaubte, tänzelte, als könnte es kaum erwarten loszutraben. Moira beugte sich vor, strich über die kurze, dichte Mähne, dann drückte sie der Stute die Fersen leicht in die Seite und ritt los.

Eine knappe Stunde später war sie am Ziel, verschwitzt und voller Staub, stieg ab und band Artemis neben der Veranda von McIntyres Haus an. Sie strich sich ihren verknitterten Rock glatt, klopfte den Staub aus ihrem Kleid und zog die Bänder ihres Hutes fester. Ihr Kleid hatte schon bessere Tage gesehen; das vergangene Jahr hatte den dunklen, edlen Stoff ausbleichen lassen, so dass er jetzt schäbig wirkte. Wenigstens hatte sie noch ihr gutes Tuch aus gewebter roter Seide, das sie jetzt großzügig über ihre Schultern drapierte.

Vor der Tür zögerte sie einen Moment. Sie kam nicht als Bittstellerin, sagte sie sich, sondern holte sich nur das, was ihr zustand. Sie würde McIntyre keine Szene machen, sondern ihm wie eine erwachsene Frau begegnen. Wenn er merkte, dass vernünftig mit ihr zu reden war, würde er ihr womöglich gestatten, einen Blick auf ihren Sohn zu werfen.

Sie atmete tief durch und klopfte.

Es war Ann, die öffnete. Schnell und so weit, als hätte sie mit jemand anderem gerechnet. Sobald sie Moira sah, schloss sie die Tür wieder bis auf einen handbreiten Spalt.

Moira biss sich auf die Lippen und zwang sich zur Ruhe. »Ist der Doktor zu sprechen?«

Ann sah sie aus großen, leicht verschreckt wirkenden Augen an. »Nein«, sagte sie schließlich. »Er ist bei einem Patienten.«

»Dann warte ich.« War Joey dort drinnen? Am liebsten hätte sie die Tür aufgedrückt, Ann beiseitegeschoben und wäre in das Haus gestürmt. Aber das würde alles verderben.

»Es kann länger dauern, hat Dr. McIntyre gesagt. Aber«, fuhr Ann fort, bevor Moira etwas erwidern konnte, »er hat mir Geld dagelassen. Für Eure monatliche Zahlung. Wartet, ich hole es.«

Die Tür schloss sich. Moira schluckte. Ob sie Joey vielleicht trotzdem sehen konnte? Es musste doch einen Weg geben, irgendetwas ...

Sie hörte schnelle Schritte hinter der Haustür, dann öffnete Ann erneut. Nicht weit, wieder nur einen schmalen Spalt, durch den sie ihr einen kleinen Beutel hinhielt.

»Hier«, murmelte die junge Sträflingsfrau. Als Moira den Beutel ergriff, zog Ann ihre Hand so schnell zurück, als wäre Moira eine giftige Schlange, die sie beißen könnte.

»Danke«, presste Moira hervor. Sie wollte noch etwas sagen, aber Ann hatte die Tür bereits wieder geschlossen.

Moiras Wangen brannten vor Scham. Sie kam sich vor wie eine Bettlerin, die man mit ein paar Münzen abspeiste. Aber das Geld stand ihr zu – zumindest hatte McIntyre sich mit ihr darauf geeinigt, als sie sich getrennt hatten.

Noch auf der Veranda öffnete sie den Beutel. Ein kurzer Blick zeigte ihr, dass es mehr und höherwertigere Münzen waren als sonst. Wollte McIntyre sein schlechtes Gewissen etwa mit einer üppigen Zahlung beruhigen?

Sie schloss den Beutel und verstaute ihn in der Tasche ihres Rocks, dann löste sie die Zügel der Stute vom Geländer. Joey ... Ihre Brüste fingen erneut an, schmerzhaft zu spannen. Er war so nah und doch so weit entfernt. Nur ein paar Türen trennten sie von ihrem Sohn, und doch konnte sie nicht zu ihm.

Nur mit Mühe riss sie sich vom Haus los und führte das Pferd die Straße entlang, wo trotz der sommerlichen Hitze etliche Menschen unterwegs waren. Hauptsächlich freie Siedler, die ihre Einkäufe in dem einzigen Laden des Ortes tätigten – die Sträflinge waren sicher bereits wieder auf den Feldern.

Der Beutel mit dem Geld war schwer, sie spürte ihn beim Gehen an ihrem Bein. Ob sie gleich etwas kaufen sollte, vielleicht eine kleine Seite Speck und etwas Reis? Oder wäre es besser, erst einmal nach Parramatta zu reiten, um die Strafe zu bezahlen? Nein, entschied sie schnell, damit würde sie sich noch etwas mehr Zeit lassen. Aber sie könnte in dem Laden fragen, ob jemand Duncan gesehen hatte. Und möglicherweise würde McIntyre doch schneller als erwartet zurückkommen, dann könnte sie mit ihm reden – und ihn bitten, einen Blick auf Joey werfen zu dürfen.

Noch während sie unschlüssig vor dem Laden stand, sah sie eine einfach, aber sauber gekleidete Frau mit schnellen Schritten über die Straße und auf McIntyres Haus zueilen. Die Haare hatte sie unter einer weißen Haube verborgen, ihre Figur war eher üppig als schlank. Sie machte einen gesunden, freundlichen Eindruck – das war sicher keine Patientin. Vielleicht jemand, der für einen anderen Hilfe holte? Oder – Moira durchfuhr es wie ein Blitz – die Amme? Konnte das Joeys Amme sein?

Unauffällig stellte sie sich hinter ihre Stute und beobachtete, was geschah.

Die Frau klopfte. Moira konnte sehen, wie die Tür zu McIntyres Haus geöffnet wurde, zuerst etwas zögernd, dann erschien Ann in der Öffnung und bat sie herein. Das war die Amme, ganz sicher war sie das! Die Frau, die Joey versorgte.

Kurz darauf öffnete sich die Tür erneut. Ann kam heraus, mit einem Korb unter dem Arm. Moira drückte sich noch näher an die Stute. Ann sah sich hastig um, als wäre sie auf der Flucht, und huschte dann in kleinen, eiligen Schritten über die Straße zum Laden.

Moiras Herz schlug schneller. Ob sie es wagen könnte, noch einmal hinüberzugehen? Aber erst musste sie das Pferd loswerden. Sie führte die Stute in eine Seitenstraße, doch als sie sie dort an einem dichtbelaubten Baum anbinden wollte, glitt ihr vor lauter Aufregung der Zügel aus der Hand. Erst beim zweiten Anlauf klappte es. Sie strich ihre schweißfeuchten Handflächen an ihrem Rock ab, dann marschierte sie auf McIntyres Haus zu.

Sie musste zu Joey, jetzt und auf der Stelle! Und die fremde Frau konnte ihr dabei helfen.

Sie hatte keinen Plan, keine Idee, was sie tun musste, handelte rein instinktiv. Atemlos, zitternd hämmerte sie an der Tür. Als ihr geöffnet wurde, musste sie sich kaum verstellen, so sehr bebte sie.

»Bitte«, keuchte sie, als sie in das besorgte Gesicht der Frau blickte. »Bitte, ich ... muss zum Doktor ...!«

»Ach, du liebe Güte«, erwiderte die Frau. »Aber ... der Herr Doktor ist nicht da, gute Frau, und ich habe hier einen Säugling zu versorgen. Ich fürchte ...«

»Bitte, helft mir!« Moira griff wie haltsuchend nach dem Kleid der Frau, dann krümmte sie sich und stöhnte. »Ich ... ich habe starke Schmerzen ...«

»Nun ...« Die Amme zögerte, dann siegte das Mitgefühl. »Gut, kommt erst einmal mit hinein. Dann werden wir sehen, was ich für Euch tun kann.«

Sie führte Moira, die sich noch immer wie unter Schmerzen zusammenkrümmte, ins Haus. Moira segnete sie im Stillen. Wie lange war sie nicht mehr hier gewesen? Alles kam ihr noch immer so vertraut vor – der schmale Gang, die Türen, die rechts in Stube und Schlafzimmer, links in Behandlungs- und Studierzimmer führten.

»Wohin, wohin ...«, murmelte die Frau wie zu sich selbst. Die Türen zur linken Hand waren abgeschlossen, nur McIntyre hatte den Schlüssel. Zumindest war es früher immer so gewesen. »Dorthin«, entschied die Amme und führte Moira in die Küche am Ende des Gangs.

Moira durchfuhr es wie ein heftiger Stoß, als sie die Wiege sah, die in der Ecke in der Nähe des Herdes stand. War Joey dort drinnen? Alles in ihr drängte danach, zu ihm zu laufen, ihn an sich zu pressen. Aber sie musste sich noch etwas zurückhalten, die Kranke spielen, wenn sie nicht alles zunichtemachen wollte …

Erschrocken bemerkte sie, dass erneut die Milch in ihre Brüste schoss, ihre Bluse benetzte. Bevor die Amme es merken konnte, zog Moira ihr Schultertuch fester um sich, ließ sich auf die hölzerne Bank sinken und krümmte sich stöhnend vornüber.

»Ma'am? Ma'am, hört Ihr mich?« Das Gesicht der Amme war dicht vor ihr. »Mrs – ich weiß nicht mal Euren Namen … ist alles in Ordnung?«

»Conway«, keuchte Moira wie unter Schmerzen. »Mein Name … ist Conway. Könnte ich … vielleicht etwas Wasser haben?«

»Natürlich.« Die Amme richtete sich auf, während Moira vornübergebeugt sitzen blieb. Wenn sie einen Schluck Wasser getrunken hatte, konnte sie danach so tun, als ob es ihr wieder besserginge. Dann könnte sie das Kind bemerken, und dann könnte sie Joey auch sehen, womöglich sogar berühren, ihn …

»Oder – wartet – ich hole Euch etwas zur Stärkung, Mrs Conway. Das hat mein verstorbener Mann auch immer gesagt. Nichts ist besser für Leib und Seele, Rosie, meinte er immer, als ein ordentlicher Schluck Rum. Ich glaube, der Doktor hat den Rum in der Stube stehen. Er hat sicher nichts dagegen, wenn ich ihn für diesen Notfall verwende.« Ihre unbeschwerten Worte ließen Moira vermuten, dass auch die Amme ganz gern einmal einen Schluck Rum nahm. »Meint Ihr, ich kann Euch einen Augenblick allein lassen?«

Moira nickte mit tiefgesenktem Kopf, ihr Herz hämmerte. Sollte es tatsächlich einmal gut für sie laufen?

Sobald die Amme aus der Küche getreten und um die Ecke gegangen war, sprang Moira auf und lief zur Wiege. Sie presste eine Hand auf den Mund, um nicht vor Glück und Sehnsucht aufzuschreien. Joey! Der Junge war wach und sah sie mit großen, grünlich blauen Augen an. Sie flüsterte ihm leise Koseworte zu, während sie bebend vor Anspannung in die Wiege griff, das eingewickelte Bündel Mensch heraushob und an sich drückte.

Die Zeit schien stillzustehen. Für einen kurzen, innigen Augenblick war alles wieder gut. All ihre Sorgen, alle Ängste und Nöte fielen von ihr ab. Sie war Mutter, und hier war ihr Kind. Nichts anderes zählte mehr.

Joey stieß ein paar quäkende Laute aus. Sie wiegte ihn leicht, gurrte in sein Ohr. Dann kehrten ihre Gedanken in die Wirklichkeit zurück. Gleich würde die Amme wiederkommen. Wenn sie sah, dass Moira das Kind im Arm hielt, würde sie sicher Verdacht schöpfen.

Aber sie konnte Joey nicht noch einmal hergeben. Nicht jetzt, da sie ihn so nah bei sich trug.

Moira überlegte nicht, sie handelte einfach. Mit leisen Schritten, das Kind an sich gepresst, ging sie zur Küchentür. Ein vorsichtiger Blick. Noch war nichts zu sehen, der Flur war leer; sie hörte lediglich, wie die Amme sich an einem Schrank in der Stube zu schaffen machte. Schnell nach links, bis zur Hintertür. Bitte, bitte, lass sie offen sein …! Und bitte, lass Joey jetzt nicht schreien! Sie konnte die Klinke fast geräuschlos hinunterdrücken, dann stand sie auch schon draußen. Leise, leise schloss sie die Tür hinter sich und entfernte sich mit schnellen Schritten vom Haus,

Joey eng an sich gedrückt. Fort, nur fort von hier. Aber nicht nach vorne, wo man von der Stube aus auf die Straße sehen konnte.

Was jetzt? Wohin? Die Möglichkeit, ihr Kind zu entführen, hatte sie nie in Erwägung gezogen. Für einen kurzen Augenblick durchströmte sie dasselbe Gefühl von Anspannung und gleichzeitig flirrendem, schwindelerregendem Übermut wie damals, als sie mit Duncan die Gelegenheit zur Flucht genutzt hatte. Auch jetzt flüchtete sie.

Auf der Straße waren nur wenige Menschen unterwegs. Niemand erkannte sie, niemand nahm Notiz von ihr. Sie zwang sich, nicht zu schnell zu gehen, um nicht doch noch misstrauische Blicke auf sich zu ziehen. Ob die Amme schon gemerkt hatte, dass sie fort war? Dass Joey fort war? Und wenn schon – sie unterdrückte den Wunsch, sich umzudrehen, ging einfach weiter, bis sie in die Seitengasse abbog, in der sie die Stute angebunden hatte. Fast rechnete sie damit, dort bereits die Konstabler zu sehen, aber niemand erwartete sie.

Mit zitternden Händen presste sie ihren Sohn an sich, das Herz schlug laut in ihren Ohren. Ohne Hilfe und mit nur einem freien Arm würde es ihr nicht gelingen, auf das Pferd zu steigen. Sie blickte sich um. Noch immer schien niemand von ihr Notiz zu nehmen. Behutsam legte sie Joeys eingewickelten kleinen Körper unter einen Strauch, der neben der Straße wuchs. Der Junge drehte den Kopf und verzog das Gesicht, blieb aber still. Moira schlang das Schultertuch um sich, hob ihr Kind in den so entstandenen Beutel, achtete darauf, dass auch der kleine Kopf gestützt wurde, und verknotete das Tuch. Jetzt kam sie sich fast wie eine Kängurumutter vor.

Joeys kleiner warmer Körper hing nun aufrecht vor ihr, sein Köpfchen, das von einer leichten Mütze bedeckt wurde, befand sich dicht unter ihrem Kinn. Wenn er nur nicht zu schreien begann …

Nun, da sie beide Hände frei hatte, gelang ihr das Aufsteigen fast mühelos. Sogar das Pferd benahm sich diesmal, als wüsste es um die kostbare Fracht. Moira presste ihm die Fersen in die Seite.

»Los, Artemis«, feuerte sie die Stute leise an. »Bring uns fort von hier.«

*

»Hast du dich auch in der Hütte umgesehen? Und auf dem Feld?«

»Natürlich.« Joseph wirkte leicht gekränkt. »Für wen hältst du mich? Du kannst mir schon glauben: Moira war nicht da. Sie nicht, der Junge nicht und das Pferd auch nicht. Wahrscheinlich ist sie in Parramatta oder besucht irgendeinen Nachbarn. Oder sie ist bei ihrer Freundin, dieser Elizabeth.«

»Aber dann hätte sie doch sicher eine Nachricht für mich hinterlassen.« Duncan schluckte den letzten Löffel von dem faden Brei aus Körnern und Wurzeln hinunter und schob die leere Rindenschüssel von sich. »Hast du nichts dergleichen gesehen? Einen Zettel oder etwas Ähnliches?«

Joseph schüttelte den Kopf. »Ich habe genau nachgesehen. Aber natürlich bin ich nicht hingegangen und habe eure Hütte durchwühlt. Es sah sowieso schon ziemlich verwahrlost aus.«

»Verwahrlost?«

»Na ja, das ist vielleicht zu viel gesagt. Aber die Hütte machte einen irgendwie – unaufgeräumten Eindruck. Anders als sonst.« Joseph klopfte ihm unbeholfen auf die Schulter. »Es geht ihr sicher gut, und du machst dir völlig unnötig Sorgen.«

Duncan streckte vorsichtig sein rechtes Bein aus. Joseph hatte gut reden. Was mochte es bedeuten, dass er Moira nicht angetroffen hatte? Wo um alles in der Welt steckte sie? War sie wirklich mit dem Kleinen fortgeritten?

Ein Abendvogel sang, über ihnen rauschten die Blätter, in der Luft hing der Geruch von gekochten Wurzeln. Zwischen den einfachen Blätterhütten liefen kleine Kinder und die allgegenwärtigen Dingos herum. Ein paar Heranwachsende übten sich im Werfen mit Speer und Wurfholz. Eine Mutter legte ihr Neugeborenes in eine Trage aus weicher Rinde; beim Anblick des winzigen nackten Kindes krampfte sich in Duncan etwas schmerzhaft zusammen.

Sein Blick kehrte zurück zur großen Feuerstelle, an der er mit Joseph und den *Eora*-Männern saß. Einige der Männer aßen noch, andere stellten Messer und Speerspitzen aus Stein her. Bald würden sie mit den abendlichen Gesängen und Erzählungen beginnen. Ab und zu schimmerten die dunklen Leiber im Licht der sinkenden Sonne auf, die nur selten durch die dichtbelaubten Baumwipfel drang. Alle trugen sie Schmucknarben auf Schultern und Rücken, die sich wulstig von der dunklen Haut abhoben. Viele von ihnen waren schwarz wie afrikanische Neger, aber manche wiesen einen helleren Kupferton auf. Männer wie Frauen hatten ihre buschige Haarpracht mit Känguruknochen, Holzstücken oder Vogelfedern geschmückt. Unter ihren dichten Brauen funkelten tiefliegende, freundliche Augen. Aber auch wenn Duncan die fremdartigen Gesichter inzwischen zuordnen konnte und den Namen fast jedes Mannes kannte, so fühlte er sich doch wie ein Fremdkörper. Er gehörte nicht hierher. Er gehörte zu Moira und dem Kleinen.

»Ich freue mich wirklich, dass es dir wieder bessergeht.« Auch Joseph hatte den letzten Rest Brei ausgelöffelt und stellte die Schüssel auf den Boden. »Dann konnte ich dir ja tatsächlich helfen.«

Duncan nickte. Dabei hatte Joseph erst nichts davon wissen wollen. Eher würde er sich in sein eigenes Fleisch schneiden, hatte er gesagt, als seinem Sohn so etwas anzutun. Nur Duncans Beharren sowie seine Feststellung, dass Joseph schließlich an seinem Zustand schuld sei, hatte ihn einlenken und zum Messer greifen lassen. Die Erinnerung an den grausamen Schmerz war nichts, woran Duncan gern zurückdachte, aber die nachfolgende Erleichterung war es wert gewesen.

Er hatte sich schnell erholt. Und sich rasiert. Es war eine Wohltat gewesen, sich endlich wieder waschen und mit Josephs Messer die tagealten Stoppeln von den Wangen kratzen zu können. Das Laufen fiel ihm zwar noch immer schwer und ähnelte mit der einfachen Krücke, die Tedbury aus einem gegabelten Ast für ihn angefertigt hatte, eher einem dreibeinigen Humpeln, aber er wollte sich nicht beklagen. Alles war besser, als noch länger fiebernd in der stickigen Laubhütte zu liegen. Wenn es so weiterging, würde er bald zu Moira zurückkehren können.

Ein helles Lachen klang über die Lichtung. Etwas weiter entfernt, dichter an den Bäumen, saßen die Frauen des Clans im Kreis und rollten Schnüre aus Gras und Haaren zu langen Fäden, die sie dann zusammenflochten. Daraus würden sie Bänder, Gürtel und Taschen herstellen. Ningali saß bei ihnen. Endlich. Sie wirkte anders, fremd und doch vertraut. Erwachsener. Duncan versuchte, ihren Blick zu erhaschen, und als sie ihn bemerkte, lächelte sie ihn an. Stolz und erfüllt von neuem Wissen. Als würde sie von innen her leuchten.

»Wir brauchen Fleisch«, riss Josephs beiläufige Stimme ihn aus seinen Gedanken. »Ich werde morgen mit Pemulwuy,

Tedbury und noch ein paar anderen Männern auf die Jagd gehen.«

»Auf die Jagd«, wiederholte Duncan zweifelnd. »Was wollt ihr denn jagen? Siedler? Oder nur ihre Tiere?«

»Weder noch«, erwiderte Joseph ganz ruhig. »Kängurus und Kusus. Du hast doch nichts dagegen?«

Duncan schüttelte den Kopf, auch wenn er bezweifelte, dass sein Vater ihm die Wahrheit sagte. Ihm war plötzlich kalt, seine Glieder schienen von einer jähen Mattigkeit befallen, und er sehnte sich danach, sich wieder hinzulegen.

Er murmelte eine kurze Erklärung und griff nach der Krücke. Als er sich aufrichtete, schoss ein scharfer, vernichtender Schmerz durch sein verletztes Bein, und bevor er es zurückhalten konnte, stöhnte er auf. Fast wäre er wieder zusammengesackt.

»Was ist los?« Joseph war hastig aufgestanden, streckte seine Hand aus. »Ist es wieder schlimmer geworden? Soll ich dir helfen?«

Mit zusammengebissenen Zähnen schüttelte Duncan den Kopf. Kalter Schweiß brach ihm aus allen Poren, ihm war schwindelig und übel. Aber schon nach wenigen krampfhaften Atemzügen klangen Schwindel und Übelkeit ab, und auch der Schmerz ließ etwas nach.

»Es geht schon«, knurrte er.

Sicher war es nur die heutige Anstrengung gewesen. Er brauchte nichts weiter als etwas Ruhe. Er stützte sich schwer auf die Krücke und humpelte langsam davon. Der kurze Weg in die Hütte schien ihm plötzlich meilenlang zu sein.

10.

»Nicht weinen, Joey, ich bin ja bei dir!« Moira zügelte das Pferd. Joeys Greinen erklang dicht unter ihrem Kinn.

Wo die Straße sich in der Ferne verlor, sah sie eine Staubwolke aufsteigen. Kurz darauf hörte sie das Rumpeln eines Fuhrwerks oder einer Kutsche. Noch vor wenigen Jahren, so hatte ihr Elizabeth einmal erzählt, war dieser Weg kaum mehr als ein Trampelpfad gewesen, aber inzwischen hatte man ihn auf zwanzig Fuß verbreitert. Jetzt konnten hier sogar Kutschen fahren.

Es war besser, wenn man sie nicht hier sah. Kurz entschlossen lenkte sie das Pferd von der Straße, hinein in den Wald.

Die hohen Bäume umschlossen sie mit dunkler Kühle. Schweiß glänzte auf Artemis' braun-weiß geschecktem Fell; nicht nur Joey brauchte dringend eine Pause.

Moira glitt vom Pferderücken, Joey mit einem Arm umfassend. Ihr eigener, rasender Herzschlag hatte sich etwas beruhigt, aber noch immer pumpten der Triumph und die überschäumende Freude, ihr Kind wieder bei sich zu haben, jede Erschöpfung aus ihren Adern.

Sie setzte sich auf einen umgestürzten Baumstamm und löste die Knoten, die Joey hielten. Aus dem wie eine Mumie eingepackten Bündel stieg ein scharfer Geruch auf, aber das Wickeln musste noch warten.

Die Stute hatte ihren Kopf über eine Pfütze mit Brackwasser gesenkt und trank. Auch Moiras Kehle brannte vor Durst, aber erst musste sie sich um Joey kümmern.

Ihre Bluse war durchnässt von ihrer Milch, sie konnte den Stoff nur mit Mühe von ihrer Haut lösen. Kaum hatte sie das Kind angelegt, umschloss auch schon der kleine Mund ihre Brustwarze. Tränen des Glücks und der Erleichterung schossen ihr in die Augen, als sie endlich wieder das vertraute Ziehen spüren, das hungrige Schmatzen hören durfte.

Ein warmer Wind wehte durch den Wald, strich durch ihr Haar und über ihre entblößte Brust. Sie legte den Kopf in den Nacken und blinzelte durch das rauschende Blätterdach in den Himmel.

Nur langsam klärten sich ihre Gedanken. Was um alles in der Welt tat sie hier? Sie hatte ihr Baby entführt. Sie war auf der Flucht. Schon wieder.

Sie brauchte ein Ziel, eine Zuflucht. Wohin konnte sie sich wenden? Nicht zurück nach Hause, in ihre Hütte am Rand von Parramatta. Dort würde man sie sofort aufspüren. Und auch Elizabeth schied aus – eigentlich alle näheren Bekannten. Überall dort würde man sie suchen.

Sie ließ Joey nur ein paar Minuten trinken. Mehr Zeit gönnte sie sich und ihm nicht. Sie wollte, sie musste weiter, fort von den anderen Menschen, die sie erkennen konnten.

Bevor sie das Pferd erneut auf die Straße lenkte, sah sie sich nach möglichen Verfolgern um. Niemand war zu sehen, die Staubwolke war verschwunden.

Sie hielt erst wieder an, als sich die breite, bislang fast schnurgerade Straße gabelte; zwei handbeschriebene Holzplatten, die jemand an einen Stecken genagelt hatte, wiesen die Richtung aus: links ging es nach Green Hills, rechts nach Castle Hill.

Castle Hill? Hatte der Gouverneur dort nicht vor kurzem ein weiteres Sträflingslager eröffnet? Kein passender Platz, um mit einem Säugling unterzukriechen. Und Green Hills? Wenn sie sich recht an die Landkarte erinnerte, die sie einmal gesehen hatte, dann war das eine der Siedlungen am Hawkesbury.

Grüne Hügel. Das hörte sich schön an.

*

Der weiche Waldboden dämpfte Moiras Schritte. Joey schlief, fest vor ihre Brust gebunden.

Bis zum Nachmittag war sie der staubtrockenen, vor Hitze flirrenden Straße gefolgt, das Geräusch der klappernden Pferdehufe und das Rauschen eines leichten Windes in den Ohren. Hier und da hatte sie in der Ferne ein vereinzeltes Farmhaus oder einen Schuppen gesehen – nichts, von dem eine Gefahr ausging. Erst als die Häuser dichter standen und Green Hills nicht mehr weit sein konnte, war sie rechts auf einen der Wege eingebogen, die von der Straße abzweigten. Sie wusste nicht, wohin er führte. Sie wusste nur, dass sie niemandem begegnen wollte.

Der schmale Weg war zu einem bloßen Pfad geworden, der immer tiefer in den Busch führte. Überall reckten sich hohe Eukalyptusbäume in den Himmel. Binnen kurzem standen die Bäume zu dicht, wuchsen die Äste zu niedrig, um gefahrlos hindurchzureiten, so dass Moira hatte absteigen müssen.

Das Gebiet war durchzogen von vielen schmalen Wasserläufen. Schon bald hatte Moira einen kleinen Fluss entdeckt, nicht breiter als drei Schritte, der rasch und klar zwischen seinen grasigen Ufern dahinfloss. Artemis zog es ebenfalls dorthin; Moira konnte gerade noch aus dem Weg gehen, als das Pferd bereits den großen Kopf zum Wasser senkte. Sie lief ein paar Schritte weiter und kostete selbst vorsichtig, bevor sie wagte, mehr davon zu trinken, aber das Wasser schmeckte herrlich süß. Wahrscheinlich war dieser Bach einer der vielen Nebenflüsse des Hawkesbury River.

Diesem Bach folgte sie nun schon seit einer ganzen Zeit, das Pferd hinter sich herführend. Inzwischen war sie so erschöpft, dass sie kaum mehr die Füße heben konnte. Am liebsten wäre sie an Ort und Stelle niedergesunken, aber solange es noch Tageslicht gab, wollte sie weiter. Musste sie weiter.

Ein leises Plätschern zu ihrer Linken schreckte sie auf. Es hörte sich an, als gleite dort ein Tier ins Wasser. Ein großes Tier. Als sie den Kopf drehte, sah sie einen armlangen Schatten. Ein Krokodil? Nein, das war kein Krokodil. Das Tier glich eher einem Dachs mit Entenschnabel. Behende schwamm es durchs Wasser und tauchte dann unter.

Ein wenig unheimlich war es hier schon. Jetzt, mit der Dämmerung, nahmen die Laute der Wildnis zu. Am Ufer quakten ein paar Frösche. Von irgendwo erschollen schrille, klagende Vogelschreie, es klang wie *Ki-o, ki-o*. Kurz darauf erklang das keckernde, scharrende Lachen eines Kookaburras. Urplötzlich fühlte sie sich einsam, so ganz allein mit ihrem Kind und dem Pferd. Und doch – sie hatte das beunruhigende Gefühl, als beobachte man sie. Trotz ihrer Erschöpfung waren all ihre Sinne wach; angespannt lauschte sie, horchte hinein in die Wildnis. Sie drückte Joey fester an sich. Gab es hier Eingeborene? Moira sah und hörte nichts, was auf andere Menschen hindeutete, aber das hieß nicht, dass sie alleine waren.

Die Schatten zwischen den Bäumen wurden immer länger, die Dunkelheit immer greifbarer, als das Gelände ein wenig anstieg und sie schließlich auf ein großes, steinernes

Plateau stieß. Daneben erhob sich eine Felswand, ein Überhang versprach einen gewissen Schutz.

Moira hielt an. Die letzten Schritte war sie nur stolpernd vorangekommen. Mit müden Fingern löste sie den Strick, der Decke und Schaffell auf dem Pferderücken hielt, nahm alles herunter und band dem Pferd mit dem Strick die Vorderfüße locker zusammen.

Im schwindenden Licht sah die Felsplatte aus, als habe dort jemand tiefe Furchen hineingeritzt, aber Moira war zu müde, um es sich näher anzusehen. Unter dem Überhang, dicht an der Wand, faltete sie die Decke auf, schüttelte sie aus und legte sie auf den blanken Fels. Darüber breitete sie das Schaffell. Hier würden sie heute Nacht bleiben.

*

»Das Zeug ist widerlich!« Penrith griff nach einem Lappen und strich sich die Hände daran ab. Sein Oberkörper war frei, von den Handgelenken bis zur Schulter hatte er seine Arme mit der hellgrauen Salbe eingerieben. Es roch leicht nach ranzigem Fett.

»Aber es hilft.« Alistair schloss den Tiegel mit der Salbe, die er selbst zusammengerührt hatte. »Wie fühlt Ihr Euch?«

»Ich habe Kopfschmerzen.« Penriths Gesicht war leicht geschwollen – ein erstes Zeichen, dass das Quecksilber wirkte. »Und mein Magen knurrt. Verdammt noch mal, McIntyre, ich brauche endlich ein anständiges Stück Fleisch! Nicht dieses Spülwasser, das mir diese Frau vorsetzt.«

Er deutete auf den Topf mit Hühnerbrühe, den die Pflegerin vorhin heraufgebracht hatte.

Alistair schüttelte den Kopf. »Mrs Walcott hält sich nur an meine Anweisungen. Es ist wichtig, dass Euer Organismus nicht durch schwere Speisen belastet wird.« In wenigen

Tagen, wenn der Speichelfluss einsetzte, würde Penrith ohnehin jeglichen Appetit verloren haben.

Im Untergeschoss waren Mrs Walcotts Schritte zu hören. Alistair hatte Penrith schließlich davon überzeugen können, dass der Captain jemanden brauchte, der für ihn kochte, putzte und ihn versorgte. Die Frau kam aus Dorset und war angeblich erfahren in der Krankenpflege.

»Ihr müsst schon ein wenig Geduld haben, Cap... Mr Anderson.«

Im letzten Moment erinnerte Alistair sich an den vereinbarten Namen. Noch immer fiel es ihm schwer, die Täuschung aufrechtzuerhalten. Captain Penrith trat hier natürlich nicht unter seinem richtigen Namen auf, und auch die Tatsache, dass er ein Offizier des New South Wales Corps war, hielten die beiden Männer geheim. Hier war er James Anderson, ein freier Siedler aus England. Unter diesem Namen war er Mrs Walcott vorgestellt worden, und in diesem Namen hatte Alistair Dr. Balmains Haus gemietet, das einsam und abgelegen inmitten grasiger Viehweiden zwischen Parramatta und Toongabbie lag. Wie geschaffen für die Wünsche des Captains.

Penrith nickte missmutig und angelte nach seinem Hemd. Alistair half ihm, das Kleidungsstück, das der Captain bereits seit drei Tagen trug, wieder überzustreifen. Seit der einleitenden Behandlung am Neujahrsmorgen mit Bad, Abführkur und Aderlass war Alistair täglich hier erschienen, um den Captain anzuweisen, wo und wie er die Salbe auftragen musste. Am ersten Tag auf den Unterschenkeln. Dann auf den Oberschenkeln. Heute auf den Armen.

Penrith verzog angewidert das Gesicht, als er sich ins Bett legte. »Die Laken stinken schon. Können wir wenigstens das Fenster öffnen?«

»Nein, Sir, das wäre nicht hilfreich. Wir müssen sichergehen, dass das Quecksilber gut wirken kann.«

Es war warm und stickig im Zimmer. Gerade richtig für die Schwitzkur, die Penrith jetzt für mindestens zwei Stunden ertragen musste. Auch ihm selbst rann unter dem dunklen Rock der Schweiß.

»Noch nichts Neues von Eurem Sohn?«, fragte Penrith, während er umständlich die Laken um sich schlang.

»Nein, Sir.« Wie immer, wenn er daran dachte, was Moira getan hatte, zog sich Alistairs Magen zu einem harten Klumpen zusammen. »Aber inzwischen sucht ein ganzes Aufgebot an Konstablern nach den beiden. Außerdem hat man einen eingeborenen Fährtensucher verpflichtet.«

»Ah, sehr gut. Nun, vielleicht sind die Wilden ja tatsächlich einmal zu etwas nütze.«

Alistair nickte und fuhr sich über seinen Backenbart. Die drahtigen Haare waren schweißnass. »Er sagt, sie kann nicht weit weg sein.«

Konnte sie das wirklich nicht? Alistair kannte ihre unbezähmbare Sturheit, ihre Zähigkeit. Sie war schließlich schon einmal in den Busch geflohen, damals, mit Duncan. Aber diesmal hatte sie keinen Mann an ihrer Seite. Zumindest vermutete er das.

Wenn er an jenem Tag doch nur früher heimgekehrt wäre! Aber da nicht einmal Ann gewusst hatte, wo er sich aufhielt, war wertvolle Zeit verstrichen. Erst nach seiner Rückkehr von Penrith hatte er von der Entführung erfahren, und in seinem Zorn und seiner Verzweiflung war er kurz davor gewesen, die Amme hinauszuwerfen, die ihm unter Tränen versicherte, nicht gewusst zu haben, wer sich da Zutritt zu seinem Haus verschafft hatte. Wie hatte er selbst, wie hatte Ann nur so nachlässig sein können?

Da es schon Abend war, hatte man erst am gestrigen

Morgen mit der Suche beginnen können. Ohne Penriths Hilfe hätten sie möglicherweise noch mehr Zeit verloren. Der Captain hatte Schreiben an mehrere offizielle Stellen aufgesetzt und großzügige finanzielle Unterstützung versprochen.

So froh Alistair auch war über Penriths Einsatz, so sehr hatte es ihn anfangs befremdet. Er konnte sich nicht vorstellen, dass der Captain plötzlich Mitgefühl zeigte. Bis er gemerkt hatte, dass Penrith sich aus ganz eigennützigen Gründen einmischte. Im Gegensatz zu Alistair war der Captain nämlich der Meinung, Moira wisse sehr wohl, wo Duncan sich befinde: bei den Wilden, die sich um diesen Aufrührer Pemulwuy geschart hatten. Und dass sie mit dem Kind zu ebenjenen Wilden geflohen sei. Fand Penrith Moira, fand er auch Pemulwuy.

Plötzlich hatte Alistair es eilig. Er steckte den Salbentiegel in seine Tasche. »Ich komme morgen wieder, Sir. Bis dahin haltet Ihr bitte strenge Bettruhe.«

Er schloss die Tür hinter sich und stolperte fast, als er die Treppe hinuntereilte. Vielleicht, ja, vielleicht hatten sie Henry schon gefunden …

Dann drängte sich ein anderer, ein schrecklicher Gedanke zwischen den aufblitzenden Hoffnungsschimmer: Wie weit würde Moira gehen? Wäre sie womöglich fähig, sich und dem Kind etwas anzutun?

*

Das gleißende Licht des Mittags schmerzte fast in den Augen. Moira saß auf dem Plateau, den Rücken gegen die Felswand gelehnt. Vor ihr erstreckte sich ein weitläufiges Tal voller Eukalyptusbäume bis fast zum Horizont. Wie ein Meer erschien es ihr, genauso grenzenlos und genauso rätselhaft. Aus dem Grün in allen Schattierungen ragten immer wieder einzelne, besonders hohe Bäume hervor, und hier und da erhoben sich große Felsen wie Inseln. Dazwischen, nur erkennbar, weil die Sonne auf dem Wasser glitzerte, wand sich der schmale Fluss. Es war wunderschön.

Joey lag warm und schwer an ihrer Brust und trank. Sie hatte ihn aus seiner Umschnürung herausgenommen und nur frisch gewickelt, so dass seine nackten Arme und Beine sich jetzt frei bewegen konnten. Sanft strich sie über seinen Kopf, über das flaumig zarte, dunkle Haar. Roch den unverwechselbaren Duft ihres Kindes und glaubte zu platzen vor lauter Glück. Als lebte sie in einer friedvollen, zeitlosen Blase, weit entfernt von allen Fährnissen dieser Welt; alles war vergessen, was hinter ihr lag.

Sie wusste, dass dieses Glück nur von kurzer Dauer sein konnte. Irgendwann würde die Wirklichkeit sie wieder einholen, und dann würde sie zurückkehren müssen in das wahre Leben. Aber sie vermied es, solchen Gedanken zu lange nachzuhängen. Hier, an diesem magischen Ort, wollte sie nur für den Augenblick leben.

Mit den Augen folgte sie der Linie ihrer ausgestreckten Beine und betrachtete erneut die Umrisse der beiden Figuren, die fast einen Zoll tief in den felsigen Boden geritzt worden waren. Die eine stellte ein Känguru dar, dem ein Speer im Rücken steckte, die andere einen Mann, eindeutig zu erkennen an dem mächtigen Geschlechtsteil, das wie ein drittes Bein wirkte. Daneben verliefen einige vereinfacht dargestellte Fußabdrücke.

Dies war sicher das Werk von Eingeborenen. Wie alt diese Felsgravuren wohl waren? Und wozu dienten sie? Möglicherweise waren es Jagdszenen oder Abbildungen von Ahnengeistern. Moira wusste nicht viel über den Glauben und die Mythen der Ureinwohner. Nur das wenige, was Joseph ihr einmal erklärt hatte. Sie versuchte sich vorzustellen, wie die Menschen sich hier versammelt hatten, um diese Gravuren herzustellen. Wie sie zuerst nur feine Umrisse in den Fels geritzt hatten. Wie sie dann entlang dieser Linien viele kleine Löcher in den weichen Sandstein gebohrt hatten. Wie sie mit einem scharfen Stein die Linien entlanggefahren waren und die Löcher miteinander verbunden hatten.

Moira griff neben sich und steckte sich die letzte leuchtend rote Beere in den Mund. Sie hob den Blick, versuchte, in dem Gewirr aus Baumwipfeln und Ästen etwas anderes als nur Wildnis zu erkennen. Wie schon zuvor sah sie niemanden. Und doch wusste sie, dass sie nicht allein war.

Moira hatte einen großen Schrecken bekommen, als sie gestern Morgen mit Joey von einem kurzen Gang an den Bach zurückgekommen war. Niemand war zu sehen, und doch lag neben ihrem Schlafplatz ein Blätterpäckchen. Als sie es öffnete, fanden sich darin eine Handvoll roter und orangefarbener Beeren sowie ein paar sorgfältig gesäuberte Wurzeln. Sie hatte erst gezögert, aber der Hunger hatte sie zugreifen lassen. Die Beeren schmeckten saftig und säuerlich, und die Wurzeln waren zart und sättigend. Wer immer ihr dieses Geschenk gemacht hatte, war ihr offenbar freundlich gesinnt.

Joey hatte genug getrunken. Behutsam löste sie ihn von ihrer Brust und ließ ihn an ihrer Schulter ruhen, bis er aufgestoßen hatte. Dann packte sie ihn wieder in ihr Tragetuch und erhob sich, um noch ein paar von den süßen Beeren zu pflücken.

Dafür musste sie sich nicht weit von ihrem Lagerplatz entfernen. Sie ging über einen Teppich von Rinde, die sich in großen Flecken von den hier dichtstehenden Bäumen gelöst hatte, tauchte ein in das schattige Dickicht unter den Eukalyptusbäumen, atmete die würzig duftende Luft ein.

Über ihr schlossen sich die dunkelgrünen Blätter wie ein Dach. Schnell hatte sie gefunden, was sie suchte. Den Strauch hatte sie bereits gestern entdeckt; er trug dieselben Beeren wie die, die ihr ihr unbekannter Gönner hingelegt hatte.

Sie wollte gerade nach den roten Früchten greifen, als sie zusammenzuckte: Ein leiser Knall, wie ein weit entfernter Musketenschuss, hallte durch den Busch. Als gleich darauf jedoch ein fröhliches Tirilieren zu hören war, entspannte sie sich, ahnte sie doch, wer für diese Geräusche verantwortlich war.

Sie ging weiter, dem Gesang nach. Vorsichtig bog sie einen Strauch zur Seite, und richtig: Dort, auf einer kleinen, freigescharrten Lichtung, stolzierte ein großer, fasanähnlicher Vogel herum, den zwei lange, silbrig und braun gestreifte Schwanzfedern schmückten. Als er Moira sah, zwitscherte er laut, blieb stehen, beugte sich vor und entfaltete seine breitgefächerte Schwanzschleppe über dem Körper. Dazwischen zeigten sich mehrere feine helle Federn, die bislang verborgen geblieben waren.

Moira lachte leise. »Versuchst du etwa, mit mir zu tändeln?«

Als hätte der Vogel sie verstanden, öffnete er den Schnabel und setzte zu einer weiteren Darbietung seines erstaunlichen Repertoires an. In kurzer Folge vernahm Moira das Lachen des Kookaburras, dann Töne, die wie Gewehrschüsse klangen, sowie ein Klicken und Quietschen, unterbrochen durch Zwitschern und Fiepen in allen Tonlagen. Zuweilen klang es gar, als kämen die Geräusche aus mehreren Quellen.

Als sie die Schüsse gestern zum ersten Mal gehört hatte, war sie überzeugt gewesen, dass man sie aufgespürt hatte. Aber kurz darauf war von derselben Stelle ein grunzendes Bellen gekommen und danach das täuschend echte keckernde Lachen eines Kookaburras. Als mache sich jemand einen Spaß daraus, sie zu erschrecken. Oder als übe er sich im Imitieren von Geräuschen. Sie hatte es nicht glauben können, als sie kurz darauf entdeckt hatte, dass ein einziger Vogel all diese Laute hervorbrachte. Er konnte sogar menschliche Stimmen nachahmen. Und seit heute offenbar auch ein Pferdeschnauben. Er hatte wirklich schnell gelernt. Sie waren erst seit zwei Tagen hier, und schon konnte er Artemis nachmachen.

Wieder ein Schnauben, dann leise Stimmen. Moira erstarrte. War das wirklich der geflügelte Tausendsassa?

Als sie sich aufrichtete, verschwand der Vogel eilig im Unterholz. Die Stimmen blieben.

Angespannt bahnte sie sich einen Weg durch die Bäume, zurück zu ihrem Lagerplatz – und prallte zurück, wie von einer unsichtbaren Wand aufgehalten.

Mehrere Soldaten des New South Wales Corps hatten sich unterhalb des steinernen Plateaus versammelt. Moira stand nur wenige Meter entfernt, verdeckt von den Büschen, und sah die feuchten, roten Uniformröcke und den Schweiß, der ihnen über die Gesichter rann. Jeder führte ein Pferd mit sich.

Sie schluckte schwer. Man hatte sie aufgespürt.

Im Schatten der Bäume presste sie Joey eng an sich. Es hatte keinen Sinn, wegzurennen, auch wenn ihr Herz raste und alles in ihr zur Flucht drängte. Sie hatte gewusst, dass dies passieren würde. Die Zeit des Glücks war vorbei.

Auf dem Felsplateau, wo sie ihren Schlafplatz hatte, hockte ein dunkelhäutiger Mann. Er trug Hemd und Hose wie ein Europäer, aber sein tiefdunkles Gesicht mit den schwarzen Locken wies ihn als Eingeborenen aus. Er hob den Kopf, schien ihr direkt ins Gesicht zu blicken. Dann stieß er einen leisen Ruf aus und deutete in ihre Richtung.

11.

Die Decke stank. Nach den vielen Kusus, deren Felle man dafür zusammengenäht hatte, nach Fett und nach Erde. Im Erdloch in der Mitte der Hütte glühten die Reste des kleinen Feuers, das Yani, die junge *Eora*-Frau, entzündet hatte, als es Duncan trotz der sommerlichen Hitze einfach nicht warm werden wollte. Inzwischen war ihm entsetzlich heiß, er kam sich vor, als würde er von innen heraus verbrennen, und er hatte schrecklichen Durst. Er schlug die Felldecke zurück. Die glatte, lederne Außenseite der Decke war mit fremdartigen Malereien verziert; Clan-Muster, Ornamente, Tiere. Im Schein des glimmenden Feuers schienen sie sich zu bewegen.

Mühsam richtete er sich so weit auf, bis er die Schale mit Wasser zu greifen bekam, die Yani neben ihn gestellt hatte. Sein Bein pochte, und sein Körper fühlte sich an, als würde man ihn langsam auf kleiner Flamme rösten. Der Schnitt hatte nur eine kurzfristige Erleichterung gebracht. Das Fieber war zurückgekehrt, die Schussverletzung, die sich zu bessern schien, hatte sich erneut entzündet.

In der Blätterwand der Hütte raschelten Käfer oder anderes Ungeziefer. Wie spät war es? Sicher tief in der Nacht. Die Dunkelheit schien allumfassend, nur Blätterrauschen und ein paar entfernte Tierstimmen waren zu hören; das Reden und die Gesänge, die den Jagderfolg feierten, waren längst verstummt.

Am Abend waren die Männer des Clans von der Jagd zurückgekehrt. Auch Joseph. Duncan hatte nicht mit ihm reden wollen. Er wollte mit niemandem reden. Und so hatte er getan, als schliefe er, als sein Vater kurz im Eingang der Laubhütte erschienen war, um nach ihm zu sehen. Ein paar geflüsterte Sätze mit Yani in ihrer kehligen Sprache, von denen Duncan nur ein, zwei Worte verstand, dann war Joseph wieder gegangen.

Auch Yani war nicht mehr da. Duncan hatte sie fortgeschickt, weil er ihre übertriebene Fürsorge nicht länger ertragen hatte.

Jetzt wünschte er, sie wäre bei ihm. Oder Ningali …

Sobald es seiner Schwester erlaubt gewesen war, sich wieder frei zu bewegen, war sie zu ihm gekommen, hatte bei ihm gesessen, sich um ihn gekümmert. Wo war das Mädchen jetzt bloß? Ach, richtig, er hatte es ja selbst losgeschickt. Zu Moira. Mochte sein Vater denken, was er wollte, aber er, Duncan, musste wissen, was passiert war. Ob es Moira und dem Kleinen gutging.

Ningali hatte ihm stumm zugehört und war dann ohne ein Wort verschwunden. Hatte sie ihn richtig verstanden? Wusste sie, was er von ihr wollte? Er konnte nur hoffen und warten und beten. Und erneut Fieber und Schmerzen ertragen.

Er schob die stinkende Decke noch weiter von sich. Die kunstvoll eingeritzten Tiere, die man mit Fett und Erde eingerieben hatte, bewegten sich erneut. Erwachten im dumpf glühenden Licht zum Leben, begannen einen langsamen, hypnotischen Tanz. Jedes Tier für sich und doch alle gemeinsam. Hin und her, vor und zurück.

Er stöhnte auf und ließ sich mit geschlossenen Augen wieder zurücksinken. Hinter seinen Lidern brannte die Hitze, sein Kopf dröhnte. Seine Gedanken fuhren hin und her, hielten sich nirgendwo fest, formten sich zu schemenhaften Figuren, die ihm sofort wieder entglitten, sich neu bildeten und wieder verschwammen; ein wirbelndes Wechselspiel aus Bildern, Eindrücken und Erinnerungen …

… Die kleine Herde stämmiger Pferde bei den *Tinkers*. Gesang und wilde Tänze um ein großes Lagerfeuer. Raue, verschwitzte Gesichter unter dunklen Haaren, lachend und lärmend. Die Geborgenheit des fahrenden Volkes.

Die Stimme des Kerkermeisters. »Dein Vater? Den haben sie vorhin gehängt.«

Entsetzlicher Hunger, der in seinen Eingeweiden wühlte. Der Geschmack des Kerzenwachses, der seinen kindlichen Magen nur für kurze Zeit besänftigte.

Der Geruch nach Hammelfleisch und Kohl, der durch das ganze Pfarrhaus wehte, wenn Emily, die Haushälterin des Pfarrers, Stew kochte.

»Siehst du, du kannst es doch!« Das glückliche Gesicht von Vater Mahoney, als sein Ziehsohn zum ersten Mal fehlerfrei einen Psalm abgeschrieben hatte.

Das kalte Metall der Handschellen um seine Handgelenke.

Vater Mahoney, wie er vom Schlag getroffen zusammensank.

Das Tröpfeln von Wasser an der Wand, das leise Huschen kleiner Rattenfüße über den Kerkerboden.

Die würgende Übelkeit in der engen Unterkunft unter Deck. Der betäubende Geruch nach abgestandener Luft und Erbrochenem.

Ein grobschlächtiges Gesicht unter einem wirren roten Haarschopf. Samuel Fitzgerald, Gefährte seiner Sträflingszeit. Verloren in der Bucht am Hawkesbury.

Und immer wieder Moira.

An Deck der *Minerva*, stolz und unnahbar.

Auf dem Heuboden des Kutschenhauses, lachend und erhitzt, mit hochgerutschtem Rock, der ihre blütenweißen Strümpfe zeigte.

Leichenblass inmitten der Zuschauermenge, als man ihn zur öffentlichen Züchtigung an den Stamm der großen Tanne band.

Verschwitzt und glücklich, mit dem winzigen Neugeborenen im Arm.

Am Strand des …

»Dan-Kin?«

Mit einem Ruck fuhr er hoch und sank sofort wieder stöhnend zurück, als ein wütender Schmerz in sein Bein biss.

Hell schien die Sonne durch die Blätterwände und legte einen gleißenden Strahlenkranz um den Kopf der Gestalt neben seinem Lager. Wie ein Engel sah sie aus. Erst als die Gestalt sich bewegte, erkannte er sie. »Ningali!«

Mit einem Schlag war er hellwach.

Noch immer konnte er nicht in ihrem braunen, unbewegten Gesicht lesen, als sie sich jetzt über ihn beugte und ihm die Wasserschale reichte. Seine Zunge klebte am Gaumen, er war völlig ausgetrocknet. Schwerfällig setzte er sich auf und trank die Schale mit ein paar hastigen Schlucken aus.

»Hast du sie gesehen?«, stieß er hervor. »Hast du Moira gesehen?«

Das Mädchen hatte sich neben ihm niedergelassen und blickte ihn mit seinen großen, dunklen Augen an. Dann nickte es.

Duncan seufzte auf. Erleichtert, aber da war noch ein anderes Gefühl in seiner Brust. Angst.

»Konntest du mit ihr reden? Wie geht es ihr?«

Ningali schwieg. Himmel, dieses Mädchen machte ihn noch verrückt. »Ningali, bitte! Was hat sie gesagt? Geht es ihr gut?« Eine harte Klammer legte sich um seinen Brustkorb, plötzlich fiel es ihm schwer, zu atmen. »Geht es – geht es Joey gut?«

Ningali blickte auf. In ihren schwarzen Augen glaubte er Sorge zu erkennen. Dann schüttelte sie ganz leicht den Kopf.

»Was ist mit Joey? Ist ihm ... etwas passiert? Wo ist er?« Er fasste sie am Arm, zog sie näher zu sich, obwohl jede Bewegung stechende Schmerzen durch seinen Körper jagte.

Sein Herz raste. Gleich würde sie es ihm sagen. Würde ihm berichten, dass sein Sohn, dass Joey gestorben war. Dass Moira vor Gram darüber den Verstand verloren hatte. »Bitte, Ningali, sag es mir. Wo ist er?«

»Bei ... Doktor«, murmelte das Mädchen.

»Beim Doktor?«, keuchte er auf. »Hat Moira das gesagt? Dass Joey beim Doktor ist?«

Ningali nickte langsam, die dunklen Züge überschattet von Kummer. So verstört hatte er sie noch nie gesehen.

»Bei welchem Arzt? Dr. McIntyre?«

Erneutes Nicken.

Duncan ließ sich entsetzt zurücksinken. Den pochenden Schmerz in seinem rechten Bein nahm er jetzt lediglich als ein lästiges Übel wahr. Joey war krank. Sehr krank. Er wusste, dass Moira ihren Ehemann trotz all seiner Fehler für einen ausgezeichneten Arzt hielt. Es musste sehr ernst um Joey stehen, wenn sie ihre Abneigung überwunden und ihr Kind zu ihm gebracht hatte.

Er konnte nicht länger hier herumliegen. Mühsam kämpfte er sich wieder in eine sitzende Position.

»Ningali«, sagte er und bemühte sich, seiner Stimme einen entschlossenen Klang zu geben. Hoffentlich hörte er sich nicht so kläglich an, wie er sich fühlte. »Hilfst du mir, zu Moira zu kommen?«

*

Duncan blieb stehen. Der Wald schien zu leben, aber in einem eigenartig unwirklichen, gedrosselten Rhythmus. Alles schien verlangsamt, gebremst. Sonnenlicht fiel auf den moosbedeckten Boden, leuchtete auf den Blättern. Mit jedem Herzschlag entdeckte Duncan neue Eigentümlichkeiten. Er konnte den leuchtend gelborangen Schmetterling mit schwarzem Rand sehen, der wie schwerelos zwischen den Blättern in der Luft schwebte. Die Spinne, wie sie einen Fuß vor den anderen setzte und unendlich langsam einen Baumstamm erklomm. Den Koala, der reglos in einer Astgabel hockte. Über ihm rauschten die Bäume, so laut, als wollten sie zu ihm sprechen. Er hob den Kopf. Was versuchten sie ihm zu sagen?

Ein leises Schnattern lenkte seinen Blick zur Seite. Auf einem Ast inmitten des üppigen Grüns saß ein Papagei mit rosa Brust, grauem Rücken und weißem Federschopf und sah ihn an. Furchtlos, neugierig. Als wäre Duncan kein Mensch, sondern ein Geistwesen, mit dem er sich verständigen konnte. Dann warf der Vogel sich in die Luft und flog mit langsamen Flügelschlägen an Duncan vorbei. So nah, dass er den Luftzug zu spüren glaubte, den die schlagenden Flügel verursachten.

Er schüttelte den Kopf und wischte sich die verschwitzten Haarsträhnen aus dem Gesicht.

Joseph, der vor ihm lief, drehte sich um, dann blieb er stehen. »Alles in Ordnung?«

Duncan nickte. Wenn er zugab, wie schlecht es ihm ging, würden sie sofort wieder umkehren. Und das konnte er nicht zulassen.

Sein Vater kam mit großen Schritten zu ihm. »Bist du sicher? Du siehst aus, als könntest du kaum noch stehen!«

»Es geht schon«, beharrte Duncan.

Joseph sah ihn einen Augenblick zweifelnd an, dann hob

er die Schultern. »Wie du meinst.« Und schon stampfte er wieder voraus, pflügte wie ein großes Schiff vor ihm durch die Wildnis.

Heute Morgen hatte er noch versucht, Duncan am Aufbruch zu hindern. Hatte bezweifelt, dass sein Sohn die Strecke bis nach Parramatta bewältigen könnte, und vermutet, es sei sicher nur eine Magenverstimmung, weshalb das Kind beim Doktor sei. Aber wegen einer Magenverstimmung, hatte Duncan erwidert, würde Moira ihr Kind nicht zu einem Arzt bringen. Angesichts von Duncans Entschlossenheit hatte Joseph es sich nicht nehmen lassen, Ningali und ihn zu begleiten.

»Das wird ein Familienausflug«, hatte er hinter seinem struppigen Bart gegrinst. Und Duncan angeboten, ihn zu tragen. Was dieser abgelehnt hatte. Nach Ningalis erschreckender Eröffnung waren Schmerzen und Fieber ohnehin vergessen gewesen.

Zumindest für eine Weile.

Duncan stützte sich auf seinen Stock und humpelte weiter. Die alte Schamanin hatte gesagt, in der Wunde stecke ein böser Geist. Und genauso fühlte es sich an. Mit jedem mühsamen Schritt fuhr der Schmerz wie ein Dolch durch seinen Körper, obwohl er versuchte, das Bein so wenig wie möglich zu belasten. Vielleicht sollte er das Angebot seines Vaters doch annehmen. Er schüttelte den Kopf und biss die Zähne zusammen. Nein, das würde er nicht tun. Sich wie einen nassen Sack durch den Wald schleppen zu lassen, ging dann doch gegen seine Würde.

Neben ihm lief Ningali, lautlos wie ein Waldgeist. Es war Duncan unbegreiflich, wie seine Schwester und auch Joseph in diesem Dickicht ihren Weg fanden, und er war dankbar dafür, dass er sich nur darum kümmern musste, einen Fuß vor den anderen zu setzen. Alleine wäre er in dieser grünen Wildnis hoffnungslos verloren gewesen.

Sie liefen vorbei an riesigen Büschen und umgestürzten Bäumen, traten Gräser nieder, stiegen über Erdhaufen. Es war entsetzlich heiß. Er konnte sich selbst riechen, Schweiß lief ihm über das Gesicht und brannte in seinen Augen. Tausende von kleinen Mücken umschwirrten seinen nackten Oberkörper. Wenigstens trug er wieder seine Hose, auch wenn es ein schmerzhafter Kraftakt gewesen war, den zerlöcherten Stoff über seine Beine und den Blätterverband zu streifen. Aber er konnte schließlich nicht nur mit einem Lendentuch bedeckt in der Zivilisation auftauchen.

Die blaugrüne Vogelfeder, die Yani ihm zum Abschied umgehängt hatte, klebte auf seiner Haut, heiß pumpte das Blut durch seine Adern. Es war nicht nur die Januarhitze. Das Fieber, das ihn für eine Weile in Ruhe gelassen hatte, war zurückgekehrt. Joseph hatte recht: Dieser Marsch durch den Busch war nicht gut für ihn. Dennoch schleppte er sich weiter vorwärts, versuchte, sich seine Schwäche nicht anmerken zu lassen, auch wenn jeder Schritt Überwindung kostete.

Er musste zu Moira. Und zu Joey. So schnell wie möglich.

*

Obwohl Ningali diesen Weg nun schon zum dritten Mal innerhalb kurzer Zeit ging, spürte sie keine Müdigkeit. Ihre Schritte auf dem Waldboden waren leicht, auch wenn immer wieder querliegende Stämme und dichte Ranken ihr den Weg versperrten. In den hohen Wipfeln wisperten die Baumgeister, ertönte das schrille Gelächter des Kookaburras, murmelte der Wind. Auf den öligen Blättern des Eukalyptus glänzte die Sonne; es würde noch eine Weile dauern, bis Yhi, die Sonnenmutter, zum Ausruhen nach Westen ziehen und der Wald sich für die Nacht rüsten würde.

Wegen Dan-Kin kamen sie nur langsam voran. Er stützte sich schwer auf den Stock, aber er klagte nicht, stöhnte nur manchmal leise auf. Schon lange hatte er kein Wort mehr gesagt. Ningali sah ihm an, wie schlecht es ihm ging. Seine Augen, die sonst von der Farbe des schattigen Waldes waren, glänzten dunkel und fiebrig. Dennoch kämpfte er sich vorwärts, Schritt für Schritt. Die Sorge um Mo-Ra und das Kind trieb ihn an.

Auch Ningali machte sich Sorgen. Mo-Ra hatte gestern so verzweifelt geklungen, so hilflos. Ningali hatte nur wenig von dem begriffen, was sie ihr gesagt hatte. Aber das Wichtigste hatte sie verstanden: dass der kleine Scho-i nun bei dem Mann war, mit dem Mo-Ra einst zusammengelebt hatte. Dieser Doktor war ein großer Heiler, mächtiger noch als die Schamanen der *Eora*. Ningali hatte ihn schon früher in dem Gebäude gesehen, in dem die Kranken versorgt wurden. Sobald sie dort wären, nahm Ningali sich vor, würde sie einen Heilgesang anstimmen, um die schädlichen Krankheitsgeister des kleinen Jungen zu vertreiben. Hoffentlich konnten diese gesammelten Anstrengungen ihn wieder gesund machen.

Mo-Ra hatte sie auch nach Dan-Kin gefragt. Aber angesichts der schlechten Nachrichten hatte Ningali es nicht übers Herz gebracht, Mo-Ra von seiner Verletzung zu erzählen. Soweit sie es mit ihren mangelhaften Kenntnissen der fremden Sprache vermochte, hatte sie daher lediglich erwähnt, dass es Dan-Kin gutgehe und dass er bald zurückkommen werde.

Sie bog einen tiefhängenden Zweig aus Dan-Kins Weg, wartete, bis er an ihr vorübergehumpelt war. Bislang hatte er abgelehnt, sich auf sie oder Bun-Boe zu stützen, aber jetzt blieb er stehen, streckte die freie Hand aus und legte sie haltsuchend auf Ningalis Schulter. Sie stemmte beide Beine fest in den Boden, um nicht in die Knie zu gehen, so schwer stützte er sich plötzlich auf sie. Seine Handfläche schien auf ihrer Schulter zu brennen, er atmete angestrengt. Sie konnte seinen Herzschlag als ein rotes, viel zu schnell pulsierendes Flimmern sehen, das seinen Körper umgab.

Bun-Boe hatte nicht gemerkt, dass sie nicht nachkamen. »*Biyanga*«, rief sie. »Vater.«

Er wandte sich um. »Wir sind bald da«, sagte er in der Sprache der Weißen und deutete nach vorne. »Ich sehe schon die Straße.«

Dann fiel sein Blick auf seinen Sohn, und Bestürzung zeichnete sich auf seinen hageren Zügen ab. Mit langen Schritten bahnte er sich den Weg zurück.

Dan-Kin taumelte, als er sich an einen der breiten Baumstämme lehnen wollte. Der mannshohe Stock, der ihm als Krücke diente, fiel ins Gras. Ningali versuchte, ihn zu stützen, seinen vor Fieber glühenden Körper zu halten. Aber er war zu schwer für sie; sie konnte nicht verhindern, dass er in ihren Armen zusammenbrach und sie mit nach unten zog.

12.

Seit Stunden, so schien es Moira, hatte sie sich nicht bewegt. Hatte nur dagesessen und auf die Maserung des einfachen Holztisches gestarrt, während um sie herum die Schatten länger wurden. Nur einmal hatte sie sich aufgerafft und sich darum gekümmert, dass Hühner, Pferd und Katze etwas zu fressen bekamen. Sie selbst brachte nichts herunter. Nicht seit Joey wieder bei McIntyre war. Sie hatte sich nicht einmal mehr von ihrem Jungen verabschieden dürfen.

Diese ganze Geschichte würde ein Nachspiel haben. Sie hatte schließlich ein Kind entführt, auch wenn es ihr eigenes war. Und dann war da noch die ausstehende Strafgebühr für die unerlaubte Taufe. Aber all das kümmerte Moira nicht. Sollten sie sie doch anklagen oder gleich ins Gefängnis stecken. Sie fühlte sich vollkommen leer, zu Tode erschöpft. Sie beugte sich vor und legte den Kopf auf den Tisch. Nichts hören. Nichts sehen.

Noel strich um ihre Beine, dann sprang er auf den Tisch und rieb seinen Kopf schnurrend an ihrem. Sie blickte nicht einmal auf.

Auch nicht, als es leise an der Tür kratzte. Nein, sie würde nicht aufstehen. Sie wollte mit niemandem sprechen.

Sie hörte, dass jemand die Tür öffnete, dass sich Schritte fast lautlos in der Hütte bewegten.

»Mo-Ra?«

Ningali?

Müde hob sie den Kopf. Es war tatsächlich das Mädchen. Schon gestern war Ningali bei ihr gewesen, kurz nachdem die Soldaten Moira zurückgebracht hatten.

»Was tust du hier?«, murmelte Moira.

Ningali sagte nur ein Wort. »Dan-Kin.«

Duncan? Ein Hauch von Hoffnung schoss durch Moiras Adern. »Ist er hier? Ist Duncan zurückgekommen?« O bitte, wenigstens das …!

Sie sprang auf, stolperte dabei fast über Noel, der mit einem empörten Fauchen davonschoss, stürzte zur Tür und blickte nach draußen. Die Sonne neigte sich dem Horizont zu, über den Himmel breiteten sich erste rote Schlieren aus. Niemand war zu sehen, nur das Weizenfeld, Büsche und Bäume.

Ningali stand in der Hütte und sah sie an. In ihren unbewegten Zügen glaubte Moira Sorge zu lesen.

»Dan-Kin«, sagte Ningali. »Dan-Kin krank. Mo-Ra komm.«

Mit zwei schnellen Schritten war Moira bei dem Mädchen. »Was? Was sagst du da? Duncan ist krank?«

Ningali nickte.

»Was fehlt ihm denn? Und wo ist er, Ningali? Wo?«

»Parramatta.« Das Mädchen öffnete den Mund, schloss ihn wieder. Suchte nach Worten. »Haus … für … für krank. Bun-Boe bringt.«

»In einem Haus für Kranke? Du meinst, im Lazarett? Im Lazarett von Parramatta?«

Ningali nickte erneut. »Komm. Zu Dan-Kin.«

Der Schreck über diese neuerliche Hiobsbotschaft war Moira in alle Glieder gefahren, sie spürte, wie sie zitterte. Aber die Lähmung, die sich Stunden zuvor wie ein schwarzes Tuch über ihren Geist gelegt hatte, war verschwunden.

Das Leben und damit auch ihre Entschlusskraft strömten mit neuer Energie durch sie. Sie musste sofort zu Duncan. Ohne das Mädchen.

Sie bemühte sich, ihren rasenden Herzschlag zu beruhigen. »Ningali«, sagte sie. »Ich danke dir sehr, dass du mir Bescheid gegeben hast. Aber ich kann dich nicht mitnehmen. Nicht nach Parramatta. Es ist zu gefährlich.«

Das Mädchen trug lediglich ein schmales Tuch und eine Schnur um die Hüfte. Trotz seiner blonden Haare sah man ihm schon auf Entfernung seine Abstammung an. Und in Parramatta durfte jeder ungestraft auf Eingeborene schießen.

Ningali schüttelte den Kopf. »Zu Dan-Kin«, beharrte sie. »Mo-Ra und Ningali.«

Moira seufzte. Sie hatte nichts anderes erwartet. Aber sie hatte jetzt weder die Kraft noch die Zeit, sich mit dem Mädchen auseinanderzusetzen. Wenn es um ihren Bruder ging, war Ningali ein genauso großer Sturkopf wie Moira auch.

»Aber so nehme ich dich nicht mit.« Schnell klappte sie den Deckel der geplünderten Kleidertruhe auf, fand von sich aber nur ein paar Strümpfe und einen Hut. Schließlich griff sie nach Hemd und Hose von Duncan, die die Diebe unangetastet gelassen hatten.

»Hier.« Sie hielt Ningali die Sachen hin. »Das ziehst du an. Es ist von Duncan«, fügte sie noch hinzu.

Das schien Ningali zu überzeugen. Mit einem scheuen Lächeln ließ sie sich von Moira helfen, die ungewohnten Kleidungsstücke überzustreifen, die ihr natürlich viel zu groß waren. Die Schnur, die Ningali um die Hüften trug, wurde zum Gürtel für die Hose. Moira krempelte noch Hosenbeine und Hemdsärmel hoch, dann trat sie einen Schritt zurück – und musste trotz ihrer Anspannung ebenfalls lächeln: In dieser Ausstattung sah das Mädchen aus wie ein halbwüchsiger Lausbub. So würde man es zumindest nicht sofort als Eingeborene erkennen.

*

Schon lange war sie nicht mehr in dem langgestreckten, einfachen Lazarettgebäude gewesen. Sie war gerade dabei, das Pferd mit fliegenden Fingern vor dem Gebäude anzubinden, als auch schon Joseph auf sie zukam.

»Ach, Mädchen, wie gut, dass du da bist!« Die untergehende Sonne färbte sein Gesicht rötlich und verlieh dem Kängurufell um seine Hüften einen goldenen Schimmer.

»Was ist passiert?«, bestürmte sie ihn. »Wie geht es ihm? Wo ist er?«

»Drinnen.« Joseph wies mit der Hand in Richtung Tür. »Diese Hohlköpfe wollten mich erst nicht hineinlassen. Haben mir unterstellt, ich sei ein Wilder und wollte ihnen ans Leben.« Sein Blick ging an Moira vorbei auf Ningali, die ihr wie ein Schatten gefolgt war, und sein hageres Gesicht mit dem kurzen grauen Bart verzog sich zu einem Lächeln. »Ningali? In dem Aufzug hätte ich dich fast nicht erkannt!«

»Joseph!« Moira vibrierte vor Ungeduld und Sorge. »Was ist mit Duncan?«

Plötzlich sah er reichlich schuldbewusst aus. »Nun, er … wurde angeschossen«, erklärte er zögernd.

»Angeschossen?« Moira spürte, wie ihr alle Farbe aus dem Gesicht wich.

»Ja, aber er war schon wieder auf dem Weg der Besserung. Nur als er erfahren hat, dass der kleine Joey so krank ist, da wollte er unbedingt zu dir, und das –«

»Was?«, unterbrach Moira ihn panisch. »Joey ist krank?«

Hörten die schlechten Nachrichten denn gar nicht mehr auf?

»Ja.« Nun war auch Joseph verwirrt. »Das hat zumindest Ningali gesagt. Du hast ihr doch selbst erzählt, Joey sei beim Doktor, und das ist er doch sicher nur, weil es ihm schlechtgeht. So war es doch, Ningali?«

Das Mädchen nickte stumm, den Blick unverwandt auf Moira gerichtet.

Moira begriff nur langsam, es dauerte, bis der neuerliche Angstschub nachließ. Sie atmete tief durch, versuchte, ihren jagenden Puls zu beruhigen.

»Joey ist bei McIntyre«, bestätigte sie dann. »Allerdings nicht, weil er krank ist. Alles andere erzähle ich dir später. Aber jetzt bring mich zu Duncan.« Sie bedeutete Ningali, draußen zu bleiben, und ging auf die Tür des Lazaretts zu.

Es verschlug ihr fast den Atem, so heiß und stickig war es hier. Unter der niedrigen Decke des großen, langgestreckten Raums staute sich die Hitze des Tages. Es roch durchdringend nach Essig, nach Schweiß, Eiter und Krankheit, irgendwo stöhnte jemand laut. Entlang der Wände standen dicht an dicht die einfachen Pritschen für die Kranken. Nicht alle waren belegt. An einigen Wandhalterungen waren Talglichter befestigt. Moira holte durch den Mund Luft, während sie Joseph durch die Reihen folgte, ihr Herz klopfte laut in einer Mischung aus Sehnsucht, Angst und Vorfreude.

Sie sah Duncan, noch bevor Joseph ihn erreicht hatte. Die leichte Decke war zurückgeschlagen, er trug das einfache lange Hemd, das alle Kranken hier bekamen, und um seinen Hals hing eine Schnur mit einer einzelnen türkisfarbenen Feder. Als er sie erblickte, ging ein erschöpftes Lächeln über sein verschwitztes Gesicht, er versuchte sich aufzusetzen.

Im nächsten Moment war Moira neben ihm und schlang ihre Arme um ihn. Tränen der Freude und Erleichterung liefen ihr wie von selbst über das Gesicht.

»Danke«, flüsterte sie. »Danke!«

»Geht es dir gut?«, hörte sie seine Stimme an ihrem Ohr.

Sie nickte, umfasste ihn nur noch fester. Selbst durch das Hemd hindurch fühlte sich sein Oberkörper heiß an, und er roch nach Schweiß, Harz und Erde, aber das war alles nicht wichtig. Er war wieder da. Ihr Herz stolperte, fing sich wieder und pochte wie wild weiter. »Ja«, murmelte sie, ihr Gesicht in seinem Haar vergraben. »Jetzt geht es mir wieder gut.«

Sie spürte, wie seine Umarmung schwächer wurde, er sie losließ. Nur zögernd löste auch sie sich von ihm, ließ es zu, dass er zurücksank auf die raschelnde Strohmatratze. Jetzt erst sah sie die Erschöpfung und den Schmerz auf seinen Zügen, die tagealten Bartstoppeln.

»Was ist ...« Seine Stimme klang matt, er musste erneut anfangen. »Was ist mit Joey? Ist er sehr krank?«

»Oh, nein!« Moira schüttelte den Kopf und bemühte sich um ein unbeschwertes Lächeln. »Das ist alles ein großes Missverständnis. Joey geht es gut. Ningali muss da irgendetwas falsch verstanden haben.«

Das Lächeln fiel ihr schwer. Am liebsten hätte sie Duncan sofort alles erzählt, hätte ihm von der furchtbaren Stunde berichtet, als McIntyre ihr Kind an sich genommen hatte, und von den vielen weiteren schrecklichen Tagen, die darauf folgten. Von Penriths Besuch. Davon, wie sie mit Joey in das Eukalyptustal geflüchtet war. Aber dafür war später noch Zeit genug.

Ein Krankenwärter ging herum und zündete die Talgkerzen an.

»Es geht unserem Jungen ... also wirklich gut?«, kam es

stockend von Duncan. Im flackernden Licht sah er plötzlich erschreckend ungesund aus. »Hast du ihn … mitgebracht? Kann ich ihn sehen?«

Moira hielt kurz die Luft an. »Das Lazarett ist kein Ort für einen Säugling«, sagte sie dann. »Ich … ich habe ihn bei Elizabeth gelassen.«

Sie fing einen erstaunten Blick von Joseph auf und schüttelte kaum merklich den Kopf.

Duncan ließ sich nicht so einfach täuschen. »Warum siehst du dann so … traurig aus?«

»Weil ich mir große Sorgen um dich gemacht habe. Warst du die ganze Zeit bei den *Eora?*«

Er nickte schwach. »Ich wäre … schon früher zu dir zurückgekehrt, aber … ich konnte nicht.« Er verzog das Gesicht und deutete auf seinen rechten Oberschenkel, wo ein Verband aus Blättern und Spuren von getrocknetem Blut zu sehen waren. Offenbar hatte sich noch kein Arzt um ihn gekümmert.

»Was ist denn passiert? Joseph hat gesagt, du wurdest angeschossen …«

Joseph seufzte auf. »Ich fürchte«, murmelte er, »das war meine Schuld.«

»*Du* bist dafür verantwortlich?«, fuhr Moira auf, als er ihr gestand, wie es zu Duncans Verletzung gekommen war. Fast hätte sie noch mehr gesagt, verkniff sich aber Duncan zuliebe jedes weitere Wort. Jetzt war nicht die Zeit für Schuldzuweisungen.

Sie durften nicht länger bleiben; nachts würden keine Besucher geduldet, erklärte der Krankenwärter und schickte sie trotz ihres Einspruchs hinaus. Moira ließ sich allerdings erst darauf ein, als der Mann ihr versicherte, dass er Dr. Emmerson, den diensthabenden Arzt für diese Nacht, holen lassen würde. Sie atmete auf. Zum Glück nicht McIntyre.

Duncan legte sicher genauso wenig Wert wie sie darauf, dem alten Bock zu begegnen.

Wenn sie schon nicht bei Duncan sein durfte, dann wollte sie wenigstens in seiner Nähe bleiben. Und das alleine – sie hatte weder Kraft noch Lust, sich jetzt mit Joseph zu unterhalten, und war erleichtert, als er sich mit Ningali zwischen die Bäume am Flussufer zurückzog. Sie setzte sich auf einen Stuhl auf der überdachten Veranda, die sich an einer Seite des Gebäudes erstreckte, und schloss die Augen, während über ihr ein Schwarm der fledermausähnlichen Flughunde zeternd davonflog. Vielleicht fand sie noch ein wenig Schlaf.

Sie war zwar todmüde, aber doch entsetzlich aufgewühlt. Ein Wirrwarr von Gefühlen ließ sie nicht zur Ruhe kommen; Freude und Erleichterung, dass Duncan wieder da war, aber auch Sorge um ihn. Sehnsucht nach Joey. Wut auf Joseph. Und wachsende Ungeduld. Wo blieb denn der Arzt?

Sie musste schließlich doch für ein paar Minuten eingenickt sein, denn sie fuhr auf, als sie Räderknirschen und Pferdeschnauben hörte. Dr. Emmerson war endlich eingetroffen. Im schwachen Mondlicht konnte sie einen hageren Mann mit weißem Haarkranz erkennen, der aus einer offenen Kutsche stieg und dabei leise vor sich hin schimpfte. Er verstummte erst, als er Moira erblickte. Seiner gemurmelten Tirade hatte sie entnehmen können, wie ungehalten er über diesen nächtlichen Einsatz war. Er würdigte sie keines weiteren Blickes und verschwand im Lazarett.

Wieder hieß es warten, diesmal zusammen mit Joseph und Ningali, die ebenfalls auf die Veranda gekommen waren. Moira bemühte sich um Ruhe, auch wenn ihr ganzer Körper vor Anspannung bebte. Der Arzt würde sich um alles kümmern. Er würde die Kugel aus Duncans Bein holen, die Wunde säubern und neu verbinden. Nur ein paar Minuten Schmerzen, dann hätte Duncan es überstanden. Wahrscheinlich musste er noch einige Tage im Lazarett bleiben, aber …

Sie blickte auf, als sich die Tür öffnete und sie die Umrisse von Dr. Emmerson erkannte, der auf die Veranda trat.

»Das war ja schneller vorüber, als ich gedacht hatte.« Erleichtert ging sie auf ihn zu. »Wie geht es ihm? Konntet Ihr die Kugel problemlos entfernen?«

Der Arzt räusperte sich, als fühle er sich unwohl. »Ich fürchte, Madam, dafür ist es zu spät.«

»Zu spät?« Was um alles in der Welt sagte er da? Eine eisige Hand strich ihren Nacken entlang. Er musste sich irren. Ganz ohne Zweifel.

»Der Wundbrand hat bereits eingesetzt. Es tut mir leid, aber das Bein ist nicht mehr zu retten.«

Moira wurde schwindelig, plötzlich schien sich alles um sie zu drehen. Sie musste sich am Geländer festhalten, um nicht zu fallen. Ein fester Ring schien sich um ihren Brustkorb zu legen und ließ sie kaum atmen.

»Nicht mehr zu retten?« Nur Joseph hatte es noch nicht verstanden. »Was soll das heißen, Doktor?«

Moiras Gedanken schienen sich zu verknoten, langsamer zu laufen, wie in einem schlechten Traum. Heiß und kalt fuhr es ihr Rückgrat entlang. Er durfte es nicht sagen, er würde es nicht sagen, wenn er es nicht aussprach, würde es nicht wahr sein …

Aber alles Wünschen und Beten half nicht. Wie ein Paukenschlag fielen Dr. Emmersons Worte in die angstvolle Stille. »Wir dürfen keine Zeit verlieren. In ein paar Stunden geht die Sonne auf. Dann werde ich amputieren.«

*

Moiras Hände bebten, als sie Artemis losband. Das Pferd schnappte nach dem Zügel, als spürte es ihre Anspannung.

»Bleib stehen!«, fuhr Moira die Stute an, als das Tier vor ihr zurückwich.

»Ganz ruhig, Moira.« Josephs Stimme klang trotz seiner Worte aufgewühlt. »Soll ich nicht doch an deiner Stelle gehen?«

»Nein!«, fauchte sie. »Du bleibst bei ihm.«

Als das Pferd erneut zurücktänzelte, war sie kurz davor, vor Wut und Verzweiflung loszuschreien. Nur mit Mühe konnte sie sich zurückhalten, Artemis den Zügel über die Nüstern zu schlagen. Aber das hätte alles nur noch schlimmer gemacht. Es kam auf jede Minute an, und sie vertat hier ihre Zeit mit dem nervösen Pferd. Da spürte sie eine Hand auf ihrem Arm. Ningali war neben sie getreten. Sie tat nichts weiter, als ihre Handfläche auf Moiras Unterarm zu legen, aber fast augenblicklich ließ die Anspannung in ihr nach, fand sie Trost in dieser Berührung. Und endlich wurde auch die Stute ruhiger, so dass Moira aufsteigen konnte.

Nachts war sie hier noch nie geritten. Wie spät es wohl war? Hoch am Himmel stand eine schmale Mondsichel, am Firmament blinkten Tausende von Sternen, aber sie hatte nicht mehr als einen kurzen Blick dafür. Sie zwang sich, das Pferd nicht zu sehr anzutreiben. Wenn sie jetzt stürzten, wenn Artemis sich ein Bein brach, wäre alles verloren.

Wenn es das nicht ohnehin schon war.

Sie ahnte die Straße mehr, als dass sie sie sah, ein heller, breiter Streifen, der sich von den dunkleren Büschen rechts und links des Weges abhob und in nordwestliche Richtung führte. Nach Toongabbie.

Sie wolle die Meinung eines weiteren Arztes hören, hatte Moira nach den ersten fassungslosen Minuten gestammelt.

»Das könnt Ihr gerne tun«, hatte Dr. Emmerson geantwortet. »Ich bezweifle allerdings, dass Ihr bei den wenigen Ärzten in dieser Kolonie auf die Schnelle eine kompetente Person finden werdet.«

Der Weg nach Toongabbie war ihr selten so lang erschienen. Nur das dumpfe, rhythmische Geräusch der Hufe auf der staubigen Straße war zu hören. Die Hitze des Tages hatte nur wenig nachgelassen, noch immer war es sehr warm. Aus dem Gebüsch, das die Straße säumte, drangen unheimliche Laute; leises Schreien, Quieken, Rascheln. Der Ruf eines Nachtvogels.

Da, endlich! Aus der Dunkelheit schälten sich die Umrisse einiger Häuser, die weiß gekalkten Fassaden schienen schwach zu leuchten. Sie zügelte die Stute, sah sich um. Der Ort wirkte bei Nacht völlig verändert, fremd und unbekannt. Alle Häuser sahen sich so ähnlich. Dann erkannte sie eine Kreuzung. Und war der breite Schemen dort hinten nicht das Kutschenhaus?

Jetzt war sie schon fast an McIntyres Haus. Rasch sprang sie vom Pferd und band es an der Veranda an. Für einen Augenblick blieb sie neben Artemis stehen, versuchte sich zu sammeln.

Duncan hatte hohes Fieber; sie wusste nicht, ob er die schreckliche Diagnose wirklich begriffen hatte. Dennoch hatte sie ihm etwas versprochen, bevor sie aufgebrochen war: Sie würde nicht zulassen, dass man ihm das Bein abschnitt. Und sosehr sie ihren Ehemann auch verabscheuen mochte – er war einer der besten Ärzte, von denen sie je gehört hatte. Wenn jemand das Unheil noch abwenden konnte, dann er.

Niemand öffnete auf ihr verzweifeltes Klopfen. Aber so leicht würde sie nicht aufgeben. Wieder und wieder pochte sie an die Eingangstür, rief. War da nicht jemand an der

Gardine? Sie eilte ans Fenster, versuchte, durch die Scheiben etwas zu erkennen.

Jetzt sah sie ganz deutlich, dass die Gardine sich bewegte.

»McIntyre! Alistair, bitte, macht auf! Es geht um einen Notfall!«

Ein schwaches Licht flackerte hinter dem Fenster in der Stube auf. Moira konnte Ann erkennen, die eine brennende Kerze in der Hand hielt. Die junge Frau schüttelte den Kopf und bedeutete ihr mit Gesten, wieder zu verschwinden.

»Ann, lass mich ein! Ich muss mit dem Doktor reden!«

Sie lief zurück zum Eingang und hämmerte an die Tür. Von diesem Lärm musste doch auch McIntyre aufwachen! Wieso kam er nicht?

»Es ist mitten in der Nacht«, erklang es schließlich gedämpft. »Ich darf nicht aufmachen. Bitte, Mrs McIntyre, geht nach Hause.« Ihre Schritte schienen sich zu entfernen.

»Nein!«, fuhr Moira panisch auf. »Ann, bitte, bitte, öffne die Tür! Oder weck wenigstens den Doktor. Ich muss dringend mit ihm reden! Es … es geht um Duncan! Ann, bitte, mach die Tür auf und lass mich zu McIntyre!«

Sie bekam keine Antwort.

»Ann!«

»Der Doktor ist nicht hier«, erklang es dann.

»Was? Wo ist er?«

»Das darf ich nicht sagen.«

Moira hätte fast aufgeschrien. Stattdessen hämmerte sie erneut an die Tür. »Bitte, Ann, ich … ich brauche ihn!«

»Sagt Ihr die Wahrheit?« Anns Stimme klang misstrauisch. Nach allem, was vorgefallen war, konnte Moira es ihr nicht verdenken. »Geht es wirklich um Duncan – und nicht um … das Kind?«

Moira richtete sich wieder auf. »Ja, Ann, bitte glaub mir. Duncan … Er ist zurückgekommen, aber er ist schwer verletzt. Der … der Arzt im Lazarett will ihm das Bein abschneiden.« Die Angst schmeckte salzig auf ihren Lippen. »Ann, du musst …«

Sie zuckte zusammen, als sie plötzlich ganz schwach Joeys Schreien zu hören glaubte. Die Sehnsucht nach ihrem Kind sprang sie mit unvermittelter Wucht an, aber sie durfte sich jetzt nicht ablenken lassen …

»Ann, hör mir zu! Wo ist er? Wo ist Dr. McIntyre?«

»Es … es tut mir leid, Mrs McIntyre, aber ich kann Euch nicht helfen. Der Doktor hat mir verboten, es irgendjemandem zu sagen.«

»Er hat einen Eid geschworen, den Kranken zu helfen!«, rief Moira.

Keine Antwort.

So kam sie nicht weiter. Sie bezwang ihre Verzweiflung und griff zum letzten Mittel, das ihr einfiel. »Du wirst in die Hölle kommen, wenn du mir jetzt nicht hilfst, Ann, das weißt du doch? Viele kleine Teufel werden deine Seele quälen, bis in alle Ewigkeit!«

Hörte sie da ein leises Schluchzen hinter der Tür?

»Ann, bitte. Willst du … willst du verantworten, dass sie ihm das Bein abschneiden? Dass er zum Krüppel wird? Bitte, Ann.« Sie konnte nur noch flüstern. »Hilf mir. Wo ist der Doktor?«

Ann antwortete nicht. Weinend sank Moira vor der Tür zusammen. Sie war so weit gekommen, und jetzt sollte alles an dieser uneinsichtigen Sträflingsfrau scheitern …? Doch dann, als sie schon glaubte, alles sei verloren, hörte sie, wie ein Riegel zurückgezogen wurde. Die Tür öffnete sich einen winzigen Spalt.

»Also gut«, murmelte Ann und zog die Nase hoch. »Ich sage es Euch.«

13.

Die Kerzenflamme flackerte, neigte sich, erhob sich erneut in einem letzten Aufbäumen. James Penrith kniff die Augen zusammen. Das Licht schmerzte, dennoch richtete er seinen Blick auf die tanzende Flamme und sah zu, wie sie schließlich in einem See aus Wachs ersoff und das Zimmer wieder in grauem Dämmerschlaf lag. Grau waren die Wände, grau waren die Möbel, und grau war auch die erste schwache Helligkeit, die langsam von Osten her über den Himmel kroch. Bald würde die Sonne wieder gnadenlos herabstrahlen und einen weiteren unerträglichen Tag beginnen lassen.

Das Zimmer schien immer kleiner zu werden, die Wände näher zu rücken, ihn zu umfangen. Er zerrte an seinem Hemdausschnitt, löste den Stoff, der ihm feucht und stinkend auf der Haut klebte. Ihm war heiß. So konnte er unmöglich noch etwas Schlaf bekommen.

Aus dem Nebenraum, hinter der angelehnten Tür, erklang Schnarchen. Herrgott, wie konnte dieser Furz von McIntyre sich erlauben zu schlafen, während er, James Penrith, sich ruhelos von einer Seite auf die andere wälzte? Immerhin hatte er seinen Arzt dazu bewegen können, die Nacht hier zu verbringen, wo er jederzeit nach ihm rufen konnte. Jetzt, da McIntyres Frauchen und das Balg wieder aufgespürt worden waren – bedauerlicherweise ohne dass man dabei einen Hinweis auf Pemulwuys Verbleib erhalten hatte –, sollte McIntyre sich nur um ihn kümmern. Schließlich, so hatte der Arzt ihn gewarnt, könne es während der Quecksilberkur auch zu epileptischen Anfällen kommen, die bei seiner Vorgeschichte durchaus wahrscheinlich waren.

Penrith hätte nicht gedacht, dass diese Behandlung so strapaziös werden würde. Alles tat ihm weh. Sein Kopf, seine Gelenke, seine Zähne, sein Zahnfleisch. Er saugte an dem kleinen Stück Alaun, das McIntyre ihm gegeben hatte. Der Geschmack war zwar widerlich – sauer und leicht bitter –, aber es half wenigstens gegen die blutenden Geschwüre in seiner Mundhöhle.

Sein Mund war schon wieder voller Speichel. Stinkender, ekelhafter Speichel; er kam sich vor wie ein sabbernder, kranker Hund. Er griff nach dem Spucknapf aus Porzellan neben seinem Bett und spie hinein. Der Napf, den bemalte Blumenranken zierten, war schon wieder fast voll. Angewidert verzog er das Gesicht. Das ganze Zimmer roch scheußlich nach Aas; als würde irgendwo ein Stück Fleisch verrotten. Alles an ihm stank. Obwohl er sich fast ununterbrochen in diesem Raum aufhielt, gewöhnte seine Nase sich einfach nicht an diese Ausdünstung, die von seinem widerlichen Speichel ausging.

Das sei gut so, hatte McIntyre gesagt. Das Quecksilber ziehe die Krankheit über den Speichel aus seinem Körper. Je mehr er davon ausscheide, umso besser sei es. Aber der Hohlkopf musste ja auch nicht durchmachen, was er durchmachte. Wie er das nur zwanzig Tage lang durchstehen sollte?

Erneut spuckte er aus und fuhr mit der Zunge, die sich anfühlte wie ein geschwollenes Stück Fleisch, über seine schmerzenden Zahnreihen. Er schmeckte Blut. Er hob eine Hand, befühlte vorsichtig einen Schneidezahn. Locker. Zur Hölle, das fing ja früh an. McIntyre hatte ihn gewarnt.

Die Haare könnten ihm ausgehen, und vielleicht würde er auch einige Zähne verlieren. Möglicherweise könne er auch …

Ein heftiger Schlag schreckte ihn auf. Irgendjemand hämmerte wie ein Besessener an die Haustür. Und das um diese Zeit – es war doch höchstens fünf Uhr früh!

Verdammt, was ging da vor? Niemand durfte ihn hier sehen, niemand durfte wissen, was ihm fehlte …

»McIntyre!«, rief er leise, obwohl seine Kehle sich furchtbar wund anfühlte. Das Schnarchen verstummte. Nur das Hämmern hörte nicht auf.

Schon vernahm er schlurfende Schritte im Erdgeschoss.

»Ja, ja«, hörte er dann Mrs Walcotts Stimme. »Ich komme ja schon.«

»McIntyre!« Seine Rufe wurden drängender. Teufel noch mal, wo blieb der Trottel? Und wieso hatte er, Penrith, bloß nicht daran gedacht, die dumme Kuh von Haushälterin darauf hinzuweisen, niemandem außer seinem Arzt zu öffnen?

Penrith hatte sich eben aus den stinkenden Laken gekämpft, als McIntyre endlich in sein Zimmer trat. Er habe keine Ahnung, wer sie da aus dem Schlaf reiße, beteuerte der Arzt, während er versuchte, auch den zweiten Arm in den Ärmel seines schwarzen Rocks zu stecken, den er über sein Nachthemd geworfen hatte.

»Habt Ihr etwa jemandem verraten, wo Ihr …« Penrith hielt inne, als er die aufgeregte Stimme zu erkennen glaubte, die von unten heraufdrang. Täuschte er sich, oder war das tatsächlich die junge Mrs McIntyre? Den entgeisterten Gesichtszügen seines Arztes nach lag er offenbar richtig.

»Wie konntet Ihr es wagen, Eurem … Eurem Frauchen Bescheid zu geben?«, fuhr er McIntyre gedämpft an.

»Das habe ich nicht, Sir. Sie … Ich kann mir das nicht erklären.«

»Mir ist egal, ob Ihr es erklären könnt! Ihr werdet jetzt augenblicklich hinuntergehen und dafür sorgen, dass sie wieder verschwindet! Und wenn Ihr auch nur ein Wort darüber verliert, warum Ihr hier seid ...«

»Natürlich, Sir.« McIntyre hatte den Ärmel endlich gefunden. Er sah lächerlich aus, wie er im Halbdunkel, den Rock über dem Nachthemd, aus dem Zimmer eilte. Gleich darauf stampften seine schweren Schritte die Treppe hinunter.

Penrith hatte Mühe, seine Wut zu bezähmen. Er ließ die Tür geöffnet und stellte sich dahinter, um zu verstehen, was gesprochen wurde.

Von unten drangen erregte Wortfetzen, als McIntyre seine Frau anfuhr.

»Bitte, Alistair ...« Ihre Stimme zitterte merklich, sie schien kurz vor einem Zusammenbruch.

Himmel, die Frau hatte Nerven, hier aufzutauchen! Ging es etwa schon wieder um dieses vermaledeite Balg? Aber dann schnappte Penrith einen Namen auf, der ihn aufhorchen ließ. Er beugte sich vor und hörte mit wachsender Zufriedenheit, was die junge Frau zu sagen hatte.

*

Der Schmerz schien von überall zu kommen. Pochende, ziehende, zermürbende Qual. Duncans gesamter Körper schien nur noch aus diesem Schmerz zu bestehen, der im Rhythmus eines Herzschlags pulsierte. Licht drang durch seine geschlossenen Lider, er hörte Husten, Stöhnen, roch die Ausdünstungen anderer Menschen. Wo war er? Was war geschehen?

Er spürte eine Berührung an seinem Hals. Sein rechtes Augenlid wurde hochgezogen, eine verwaschene Gestalt beugte sich über ihn, eine Männerstimme sagte etwas, das er nicht begriff. Dann ein neuer, vernichtender Schmerz, als sich jemand an seinem Bein zu schaffen machte. Ihm war schwindelig, übel, elend.

»Wir können nicht länger warten«, verstand er dann.

Worauf?, wollte er fragen, aber er brachte das Wort nicht über die Lippen.

Jemand stützte seinen Kopf, dann spürte er den kalten Rand eines Bechers an seinen Lippen. Ein scharfer, beißender Geruch stieg aus dem Gefäß auf, und als er mühsam schluckte, schmeckte er den minderwertigen Rum, den man hier überall in der Kolonie billig bekommen konnte. Wieso gaben sie ihm Rum? Wieso kein Wasser? Das hochprozentige Getränk brannte in seiner Kehle, er hustete. Sein Magen verkrampfte sich, und er wandte den Kopf, als man ihm noch mehr Alkohol einflößen wollte. Alles schien sich zu drehen, ihn hinabzuziehen in einen wirbelnden Strudel, wo die Dunkelheit auf ihn wartete.

Hände umfassten seinen Körper, dann hob man ihn hoch. Erneut schoss der Schmerz wie eine Schlange aus Feuer durch seinen Körper.

Was taten sie mit ihm? Warum ließen sie ihn nicht in Ruhe, ließen ihn einfach hier liegen?

Er keuchte auf, als man ihn rücklings auf einer harten Fläche ablegte. Jede Berührung, jede Bewegung seines verletzten Beins schickte neue Feuerstöße durch seinen Körper. Dennoch zwang er sich, die bleischweren Lider zu öffnen, blinzelte. Ein kleiner Raum, lichtdurchflutet. Er lag auf einem Tisch, ein paar schemenhafte Gestalten standen um ihn herum. Eine Erinnerung blitzte in ihm auf. War er nicht erst vor kurzem hier gewesen? Heute ... Nacht, im flackernden Licht einer Laterne? Und der Mann dort mit dem weißen Haarkranz, war er nicht auch dabei gewesen?

Es war irgendein Arzt, sein Name begann mit M, oder mit En… Em… Nein, es wollte ihm nicht einfallen. Das Denken war schrecklich anstrengend.

Von draußen drang das Knirschen von Rädern, ein Wiehern. Stimmen. Ein silbriges Aufblitzen, der Geruch von frischem Sägemehl. Erneuter Schmerz, als ein breites Band um seinen Oberschenkel geschlungen, nach oben geschoben und dann fest zugezogen wurde.

Was hatten sie vor? Irgendetwas Entsetzliches ging hier vor sich … Dann fiel sein Blick auf die lange, gezahnte Säge, die der Arzt gerade auf einem niedrigen Tisch neben ihm platzierte, und endlich begriff er.

»Nein, wartet …«, wollte er widersprechen, aber schon klemmte man ihm ein mit Leder umwickeltes Stück Holz zwischen die Zähne. Grobschlächtige Hände packten ihn und drückten ihn nieder.

O Herrgott, hilf! Aus den Tiefen meiner Not rufe ich zu dir … Die Panik gab ihm Kraft, die pochenden Schmerzen waren plötzlich nebensächlich. Es gelang ihm, den Knebel auszuspucken, aber gegen die Männer kam er trotzdem nicht an.

Durch den Schleier aus Panik und Schmerzen vernahm er laute Stimmen, dann wurde die Tür aufgerissen.

»Dr. McIntyre?« Die Stimme des Chirurgen klang eher verärgert als überrascht. »Ich wollte gerade anfangen.«

Noch nie in seinem Leben war Duncan so froh gewesen, den Doktor zu sehen. Die Erleichterung spülte ihn in einer Woge von Schwindel davon, kaum bekam er mit, dass weitere Menschen in den kleinen Raum quollen, dass sich die Hände, die ihn gepackt hielten, lösten.

Eine schlanke Gestalt schob sich in sein Blickfeld, im nächsten Moment spürte er kühle Finger auf seinem glühenden Gesicht.

Moira?

»Madam, Ihr verlasst auf der Stelle diesen Raum! Frauen haben hier nichts zu suchen!«

Ein paar Worte flogen hin und her, dann war Moira wieder fort. Erneut drohte er wegzugleiten, aber die nächsten Worte rissen ihn wieder zurück.

»Ihr wollt amputieren, Dr. Emmerson?«, vernahm er McIntyres Stimme.

Duncan zwang sich, die Augen zu öffnen, zuzuhören.

»Ganz recht«, gab Emmerson zurück. »Und Ihr werdet mir sicher beistimmen, dass dies die einzig sinnvolle Behandlung ist.«

»Ich bezweifle, dass der Patient seine Einwilligung dazu gegeben hat.«

Emmerson erklärte, für eine solche Entscheidung fiebere sein Patient bereits zu stark. Um sein Leben zu retten, sei dieser Eingriff unvermeidbar.

»Ihr gestattet, dass ich mir selbst ein Urteil bilde.«

Ein Schatten fiel über Duncan, als McIntyre sich über ihn beugte. Das Fieber musste seine Sinne verwirren; für einen Moment hatte Duncan den Eindruck, als zitterten dem Doktor die Finger, während er wortlos nach seinem Puls fühlte.

Er ächzte auf, als der Doktor die Aderpresse öffnete und das Blut mit tausend prickelnden Nadelstichen in sein Bein zurückströmte.

»Wann ist das passiert?«, fragte McIntyre, sein fettiger Scheitel schwebte dicht über Duncans Bein.

»Vor ungefähr zwei Wochen«, gab eine vertraute, tiefe Stimme zurück, bevor Duncan genug Kraft fand, um selbst zu antworten. »Als es schlimmer wurde, habe ich die Wunde aufgeschnitten.«

Joseph? Er war hier?

Der glühende Schmerz, als McIntyre begann, die Wunde zu untersuchen, ließ Duncan den Schweiß am ganzen Körper ausbrechen und nahm ihm schier den Atem.

McIntyre ließ sich Zeit. Viel mehr Zeit, als Emmerson sich heute Nacht genommen hatte. Schließlich richtete der Doktor sich wieder auf und strich sich über seinen Backenbart. »Das ist kein Wundbrand«, sagte er. »Noch nicht. Wenn man das infizierte Gewebe herausschneidet, könnte man das Bein möglicherweise retten.«

»Ein *débridement?*«, entgegnete Emmerson zweifelnd. »Das dauert ungleich länger und hat weitaus weniger Aussicht auf Erfolg.«

»Nennt Ihr ein amputiertes Bein einen Erfolg?«, gab McIntyre scharf zurück.

Ein paar Minuten ging der Disput hin und her. Duncan verstand davon nur so viel, dass beide Ärzte gegenseitig ihre Diagnosen anzweifelten.

»Wie Ihr meint, McIntyre«, schnaubte Emmerson schließlich. »Aber ich möchte nicht verantwortlich sein, wenn der junge Mann hier am Wundbrand stirbt. Oder an Euren Operationsmethoden.«

Er griff nach seinem Rock und rauschte hinaus.

Duncan sah zu, wie McIntyre ein ledernes Etui aus seiner Arzttasche nahm, es entrollte und auf dem Beistelltisch platzierte. »Sir, Doktor ... Mc... Intyre ...« Seine Stimme wollte ihm kaum gehorchen. »Danke«, flüsterte er. »Danke, dass Ihr ... gekommen seid.«

McIntyre verharrte, eine schmale Sonde in der Hand. »Setz besser nicht zu viel Hoffnung in mich«, gab er dann zurück. »Das wird keine leichte Sache werden, und ich kann nichts versprechen.«

Duncan nickte, schloss die Augen. Es gab Hoffnung. Nichts anderes war mehr wichtig.

Doch, noch eine Sache. Erneut zwang er sich, die Lider zu heben.

»Doktor, bitte, ich ... Würdet Ihr Euch ... um Moira kümmern ... und um meinen Jungen, falls ich ...« Er brach ab, ohne den Satz zu beenden.

McIntyre hatte ihn auch so verstanden. Er sah ihn an, ohne Regung, nur ein kleines Zucken an einem Auge. Dann nickte er. »Das werde ich«, sagte er und gab den Helfern einen Wink.

Abermals schob man Duncan das Holz zwischen die Zähne, griffen Hände nach ihm, hielten ihn fest.

Sein Herz schlug hart gegen seine Rippen. Er schloss die Augen, wollte die Messer, Sonden und Zangen nicht sehen, die jetzt neben dem Amputationsbesteck auf dem Beistelltisch lagen. Er grub die Zähne fester in das Beißholz. *Heilige Mutter Gottes, beschütze mich jetzt und in der Stunde meines Todes ...* In diesem Augenblick traf ihn die Furcht mit voller Wucht. Er konnte es nicht abstellen, konnte nicht verhindern, dass seine Muskeln, sein ganzer Körper trotz der starken Griffe der Helfer anfing zu beben.

Da hörte er, dass jemand neben ihm seinen Namen sagte. Er öffnete die Augen und drehte den Kopf. Joseph. Vater.

»Keine Angst, mein Junge.« Ein paar raue, kräftige Finger schlossen sich um seine Hand. »Ich bin bei dir.«

*

Joseph O'Sullivan hielt bis zuletzt die Hand seines Sohnes. Erst als die Gehilfen ihre Griffe lösten, nahm er Duncan das lederumwickelte, zerbissene Stück Holz aus dem Mund und wischte ihm mit einem Tuch Schweiß und Tränen aus dem Gesicht.

Alistair säuberte seine blutverschmierten Hände notdürftig an einem Lappen. Er zögerte kurz, dann legte er Duncan die Hand auf die Schulter.

»Ich bin fertig«, brummte er in dem unbeholfenen Versuch, etwas Tröstliches zu sagen.

In der vergangenen Stunde hatte er all seine ärztliche Kunst aufgeboten. Bis er die Kugel endlich gefunden hatte, tief in den Muskel eingedrungen und schon von neuem Fleisch umgeben, war einige Zeit vergangen, und auch das anschließende Ausschneiden und Reinigen der Wunde war eine langwierige, für beide Seiten zermürbende Angelegenheit gewesen.

Er wusste nicht, ob Duncan ihn überhaupt hörte. Der junge Mann war bemerkenswert tapfer gewesen. Noch immer hob und senkte sich sein Brustkorb unter dem nassgeschwitzten Hemd in flachen, jagenden Atemzügen, jegliche Farbe war aus seinen Lippen gewichen. Aber dann öffneten sich seine Lider einen Spalt. Er versuchte, etwas zu sagen, schloss seine Augen jedoch gleich wieder und stieß einen Laut wie ein erschöpftes Schluchzen aus.

Alistair drückte kurz seine Schulter. Aber er hatte nicht mit dem Gefühlsansturm gerechnet, der ihn plötzlich überrannte. Keine Lust, wie sonst so oft bei Duncans Anblick. Kein Begehren oder Leidenschaft, sondern Mitleid, Sorge – und eine so starke Zuneigung, dass es geradezu schmerzte.

Er zog seine Hand hastig zurück, schluckte schwer und strich sich fahrig über seinen schweißfeuchten Backenbart, dann nickte er den Helfern zu. »Bringt ihn nach nebenan.«

Joseph O'Sullivan hatte sich erhoben, sein Kehlkopf hüpfte, als einer der Helfer die Kiste mit Sägespänen hinaustrug, die das tropfende Blut aufgefangen hatten. Dann drehte er sich zu Alistair um.

»Danke«, sagte er. »Danke, dass Ihr meinen Sohn gerettet habt.«

»Ich habe nur meine Pflicht als Arzt getan«, wehrte Alistair ab. »Und außerdem …«

Er brachte es nicht über sich, seine Zweifel auszusprechen, aber in seinem Magen machte sich ein Gefühl breit, als hätte er einen Mühlstein verschluckt. Er war sich keinesfalls sicher, richtig gehandelt zu haben. Erst die nächsten Tage würden zeigen, ob das Bein nicht doch brandig werden würde.

14.

Es sah nicht gut aus. In den nächsten beiden Tagen ging es Duncan so schlecht, dass die Ärzte um sein Leben fürchteten. Er fieberte stark und hatte große Schmerzen, und den billigen Rum, den man ihm einflößte, behielt er nicht bei sich. Laudanum, das ihm Linderung verschafft hätte, wurde erst wieder mit dem nächsten Schiff aus Europa erwartet.

Man hatte ihn in einen kleinen Raum neben dem Krankensaal gebracht, der für die Schwerkranken vorgesehen war, die besonderer Pflege bedurften. Vier Pritschen standen hier; die drei anderen waren zurzeit nicht belegt. Moira blieb Tag und Nacht bei ihm, saß Stunden um Stunden an seinem Bett und zwang sich, stark zu sein. Nicht zu weinen. Weinen nützte nichts und vergeudete nur Energie.

Sporadisch tauchte Joseph auf und verschwand stets bald wieder, da Moira ihm noch immer grollte, schließlich war er für Duncans Verletzung verantwortlich. Ein einziges Mal ließ sie sich dazu hinreißen, ihm zu erzählen, was in der Zwischenzeit passiert war. Sie wunderte sich selbst über sich, wie unbeteiligt sie über all die schrecklichen Dinge der vergangenen Wochen reden konnte.

Nur einmal fuhr sie auf: als Duncan vom Höllenfeuer und grinsenden Teufelsfratzen phantasierte und Joseph sie daraufhin vorsichtig fragte, ob er Vater Dixon holen solle, der ihm die letzte Ölung spenden könne.

»Er wird nicht sterben!«, fauchte sie. »Hör auf, so etwas auch nur zu denken!«

Zumindest konnte sie sich nicht über die ärztliche Versorgung beklagen. McIntyre hatte offenbar seine Schichten umgestellt, so dass er jetzt bis auf kurze Pausen fast ununterbrochen im Lazarett war und stündlich nach seinem Patienten sehen konnte. Er schien um Jahre gealtert zu sein. Um seinen Mund zeichneten sich tiefe Falten ab und ließen sein ohnehin griesgrämiges Gesicht noch mürrischer erscheinen.

Auch Dr. Emmerson zeigte sich, sprach sich aber nach einer kurzen Untersuchung weiterhin für eine Amputation aus. Dass der ebenfalls anwesende McIntyre ihm nur zögerlich widersprach, erfüllte Moira mit mehr Angst als alles andere. Daneben waren die Sorgen der vergangenen Wochen zu kleinen, bedeutungslosen Kieselsteinen geschrumpft. Sie nahm kaum wahr, dass ihre Haare stumpf und zottelig wurden, dass ihre Brüste aufhörten zu schmerzen und der Milchfluss versiegte. Selbst der Gedanke an Joey war in den Hintergrund getreten. Sie fragte McIntyre lediglich, ob ihr Sohn gut versorgt sei. Das beantwortete er mit einem Nicken und der knappen Auskunft, Ann und die Amme, Mrs Harris, kümmerten sich um ihn.

Einmal schlich sich Ningali im Schutz der Nacht ins Zimmer und versuchte, Duncan mit ihrer eigenen Heilkunst zu helfen. Als sie merkte, dass sie nicht ohne weiteres an die Wunde herankam, die von einem festen Verband bedeckt war, überreichte sie Moira eine in Blätter gewickelte Paste. Sie ging erst, als Moira ihr versprochen hatte, das Heilmittel an den Doktor weiterzugeben. Erwartungsgemäß weigerte McIntyre sich, den »Hokuspokus der Wilden« anzuwenden.

Zur Sorge um Duncan kam auch noch die um Ningali. So gern Moira das Mädchen auch um sich hatte – es war in großer Gefahr. Hier in Parramatta konnte es von jedermann erschossen werden, der glaubte, einen der Wilden vertreiben zu müssen. Wenigstens hatte Joseph zugesichert, sich um seine Tochter zu kümmern.

Die Zeit in der Kammer schien zu einem einzigen, unendlich langen Augenblick zu erstarren, der nur von McIntyres Besuchen unterbrochen wurde oder wenn jemand etwas zu essen oder trinken brachte. Immerhin schien sich allmählich eine leichte Besserung abzuzeichnen; Duncan wachte mehrmals kurz auf und war dann für ein paar Minuten klar genug, um Moira zu erkennen und mit ihr zu sprechen, bevor er wieder einschlief.

Auch Moira döste immer wieder ein, schrak aber jedes Mal sofort auf, wenn jemand eintrat oder wenn Duncan sich bewegte. Irgendwann an diesem endlosen Nicht-Tag öffnete sich die Tür erneut. Dem Licht nach, das durch das Fenster fiel, musste es später Nachmittag sein.

Aber diesmal war es nicht McIntyre.

»Elizabeth!« Moiras Stimme war kaum mehr als ein erschöpftes Flüstern. Ihre Glieder waren bleischwer, sie fühlte sich, als würde sie schon seit Wochen hier sitzen.

Die Freundin eilte auf sie zu, fasste sie bei den Händen. »Mein Gott, Moira, was höre ich? Wie geht es ihm?«

»Etwas besser«, murmelte Moira. »Glaube ich.«

Mit Elizabeth Macarthur war ein Mann ins Zimmer gekommen. Hochgewachsen, nicht mehr jung, aber gutaussehend – und Moira auf seltsame Weise vertraut. Sie starrte ihn an, suchte in ihrem Gedächtnis nach einem Namen, aber erst, als er sie ansprach, erkannte sie ihn.

»Joseph?«

Sie traute ihren Augen kaum, und für einen Moment überlagerte die Überraschung sogar ihre Sorge. Duncans Vater sah völlig verändert aus. War das wirklich derselbe

Mann, der sich heute Morgen bärtig, mit langem Zopf und gekleidet in ein Kängurufell, von ihr verabschiedet hatte, um Ningali aus Parramatta fortzubringen? Jetzt trug er Hemd, Weste und Hose, vermutlich aus Mr Macarthurs Kleiderschrank, war glattrasiert und hatte die grauen Haare auf eine ordentliche Länge gestutzt. Nur die etwas hellere Färbung seiner unteren Gesichtshälfte verriet, dass hier bis vor wenigen Stunden noch ein kurzer Bart Kinn und Wangen bedeckt hatte.

»Joseph«, hauchte Moira erneut. »Du … du siehst aus wie …«

»Wie ein Gentleman, ganz recht«, ergänzte Elizabeth. »Wie Ihr Euch unschwer denken könnt, liebe Moira, habe ich Mr O'Sullivan senior wieder zu einem zivilisierten Erscheinungsbild verholfen, damit man ihn nicht länger für einen der Eingeborenen hält. Aber was muss ich sehen, meine Liebe – Ihr seid ja nur noch ein Schatten Eurer selbst! Wann habt Ihr das letzte Mal etwas gegessen? Oder geschlafen?«

Tadelnd blickte sie auf die unangetastete Suppe und das Stück Brot daneben. »So geht das nicht weiter«, entschied sie dann. »Ihr werdet jetzt mit zu mir kommen und Euch ein wenig ausruhen. Es hilft niemandem, wenn Ihr hier zusammenbrecht.«

*

In dem kleinen Gebäude gegenüber dem Lazarett, das den diensthabenden Ärzten zur Verfügung stand, ließ Alistair sich auf einen der beiden Stühle sinken und nahm einen weiteren tiefen Schluck. Wohltuend besänftigend strömte der Alkohol durch seine Adern.

Ganz gegen seine strengen Prinzipien hatte er sich an diesem Abend etwas Rum gegönnt. Normalerweise trank er nicht – nicht mehr seit jenem verhängnisvollen Tag in Dublin, den er am liebsten für immer aus seinem Gedächtnis streichen wollte. Jener Tag, als er sich mit einem Mann versündigt und seine erste Frau Victoria daraufhin ihrem Leben ein Ende gesetzt hatte. Aber am heutigen Abend verlangte es ihn so dringend wie schon lange nicht mehr nach etwas, das seine kreisenden Gedanken und die beständige Sorge ein wenig dämpfte. Das ihn vergessen ließ, dass Duncan womöglich doch noch sein Bein verlieren würde. Oder sein Leben.

Nein – nein, das würde nicht passieren! Hastig kippte er den Rest des Rums hinunter, ließ das scharfe Getränk durch seine Kehle rinnen und sich in seinem Magen ausbreiten, bis ihn ein angenehmes Gefühl der Ruhe durchströmte.

Im Unterschied zu Moira durfte er sich seine Gefühle nicht anmerken lassen. Dabei hielt Moira sich gut, auch wenn sie am Rande der absoluten Erschöpfung balancierte. Er sah keine Träne an ihr, hörte kein Jammern oder Klagen. Vorhin war Mrs Macarthur gekommen und hatte sie überreden können, mit ihr zu gehen. Joseph O'Sullivan, der mittlerweile wieder ein europäisches Äußeres angenommen hatte, und das Eingeborenenmädchen, das er als seine Tochter bezeichnete, waren ebenfalls fort. Wahrscheinlich hatten die beiden sich wieder in den Busch oder wohin auch immer zurückgezogen. Alistair hatte Duncans Vater schließlich gewarnt: Es sei gefährlich für ihn, hier noch länger zu verweilen, denn Captain Penrith könne erfahren haben, dass er in Parramatta sei.

Zu Alistairs Erleichterung hatte Penrith weniger Probleme als befürchtet gemacht, als er ihm gesagt hatte, für die nächste Zeit im Lazarett unabkömmlich zu sein. Penrith war damit einverstanden gewesen. Sie könnten mit der Quecksilberkur pausieren, hatte der Captain erklärt, und sie zu einem späteren Zeitpunkt fortführen. Alistair hatte mit Drohungen und Widerstand gerechnet und schon überlegt, wie er aus diesem Dilemma herauskommen könnte. Dass Penrith so einsichtig war, konnte eigentlich nichts Gutes bedeuten. Oder litt der Captain bereits schon so sehr unter der Quecksilberkur, dass er jede Unterbrechung begrüßte?

Er griff nach der Kerzenlaterne und seinem Arztkoffer. Ein letztes Mal für heute würde er jetzt nach Duncan sehen und dann den Heimweg nach Toongabbie antreten, um sich für ein paar kurze Stunden hinzulegen.

Der Raum roch nach Schweiß, Blut und Krankheit – Gerüche, an die Alistair sich trotz all der Jahre als Arzt noch immer nicht gewöhnt hatte. Mit seiner Laterne entzündete er eine Kerze, die bald schon flackernde Schatten auf den Stuhl und den Tisch mit der Waschschüssel warf und auf die vier Betten, von denen noch immer nur eines belegt war.

Alistair setzte sich auf die Bettkante, klappte seine Taschenuhr auf und fühlte mit zwei Fingern nach Duncans Halsschlagader. Das Fieber schien ein wenig gesunken zu sein, aber er war wieder bewusstlos, der Puls noch immer schnell, wenn auch nicht mehr so unregelmäßig wie noch heute Morgen.

Er hob Duncans rechtes Augenlid. Dunkelgrün und blicklos starrte das Auge ins Leere, die Pupille war riesengroß. Alistair ließ das Lid wieder sinken, zog seine Hand aber nicht zurück. Mit der Linken klappte er langsam die Taschenuhr zusammen.

Duncans Haut war feucht, in der Grube zwischen seinen Schlüsselbeinen schimmerten Schweißtropfen. Auch Alistair schwitzte; er konnte das Salz schmecken, als er sich nervös über die Lippen leckte. Ein heftiger Stich des Verlangens schoss durch seinen Unterleib. Er hatte gedacht, diese schändliche Begierde endlich überwunden zu haben, aber jetzt, da die verbotene Frucht so verlockend vor ihm lag, packte es ihn heftiger denn je.

Seine Fingerspitzen lagen noch an Duncans Schläfe, sie kribbelten, er konnte spüren, wie sein Blut darin pulsierte. Sanft strich er über die warme Haut. Duncan rührte sich nicht. Mutiger geworden, fuhr Alistair mit einem Finger die Linie des Kieferknochens nach, über die dunklen Bartstoppeln bis nach vorne zum Kinn. Ein Gefühl reinen Entzückens sammelte sich in seiner Mitte, fast hätte er vor Wonne aufgestöhnt. Es war gut, so gut ...

Aber bevor er Duncans Lippen berühren konnte, zog er heftig atmend seine Hand zurück. Was zum Teufel tat er hier? Er hatte sich um seinen Patienten zu kümmern und nicht seiner verderblichen Lust nachzugeben!

Großer Gott, was war es warm im Zimmer! Er stand auf und entledigte sich hektisch, mit zitternden Fingern, seines Rocks und knöpfte auch seine Weste auf. Dann setzte er sich wieder, schlug die Decke zurück und streifte Duncans knielanges Hemd etwas höher, um einen Blick auf die Wunde zu werfen. Der Verband um Duncans Oberschenkel, den er am Nachmittag erneuert hatte, sah besser aus als befürchtet – trocken und sauber, nicht mehr durchgeblutet wie noch am Morgen. Wie beiläufig strich er dann über die warme, verschwitzte Haut oberhalb der Leinenstreifen. In seinem Unterleib pochte es erneut mit geradezu schmerzhafter Kraft. Er atmete schwer, als er Duncans Hemd weiter nach oben schob, über den Verband hinweg. Nur ein bisschen.

Alistair zitterte vor Erregung, hart klopfte sein Glied in der Hose, und die rasende Begierde ließ ihn fast aufschreien. Mit einem leisen Stöhnen griff er sich in den Schritt und begann, sich Erleichterung zu verschaffen.

Das plötzliche Flackern der Kerzenflamme ließ ihn zusammenfahren. Hastig wandte er sich um. Die Tür war angelehnt. Hatte er sie nicht geschlossen gehabt? Eiskalte Angst rieselte seine Wirbelsäule hinunter. Hatte ihn womöglich gerade jemand beobachtet?

Mit wenigen Schritten war er an der Tür, riss sie auf. War da jemand? Im schwachen Licht der wenigen Talgkerzen, die den Krankensaal voller seufzender und schnarchender Patienten erhellten, glaubte er einen Schatten zu sehen. Den Schatten eines Mannes, der soeben hinausging.

Alistair blieb angespannt stehen, er wagte sich kaum zu rühren. Wahrscheinlich war es nur der Krankenwärter auf einer seiner Runden gewesen. Er schluckte schwer. Ganz sicher war es so. Dennoch bildete die Angst einen harten Klumpen in seinem Magen.

*

Sie hatte nicht geweint, als sie Joseph erzählt hatte, dass McIntyre ihr Kind zu sich geholt hatte. Sie hatte nicht geweint in all den zurückliegenden Stunden im Lazarett voller Angst, Warten und Hoffen. Erst jetzt, als McIntyre ihr sagte, dass Duncan leben und sein Bein behalten würde, brach Moira zusammen. Und auch damit wartete sie so lange, bis sie aus dem Lazarett geflüchtet und alleine am hinteren Ende der Veranda war. Erst dort erlaubte sie sich, minutenlang zu weinen, von stummen Schluchzern geschüttelt.

Dann atmete sie tief durch und strich sich die Tränen aus dem Gesicht, trat an den Rand der Veranda und sah sich um. Wie lange hatte sie keinen Blick mehr für ihre Umgebung gehabt? Etliche Meter weiter vorne, in der Nähe des Lazaretteingangs, schnaubte ihre Stute, die sie dort angebunden hatte, und schlug mit dem Schweif die allgegenwärtigen

Mücken fort. Vom Fluss her, der hinter dem Lazarett rauschte, wehte für einen Moment eine erfrischend kühle Brise heran. Der Boden war knochentrocken; nichts erinnerte mehr an die Überschwemmung vom vergangenen Jahr, als der Fluss weit über die Ufer getreten war und auch das Lazarett überflutet hatte.

Moira hob ihr schweißfeuchtes Haar aus dem Nacken. Jetzt galt es, ein weiteres Problem anzupacken: Duncan wollte dringend seinen Sohn sehen. Schon zweimal hatte er heute Morgen nach ihm gefragt. Moira hatte sich beide Male herausreden können, worauf er stets wieder erschöpft eingeschlafen war. Aber lange würde er sich nicht mehr hinhalten lassen. Irgendwann würde sie es ihm sagen müssen. Doch solange er noch so schwach war, beschloss sie, würde sie ihm nicht verraten, dass ihr kleiner Junge nicht mehr bei ihnen war.

Sie zuckte zusammen, als ein Mann zu ihr auf die Veranda trat. Auch wenn sie ihn diesmal gleich erkannte, würde es sicher noch eine ganze Weile dauern, bis sie sich an sein verändertes Aussehen gewöhnt hätte. »Joseph! Ich dachte, du wärst mit Ningali längst wieder bei den *Eora*!«

»Ningali ist zu unseren Leuten zurückgekehrt – wenigstens hoffe ich das. Aber ich werde doch meinen Jungen nicht alleine lassen.« Er kam noch einen Schritt näher. »Ist es wahr? Der Doktor sagt, er werde wieder gesund.«

Moira nickte glücklich. »Auch wenn das noch eine ganze Weile dauern wird. Sobald er fieberfrei ist, will McIntyre ihn wieder in den Krankensaal verlegen lassen.«

Sie deutete auf ein Fenster des Lazaretts, aus dem ein saurer Geruch drang; der Hygiene wegen wurde hier jeden Tag mit Essig aufgewischt.

»Sehr gut, sehr gut.« Joseph stellte sich an einen hölzernen Pfeiler und begann, seinen Rücken daran zu reiben, als würde ihn etwas jucken. Ein Ausdruck puren Behagens erschien auf seinem frisch rasierten Gesicht. »Darf ich dich etwas fragen?«

»Gerne.«

»Nun ja.« Joseph löste sich vom Pfeiler. »Der Doktor ist schon recht alt im Vergleich zu dir. Als ihr geheiratet habt – war es seine erste Ehe?«

Moira sah ihn überrascht an. Mit einer solch persönlichen Frage, die noch dazu einen Teil ihres Lebens betraf, an den sie lieber nicht zurückdachte, hatte sie nicht gerechnet.

»Nein«, sagte sie dennoch wahrheitsgemäß. »Er war verwitwet. Seine erste Frau ist gestorben. Wieso willst du das wissen?«

Joseph machte eine wegwerfende Geste, und für einen kurzen Moment fühlte Moira sich an Duncan erinnert. »Reines Interesse. In all den Jahren im Busch mangelte es mir etwas an Klatsch und Tratsch, das muss ich nun nachholen.« Dennoch wurde Moira das Gefühl nicht los, dass ihn etwas ganz anderes umtrieb.

»Du hast mir nie erzählt«, fragte er auch schon weiter, »wie du Duncan kennengelernt hast. Wurde er dir und dem Doktor als Sträfling zugeteilt?«

»Nein, nicht direkt. Anfangs war nur Ann bei uns«, erwiderte sie. »Duncan hat mich vor dem Überfall eines Aufsehers bewahrt, draußen im Busch. Danach hat der …«, sie konnte sich gerade noch zurückhalten, nicht »der alte Bock« zu sagen, »hat der Doktor Duncan als zweiten Sträfling angefordert. Als Kutscher, für kleinere Reparaturen im Haus, und manchmal hat er ihn auch bei seinen Behandlungen helfen lassen.«

Sie lächelte, als sie an diese Zeit voller Aufregung und Heimlichkeiten zurückdachte. An die Nacht, in der sie sich zum ersten Mal hinüber zu Duncan ins Kutschenhaus geschlichen hatte. An den Rausch der Verliebtheit. Es tat gut, endlich wieder lächeln zu können.

Joseph interessierte offenbar etwas anderes. »Es war also der Doktor, der Duncan angefordert hat.«

Sie nickte. »Das sind seltsame Fragen, Joseph. Hast du Sehnsucht nach deiner eigenen Sträflingszeit?«

Er lachte leise. »Nein, das sicher nicht.« Erneut lehnte er sich mit dem Rücken an den Pfeiler. »Dieses Hemd juckt! Ich bin es nicht mehr …«

»Still!«, zischte Moira, und Joseph verharrte mitten in der Bewegung. »Und dreh dich nicht um!«

»Was ist denn?«, flüsterte Joseph.

Vorsichtig blickte sie an ihm vorbei – und erstarrte. Sie hatte sich nicht getäuscht: Es war tatsächlich Captain Penrith, der dort sein Pferd anband und dann mit etwas steifen Schritten im Lazarett verschwand.

»Joseph«, murmelte sie mit gesenktem Kopf, »du musst sofort verschwinden – Penrith ist hier! Nimm unser Pferd und bring dich so schnell wie möglich in Sicherheit!«

Ihre Sohlen klangen hart auf den Dielen, als sie über die Veranda eilte und dann in die stickige Hitze des Lazaretts trat.

Penrith war nicht zu sehen, aber sie konnte McIntyres Stimme aus dem Zimmer hören, in dem Duncan lag. Ihr Herz schlug lauthals gegen ihre Rippen, als sie eintrat.

McIntyres Blick ähnelte dem eines erschreckten Huhns. Auch Penrith sah auf. »Ah, da ist ja auch die junge Frau. Es ist immer wieder eine Freude, Euch zu sehen, Mrs McIntyre.« Er betonte den verhassten Namen, so dass er wie ein gefrorener Tropfen im Raum zu schweben schien.

»Captain Penrith«, erwiderte sie so ruhig wie möglich. Ekel stieg würgend in ihr auf, als plötzlich die Erinnerung an ihre letzte Begegnung wieder da war; wie er sich an sie gedrängt hatte; wie er sie hatte berühren wollen … Am liebsten hätte sie sich abgewandt, aber sie musste Penrith hinhalten, damit Joseph genug Zeit hatte, aus dem Lazarett zu verschwinden.

Duncan war wach. Er hatte sich aufgesetzt und die Handflächen auf die Unterlage aus Segeltuch gestemmt, seine Züge verzerrten sich vor Schmerz und Anstrengung, als er begann, sich ans Kopfende der Pritsche zu schieben. Bleib liegen, wollte sie ihn bitten, schluckte es aber hinunter. Sie konnte nur zu gut verstehen, dass er Penrith so aufrecht wie möglich begegnen wollte.

»Ist Euch nicht gut, Captain?«, wandte sie sich an ihren Besucher, der den neben ihm stehenden McIntyre um einen halben Kopf überragte. »Ihr seht etwas mitgenommen aus.«

Trotz seiner schmucken Uniform samt Goldlitzen und Degen wirkte er krank. Sein Gesicht war fleckig und gerötet, er schwitzte stark, und in seiner behandschuhten Linken hielt er ein Taschentuch, mit dem er sich über den Mund wischte. Irrte sie sich, oder nahm sie sogar einen schwachen Geruch nach Fäulnis wahr?

»Wie reizend von Euch, Mrs McIntyre, dass Ihr Euch um mich sorgt. Aber dazu besteht kein Anlass. McIntyre, schließt die Tür.«

Der alte Bock sah aus, als hätte er etwas Ungenießbares gegessen, als er dem Befehl nachkam. Der leise Ton, mit dem die einfache Tür aus Holzplanken ins Schloss fiel, ließ Moira in böser Vorahnung erbeben.

Duncan saß jetzt an der Wand, er war schweißüberströmt, sein Blick klar, aber von Schmerz gezeichnet.

»Was wollt Ihr hier, Captain?«, fragte er leise. Moira konnte hören, wie sehr er sich um einen festen Tonfall bemühte. »Ihr seid doch sicher nicht … zu einem Krankenbesuch gekommen.«

»Nein, das wohl nicht.«

Moira stockte der Atem, als Penrith langsam, geradezu aufreizend genüsslich begann, seinen Degen aus der Scheide zu ziehen, und unwillkürlich trat sie einen Schritt vor. Was hatte er vor? Wollte er Duncan etwa erstechen? Aber das würde er nicht tun. Nicht einmal ein Captain Penrith würde sich des Mordes schuldig machen ... Dennoch klopfte ihr Herz wie rasend, als Penrith mit der Degenspitze unter den Saum der zerschlissenen Wolldecke fuhr und diese zur Seite schob.

»Dann ist es dem guten Doktor also tatsächlich gelungen, dein Bein zu erhalten«, sagte er mit Blick auf den Verband. Durch die Anstrengung hatte die Wunde wieder angefangen zu bluten, auf den Leinenstreifen zeigten sich frische rote Flecken. »Jammerschade. Ich hätte zu gern gesehen, wie du für den Rest deines Lebens auf einem Bein herumhüpfst.« Der Degen wanderte höher. »Ich habe gehört, dass du dich bei den Wilden versteckt hast. Bei diesem Pemulwuy, nehme ich an.«

Duncan schluckte, als die Spitze des Degens über dem Verband stoppte und nur ein paar Fingerbreit über der Wunde schwebte.

»Außerdem hieß es, dein Vater habe dich hierhergebracht. Dein Vater, den man auch den ›wilden weißen Mann‹ nennt.« Penrith senkte die Degenspitze und stieß mit ihr leicht an den Verband. »Ich will mit ihm reden.«

McIntyre war sichtlich unruhig. »Sir, Ihr ...«

»Haltet den Mund, McIntyre!« Penriths Degen senkte sich noch ein wenig tiefer, bis seine Spitze den blutbefleckten Leinenverband eindrückte. Duncan krampfte seine Hand um die Decke, sein Atem wurde hastiger.

Moira hielt es nicht länger aus. »Er ist nicht hier«, sagte sie. Hoffentlich, hoffentlich hatte Joseph sich beeilt und war längst in den Busch zurückgekehrt ...

»Ach nein?« Penrith sah nicht einmal auf. »Wieso will ich das nur nicht glauben?«

»Ihr meint den Mann, der diesen Patienten hierhergebracht hat?«, meldete sich jetzt zu Moiras Entsetzen erneut McIntyre zu Wort. Dieser alte ... Bock würde doch wohl nicht ...! Sie wollte etwas einwenden, aber da sprach er schon weiter. »Der ist noch am selben Tag wieder verschwunden.«

Sie schluckte krampfhaft und dankte ihm im Geiste.

»Tatsächlich?« Penrith bedachte McIntyre mit einem kurzen, misstrauischen Blick. »Ich bin mir nicht sicher, ob Ihr die Wahrheit sagt, McIntyre. Und das gefällt mir überhaupt nicht. Es sieht mir eher danach aus, als wolltet Ihr den Vater dieses Bastards hier schützen.« Er hob den Degen und deutete mit der Spitze auf Duncan, während er weiter mit McIntyre sprach. »Ich bezweifle nämlich, dass ein Vater seinen Sohn so schnell wieder im Stich lassen würde. Würdet Ihr das tun? Würdet Ihr Euren Sohn in der Obhut fremder Menschen lassen? Den kleinen – wie habt Ihr ihn genannt? Harry?«

»Henry«, murmelte McIntyre tonlos, während Moiras Herz für einen Schlag auszusetzen schien.

Duncan runzelte die Stirn, versuchte offenbar, das Gehörte einzuordnen.

Penrith steckte den Degen zurück in die Scheide, zog sich den Stuhl heran und setzte sich neben Duncans Pritsche. »Aber zurück zu dir. Du kannst mir sicher genauso gut Auskunft geben.« Erneut wischte er sich mit dem Tuch über den Mund und steckte es dann ein. »Weißt du«, begann er im Plauderton, »das waren schwere Tage für deine Buhle. Erst verschwindest du, dann nimmt man euch das Kind weg ...«

»Was?«, unterbrach Duncan ihn entsetzt.

»Oh, dann weißt du es noch gar nicht?« Eine diebische Freude erschien auf Penriths Gesicht. Er beugte sich so vertraulich vor, als wären sie beste Freunde. »Ich bin sicher, der Doktor und sein Frauchen werden es dir gleich erklären. Aber erst müssen wir beide uns unterhalten.« Wie zufällig legte er seine behandschuhte Hand auf den Verband um Duncans Oberschenkel. »Wo war ich stehengeblieben? Ach ja. Wir wollen der armen Mrs McIntyre doch nicht noch mehr Schmerz bereiten, oder? Sag mir einfach, wo sich dieser Pemulwuy versteckt.«

Duncan hob den Kopf. »Das weiß ich n...« Seine Worte erstarben in einem erstickten Aufschrei, als Penrith seinen Daumen tief in die blutigen Leinenstreifen bohrte.

»Wie könnt Ihr es wagen, Ihr ... Ihr Teufel?« Moira konnte sich vor Schreck kaum rühren.

Duncan hatte sich stöhnend zusammengekrümmt, er sah aus, als würde er sich gleich übergeben. Mit einer Hand umklammerte er Penriths behandschuhte Rechte.

»Sir«, protestierte auch McIntyre, »Captain, ich kann nicht dulden, dass meine Patienten gequält werden.«

»Ich quäle keine Patienten, ich befrage einen Verdächtigen! Einen ehemaligen Sträfling!«, gab Penrith aufgebracht zurück, aber er lockerte seinen Griff. »Wollt Ihr Euch etwa der Staatsgewalt widersetzen, McIntyre? An Eurer Stelle wäre ich verdammt vorsichtig mit solchen Äußerungen! Und nun zurück zu dir«, wandte er sich wieder an Duncan. »Wo ist Pemulwuy?«

»Ich sagte doch, ich ... weiß es nicht«, gab Duncan ächzend zurück. Er keuchte auf, als Penriths Daumen sich erneut in sein Bein bohrte, und stieß eine kaum verständliche Verwünschung aus.

»Wir können das noch sehr lange so fortsetzen«, sagte Penrith ungerührt.

Schreck und Entsetzen hatten auch aus Moiras Kehle einen dumpfen Laut gepresst. Sie musste Duncan helfen, musste ihn vor Penriths weiteren Angriffen bewahren! Denn der Captain würde nicht eher gehen, als bis er erfahren hatte, was er wissen wollte, und wenn er Duncan dafür stundenlang foltern musste. Aber wie, wie konnte sie ... Hektisch sah sie sich um, erblickte aber nur die Waschschüssel und einen dazugehörigen Krug. Kaum geeignet, Penrith außer Gefecht zu setzen. Aber vielleicht könnte sie ... Ohne länger zu überlegen, hatte sie auch schon den Krug ergriffen und schüttete das Wasser in einem Schwall über Penrith aus. Sie traf ihn nur an Schulter und Ärmel, und ein Teil des Wassers landete auf dem Boden, aber Penrith fuhr fluchend auf und ließ von Duncan ab.

»Was ist denn hier los?«, tönte es auf einmal.

Joseph stand in der geöffneten Tür. Im ersten Moment durchströmte Moira nichts als Dankbarkeit. Im nächsten kam die Angst dazu. Was tat Joseph noch hier? Warum um alles in der Welt war er nicht schon längst über alle Berge?

Penrith blickte verärgert auf, von seinem Ärmel rann Wasser. »Wer ist das?«

In Moiras Gehirn arbeitete es blitzschnell. Penrith kannte Joseph nicht – oder falls doch, hatte er ihn bislang nur in seiner *Eora*-Aufmachung gesehen. »Mr Nesbitt«, gab sie geistesgegenwärtig zurück. »Einer der Krankenwärter. Geht ... geht zurück an die Arbeit, Mr Nesbitt.«

Joseph dachte nicht daran. Mit Schrecken bemerkte Moira, wie deutlich sich in seinem weit geöffneten Hemdausschnitt die wulstigen Schmucknarben der *Eora* auf seiner Brust abhoben. Sie versuchte, ihn mit einer kleinen Geste darauf aufmerksam zu machen, sich das Hemd zuzuknöpfen, aber er achtete nicht auf sie.

Penrith wirkte sichtlich ungeduldig. »Was wollt Ihr denn

noch hier? Bringt mir wenigstens ein Handtu…« Dann verstummte er, den Blick auf Josephs Brust gerichtet.

Aber da war Joseph auch schon bei ihm.

»Lasst meinen Sohn in Ruhe«, sagte er und schlug Penrith mit der geballten Faust mitten ins Gesicht.

Moira schrie auf. Penrith stürzte zu Boden und riss dabei den Stuhl mit sich, der polternd umfiel.

»Verschwinde!«, rief Moira Joseph zu. »Schnell!« Sie drängte ihn zur Tür, aus dem Raum.

McIntyre war wie erstarrt in eine Ecke zurückgewichen. Penrith kniete auf dem Boden, für einen kurzen, einen viel zu kurzen Moment wirkte er benommen. Aus seiner Nase tropfte Blut. Er schüttelte den Kopf und riss die Augen auf, dann fand er sein Taschentuch und presste es sich vors Gesicht.

»Lasst mich!«, stieß er McIntyre zurück, als der ihm beim Aufstehen helfen wollte, und rappelte sich mühsam alleine auf. Erneut schüttelte er den Kopf. Dann zog er seinen Degen und stürzte hinaus.

Moira lief ihm nach. Aus der geöffneten Tür des Lazaretts konnte sie sehen, wie Joseph zum Fluss rannte und zwischen den Bäumen verschwand. Penrith stolperte zu seinem Pferd, zerrte am Haltestrick, der sich zuerst nicht lösen wollte, und stieg dann mit einigen Schwierigkeiten auf. Hektisch sah er sich um, aber Joseph schien wie vom Erdboden verschluckt.

»Verdammter Ire!«, brüllte Penrith und hieb seinem Pferd die Fersen in die Seiten. »Irgendwann kriege ich dich!«

15.

In der stickigen Hitze des Lazaretts fühlte sich jeder Atemzug wie zäher Brei in den Lungen an. Trotz geöffneter Tür roch es nach Krankheit, Essig und den Ausdünstungen vieler Menschen. Dabei war der lange, schmale Raum nicht einmal voll besetzt – bei noch mehr Patienten wäre es hier drinnen sicher unerträglich gewesen. Moira saß auf einem freien Lager neben Duncans Pritsche und sah zu, wie er zwei hölzerne Würfel warf. Als Spielfeld diente ihnen die Sitzfläche eines Stuhls, der zwischen ihnen stand.

»Fünf und zwei macht sieben«, sagte Moira und nahm die Würfel an sich. »Dann will ich mal sehen, ob ich dich schlagen kann.«

Sie spielten eine einfache Form von Hazard. Das Glücksspiel war eigentlich verboten, aber darum scherte sich hier niemand. Viel mehr konnten sie hier drinnen ohnehin nicht tun. Die Wunde an Duncans Bein war noch immer entzündet, und die Heilung schritt nur langsam voran. Es würde noch Wochen dauern, bis er endlich nach Hause zurückkehren konnte. Zumindest mussten sie sich keine Sorgen um die Kosten machen; die Behandlung in einem kolonialen Lazarett war für jeden Patienten kostenlos.

Inzwischen wohnte Moira doch bei Elizabeth Macarthur. Die Freundin hatte behauptet, Gesellschaft zu brauchen, jetzt, da John fort sei, und hatte durch ihr sanftes Drängen Moira schließlich dazu überreden können, für die nächsten

Wochen zu ihr zu ziehen. Elizabeth hatte außerdem zwei ihrer Sträflinge geschickt, um Moiras Weizen zu ernten.

Aus dem hinteren Bereich des Krankensaals drang Husten und verhaltenes Stöhnen. Dort hatten die Sträflinge ihren Platz. Manche waren schwer ausgepeitscht worden, andere hatten sich bei der Arbeit verletzt oder litten an der Ruhr. Weiter vorne, nah bei der geöffneten Tür, die wenigstens von Zeit zu Zeit eine frische Brise hineinwehen ließ, waren die freien Siedler untergebracht, außerdem ein paar Seeleute und vereinzelt auch Soldaten des New South Wales Corps. Weibliche Patienten wurden in einem anderen Gebäude versorgt. Nicht weit von Duncan entfernt lag ein Mann, der weniger Glück als er selbst gehabt hatte; vor wenigen Tagen hatte man ihm ein Bein unterhalb des Knies amputiert. Sein Stöhnen war herzzerreißend.

Dennoch war es trotz der vielen Kranken verhältnismäßig ruhig.

»Daran bist du schuld. Sie nehmen sich nur deinetwegen zusammen«, hatte Duncan ihr einmal erklärt. »So viele Frauen bekommen wir hier nicht zu Gesicht. Du solltest mal hören, wie hier gestöhnt und gejammert wird, sobald du fort bist.«

Bei ihren ersten Besuchen hatte Moira die unmittelbare Nähe der vielen Menschen noch nicht gestört; da war sie einfach nur froh gewesen, dass Duncan lebte und langsam der Genesung entgegenschlief. Inzwischen aber konnte sie die anderen Patienten und das vielfache Leid kaum mehr ertragen. Sie sehnte sich danach, endlich wieder allein mit Duncan sein zu können, allein mit ihm sprechen zu können, ohne dass Fremde ihnen zuhörten.

Einstweilen gab ihnen nur das Würfelspiel den Anschein von Zweisamkeit. Ein paar Runden spielten sie schweigend, dann legte Duncan plötzlich die Würfel fort.

»Beweg dich nicht!«

Moira erstarrte. »Was ist denn?«, flüsterte sie beunruhigt. Sie spürte, dass ihre Nackenhärchen sich aufstellten – saß da womöglich ein giftiges Tier auf ihr?

Duncans Hand näherte sich ihr langsam, mit äußerster Vorsicht. Dann versetzte er Moiras Schulter einen leichten Schlag.

»Hab sie!«, verkündete er triumphierend.

Die rechte Hand zur Faust geschlossen, fasste er mit der Linken nach etwas auf dem Boden neben seiner Pritsche. Moira sah, dass er das Gesicht verzog. Auch wenn er versuchte, es sie nicht merken zu lassen – sie wusste, dass sein Bein ihm noch immer ziemliche Schmerzen bereitete. Als er sich wieder aufrichtete, hielt er ein zu einem kleinen Bündel zusammengeknotetes Halstuch in der Hand, das er nun vorsichtig öffnete. Auf dem zerknitterten Stoff lag eine große Anzahl toter Buschfliegen – wenn auch nur ein Bruchteil dessen, was zwischen den Kranken im Lazarett herumschwirrte.

Duncan legte die tote Fliege dazu. »Nummer dreiundzwanzig.«

Moira sah ihn mit hochgezogenen Augenbrauen an.

»Das ist mein Mittagessen«, erklärte er mit todernstem Gesicht. »Ich bin nämlich dabei, mich in einen Frosch zu verwandeln.«

Sie lächelte. Wenn er schon wieder zu Scherzen aufgelegt war, konnte es ihm nicht allzu schlechtgehen. »Welch betörende Vorstellung.«

Ein Lächeln ging über sein Gesicht. »Whelan da drüben«, er deutete nach schräg gegenüber, »Andrews und ich haben einen Wettstreit. Wer am Abend die meisten von diesen Mistviechern erlegt hat, bekommt die nächste Ration Rum der anderen beiden. Irgendwie muss ich mich ja beschäftigen. Ich kann schließlich nicht ständig an dich denken. Oder an … du weißt schon.«

Moira schluckte und biss sich auf die Lippen.

»Er fehlt mir so sehr«, sagte sie so leise, dass – so hoffte sie wenigstens – nur Duncan es hören konnte.

Er nickte, nahm ihre Hand, fuhr über ihre Finger und strich über ihre bis aufs Fleisch abgekauten Nägel. Sie blinzelte die Tränen fort und verflocht ihre Finger mit seinen.

Die Eröffnung, dass McIntyre seinen Jungen an sich genommen hatte, hatte Duncan schwer getroffen. Auch er hatte versucht, mit Moiras Ehemann zu reden – und genauso wenig Erfolg wie sie selbst gehabt. Seitdem ließ McIntyre sich nur noch während der täglichen Runden bei ihm blicken und vermied jedes persönliche Gespräch.

Duncan ließ ihre Finger los. »Rühr dich nicht«, sagte er und hob die Hand. »Da sitzt Nummer vierundzwanzig.«

*

Artemis schnaubte, schüttelte den großen Kopf und tänzelte, bevor sie vor der Hütte stehen blieb. Moira glitt zuerst von dem breiten Pferderücken, kam leichtfüßig auf und hielt die Stute fest, während Duncan um einiges schwerfälliger hinunterkletterte. Schmerz durchzuckte sein rechtes Bein bis hinauf zur Hüfte, als sein Fuß den Boden berührte. Für einen Moment blieb er stehen, auf sein linkes, gesundes Bein gestützt, und versuchte, sich nichts anmerken zu lassen, obwohl ihm der Schweiß aus allen Poren drang. Auch wenn er diesem Tag schon seit einer gefühlten Ewigkeit entgegengefiebert hatte, war der Ritt vom Lazarett bis zu ihrer Hütte eine wahre Tortur für ihn gewesen. Vielleicht wäre es doch besser gewesen, noch eine Woche mit seiner Rückkehr zu warten. Aber weitere Tage im Lazarett, inmitten all der anderen Kranken, hätte er nicht mehr ertragen. Mehr als zwei Monate war er dort gewesen, inzwischen war es Herbst. Er wollte, er musste endlich wieder sein eigener Herr sein.

Moira warf ihm einen besorgten Blick zu, reichte ihm aber nur wortlos die einfache Krücke, die sie vom Lazarett mitgebracht hatten, und band das Pferd an.

Er bemühte sich, nicht zu stark zu humpeln. Es tat noch immer weh, aber das würde sich geben, sobald die Wunde vollständig verheilt wäre, hatte der Doktor gesagt.

Moira lächelte und hielt ihm die Tür auf. »Willkommen daheim. Das ist übrigens Noel.« Sie deutete auf ein rotes Fellbündel, das auf dem Regal saß und Duncan von oben herab böse anfunkelte. »Er ist ganz friedlich.«

Sie hatte ihm erzählt, dass ihr ein Kater zugelaufen war. Duncan nickte skeptisch, humpelte aber die wenigen Schritte zum Regal und streckte die Hand aus. Das Tier legte die Ohren an und fauchte, wobei es zwei nadelspitze Reißzähne entblößte.

Angemessen beeindruckt zog Duncan seine Hand zurück.

»Ich fürchte«, sagte er, »dieser neue Mann an deiner Seite duldet keinen Rivalen.«

»Noel kennt dich nicht«, versuchte Moira ihn zu entschuldigen. »Ihr werdet euch schon noch aneinander gewöhnen.«

Duncan bezweifelte das. Mit Pferden konnte er umgehen, mit Katzen hatte er dagegen kaum Erfahrungen. Höchstens mit menschlichen Wildkatzen.

Nach der überfüllten, stickigen Enge im Lazarett, in der man nie seine Ruhe hatte, war dieser Raum eine Wohltat. Moira hatte den Tisch umgestellt, in einem Becher standen frische Blumen, und noch etwas hatte sich geändert.

»Wir haben Gardinen«, stellte er erfreut fest. Die Hütte wirkte damit gleich viel einladender.

»Gefallen sie dir? Elizabeth hatte noch Stoff übrig.«

Er nickte. Dann fiel sein Blick auf die leere Wiege neben ihrem Bett, und das Lächeln erstarb auf seinem Gesicht. Das Wichtigste in diesem Raum fehlte. Joey. Sein kleiner Junge.

Langsam ging er zur Wiege und setzte sich auf das Lager. Seine Finger berührten das Holz, er strich über die Decken, unter denen einmal sein Sohn gelegen hatte. Ein harter Klumpen ballte sich in seiner Kehle zusammen.

»Wir holen ihn uns zurück«, hörte er Moira mit rauer Stimme flüstern. »Wir holen unseren Sohn zurück!«

*

Zu ihrer großen Erleichterung hatte sich Captain Penrith nicht mehr bei ihnen blicken lassen – weder im Lazarett noch auf ihrer kleinen Farm. Es schien fast, als hätte er sich in Luft aufgelöst. Aber auch Ningali war nicht mehr aufgetaucht und Joseph ebenso wenig. Doch bald schon hörten sie von weiteren Überfällen. Von getöteten Siedlern war die Rede, von erneuten Plünderungen und Brandschatzungen durch die Eingeborenen, angeführt von Pemulwuy. Wie viel davon der Wahrheit entsprach und wie viel nur Gerüchte waren, vermochte Moira nicht zu sagen. Und ebenfalls nicht, ob Joseph daran beteiligt war, auch wenn sie davon ausging. Vermutlich zeigte er sich nur deshalb nicht bei ihnen, um sie nicht in Gefahr zu bringen. Inzwischen hing an vielen Hauswänden in Sydney und Parramatta der Aufruf von Gouverneur King, der jedem einen hohen Preis für die Ergreifung Pemulwuys – tot oder lebendig – versprach.

Sie kamen gerade so über die Runden, auch wenn sie oft tagelang nur von Kohl und Zwiebeln lebten. Zähneknirschend zahlten sie die Strafe für Joeys unrechtmäßige Taufe, die Reverend Marsden ihnen aufgebrummt hatte. Fast das gesamte Geld, das Moira von McIntyre für einen Monat bekam, ging dafür drauf.

»Es ist so ungerecht!«, schimpfte sie, als sie aus Parramatta zurückkamen, wo sie wegen der Zahlung gewesen waren. »Der alte Bock hat unseren Sohn, und wir werden für so etwas belangt!«

»Es ist Reverend Marsden, dem wir das zu verdanken haben, und nicht der Doktor«, erinnerte Duncan sie. »McIntyre hätte noch ganz andere Gründe, dich anzuzeigen, und hat es nicht getan.«

McIntyre hatte von einer Anzeige wegen Kindesentführung abgesehen und die ganze Angelegenheit zu einem einfachen Missverständnis erklärt, so dass Moira zumindest in dieser Hinsicht straffrei davongekommen war.

»Du versuchst schon wieder, ihn zu verteidigen.«

»Er hat mir das Leben gerettet. Und mein Bein.«

»Ja«, schnaubte Moira widerwillig. »Dafür bin ich ihm auch wirklich sehr dankbar. Aber das rechtfertigt trotzdem nicht, was er davor getan hat.«

»Es war nichts Unrechtes.«

»Nichts Unrechtes? Er hat uns unser Kind weggenommen!«

»Er hat das Recht dazu.«

Es kam öfter zu solchen Auseinandersetzungen. Sie ermüdeten und zehrten an ihrer beider Nerven – und endeten meist damit, dass Moira wutentbrannt nach draußen lief. Sicher musste sie auf Duncan den Eindruck eines zänkischen Weibes machen. An manchen Tagen kam sie sich vor wie ein Stück Treibholz im Meer, hin und her geworfen von der Strömung, ohne festen Halt. Auch wenn Duncan wieder bei ihr war und die Sorgen und Nöte der ersten Wochen verschwunden waren, so hatte sich doch eine nagende

Unzufriedenheit in ihr festgesetzt. Und die ständige Sehnsucht nach Joey.

Bis sie eines Tages von einem kurzen Ausflug nach Parramatta zurückkam und feststellte, dass Duncan die Wiege weggeräumt hatte.

»Wir müssen irgendwie versuchen, damit umzugehen«, erklärte er auf ihren Protest hin. »Und das können wir nicht, wenn wir ständig die leere Wiege vor Augen haben.«

Moira wollte nichts davon hören, tobte und warf ihm Herzlosigkeit vor, bis sie irgendwann wieder ruhiger wurde.

»Ich ... brauche ihn«, brach es schließlich aus ihr heraus. »Ich kann so nicht mehr leben!«

»Doch, das kannst du. Das können wir.« Duncan hielt sie fest, während sie weinte, streichelte sie. »Vielleicht soll es ja so sein«, sagte er dann leise. »Vielleicht steht ein größerer Plan dahinter. Einer, den wir nur noch nicht begreifen können.«

»Ein größerer Plan?« Moira löste sich aus seiner Umarmung und wischte sich mit beiden Händen die Tränen aus dem Gesicht. »Denkst du etwa, es ist richtig? Denkst du, Gott will, dass McIntyre unseren Jungen aufzieht?«

»Ich weiß es nicht.« Duncan hob die Schultern, es sah seltsam hilflos aus. »Es hört sich schrecklich an, aber wir werden es nicht ändern können.«

Moira schüttelte den Kopf. »Nein«, widersprach sie heftig. »Nein, nein und nochmals nein! So einfach gebe ich meinen Jungen nicht auf. Ein Kind gehört zu seiner Mutter. Und zu seinem Vater. Seinem richtigen Vater!«

»Ist es nicht besser, Joey beim Doktor zu wissen, als sich vorzustellen, er wäre gestorben?«

»Er ist aber nicht tot!«, gab Moira aufgebracht zurück. »Auch wenn du das vielleicht so siehst!« Wütend drehte sie sich um und machte einen Schritt auf die Tür zu.

Er fasste nach ihrem Arm. »Du wirst jetzt nicht schon wieder weglaufen!«

»Und wenn doch?«

»Da ich noch nicht hinter dir herrennen kann«, erwiderte er, »muss ich dich wohl festhalten.« Mit beiden Händen packte er ihre Handgelenke, drehte Moira um und presste sie an sich, dass sie sich kaum noch rühren konnte; ihren Rücken an seinem Bauch, ihre Arme vor der Brust gekreuzt.

»Lass mich los«, forderte sie, wehrte sich aber nur halbherzig gegen seinen festen Griff. So nah waren sie sich schon lange nicht mehr gewesen. Es fühlte sich gut an.

»Erst, wenn du mir etwas versprichst.«

»Was denn?«

»Vergiss Joey.«

Sie wollte schon auffahren, ihm ihre Empörung entgegenschleudern, als er auch schon weitersprach.

»Nur für diesen Abend. Denk einmal nur an dich. An niemand anderen. Nur an dich ganz allein. Wirst du das versuchen?«

Sie versteifte sich kurz, dann gab sie ihren Widerstand auf und nickte zögernd.

Sein Kuss war sanft und fordernd zugleich. Eine lang vermisste Hitze stieg in ihrem Unterleib auf, als er sie nun zum Bett drängte, ohne sie dabei loszulassen. Dort packte er sie so behutsam aus wie ein kostbares Geschenk, streifte ihr nach und nach die Kleider vom Leib, bevor sie dasselbe mit ihm tat. Ihre Hand glitt über seine Brust, seinen Bauch, seine Hüfte, dann über seinen rechten Oberschenkel. Sie hielt einen Augenblick inne. Wenn McIntyre nicht gekommen wäre, würde dieses Bein jetzt knapp unterhalb der Hüfte in einem grässlichen Stumpf enden.

Mit den Fingerspitzen strich sie über die große, frische Narbe. »Tut es noch weh?«, fragte sie leise.

Er schüttelte den Kopf. »Kaum. Solange du nicht von mir verlangst zu tanzen.«

Er legte ihr die Hand auf das Brustbein und drückte sie sanft, aber bestimmt, zurück auf die Decke. Sie musste lächeln, als ihr Blick dabei auf Noel fiel, der auf seinem angestammten Platz auf dem Regal saß und sie aus halbgeschlossenen Augen beobachtete, die Pfoten unter den Leib gelegt, als gäbe man nur für ihn eine Vorstellung, der er huldvoll beiwohnte.

»Du musst uns nicht auch noch dabei zusehen!«, murmelte Duncan und warf sein Hemd nach dem Kater, der sich daraufhin mit einem empörten Fauchen verzog.

Moira seufzte wohlig auf, als Duncans Fingerspitzen ihr Schlüsselbein entlangfuhren.

»Mach die Augen zu«, flüsterte er, und sie gehorchte. Spürte, wie ihre Brustwarzen sich verhärteten, als er sanft hineinbiss. Spreizte die Beine, als er nach unten rutschte. Krallte die Hände in die Decke, stöhnte laut auf und ließ sich fallen. Stieß einen entzückten Laut aus, als er plötzlich über ihr war und mit einem einzigen, heftigen Stoß tief in sie eindrang.

Ihr Körper schrie danach, sich mit Armen und Beinen an ihn zu klammern und ihn noch tiefer in sich aufzunehmen, sich ganz von ihm ausfüllen zu lassen. Dennoch hob sie die Arme und versuchte, ihn von sich zu schieben.

»Nein!«, keuchte sie. »Hör auf!«

»Das ist nicht dein Ernst.«

»Doch, das ist es. Ich will nicht!«

Er brummte etwas Unverständliches und zog sich aus ihr zurück. Moira wandte sich ab, drehte sich auf die Seite und rollte sich zusammen.

»Du willst nicht?«, wiederholte er. »Den Eindruck hatte ich aber ganz und gar nicht.«

»Das ist es nicht«, murmelte sie. Ihre Stimme klang dumpf. »Aber ... ich könnte es nicht ertragen, noch einmal schwanger zu werden.«

»Wieso nicht? Was wäre denn so schlimm daran?«

Sie drehte sich auf den Rücken und sah ihn an. »Und was dann? Wird McIntyre sich auch dieses Kind holen?«

*

Unter den Hufen der Stute quoll der Matsch, mit jedem Schritt verspritzte Artemis neue Dreckbatzen. Seit zwei Tagen regnete es fast ununterbrochen. Ein kalter Wind fegte über das Land, zerrte an den dunkelgrünen Blättern der Eukalyptusbäume und peitschte Duncan den Regen ins Gesicht.

Er zügelte das Pferd und rieb über sein Bein, in dem es juckte und stach wie mit tausend spitzen Zähnen. Mit dem nassen Winterwetter, das dieser Juni mit sich brachte, hatte die Narbe angefangen zu schmerzen und ließ ihn wieder humpeln wie in den ersten Wochen seiner Genesung. Vor jedem Wetterwechsel war das so. Wenigstens bedeutete das, dass es bald aufklaren würde.

In der Talsenke vor ihm versuchte einer von Dr. Wentworths Sträflingen, einen wolligen Schafbock daran zu hindern, sich von der kleinen Herde zu trennen. D'Arcy Wentworth war vor wenigen Tagen aus Kapstadt zurückgekehrt, wo er ein paar prächtige Merino-Böcke gekauft hatte. Während John mit seinen beiden ältesten Kindern weiter nach England segelte, hatte Wentworth mit den Schafen die Heimreise nach Neusüdwales angetreten. Jetzt sollten Macarthurs Zuchtschafe zu dessen Farm getrieben werden. Dafür gab es ein paar Shilling.

Bis auf die monatlichen Zuwendungen von McIntyre an

Moira hatten sie kaum Geld; für die meisten Gelegenheitsarbeiten, die Duncan für ein paar Nachbarn erledigte, erhielten sie Lebensmittel oder sonstige Dinge des täglichen Bedarfs. Wieder ein paar Münzen zu verdienen, war da doch erstrebenswerter.

Ein weiterer Schafbock versuchte, aus der Herde auszubrechen. Duncan stieß Artemis leicht die Fersen in die Flanken und ritt den Hügel hinab, um ihm den Weg abzuschneiden und ihn zurückzutreiben.

Sie kamen ohne Verluste bei Mrs Macarthur an. Elizabeth war hocherfreut über den Zuwachs ihrer Herde und nötigte die Männer, zum Essen zu bleiben. Dankbar für die Abwechslung tischte sie ihnen ein üppiges Mahl aus Lammfleisch, Brot und Gemüse auf und ließ sie erst am Nachmittag gehen.

Der Regen hatte endlich aufgehört, als Duncan wieder bei seiner Hütte eintraf. Artemis war bis zum Bauch mit Schlamm bespritzt; er würde das Pferd gleich abreiben müssen. Überall auf dem kleinen Hof vor ihrer Hütte standen Pfützen. Die drei mageren Hühner hatten sich aus ihrem Verschlag gewagt und pickten nun im Matsch. An der Leine flatterte frisch gewaschene Wäsche, die Holzklammern hatte er selbst geschnitzt. Eines der Wäschestücke war heruntergefallen und lag im Dreck. Er hob es auf. Es war einer von Moiras mehrfach geflickten Strümpfen, den jetzt ein hässlicher brauner Fleck verunzierte.

Er blieb stehen, den Strumpf in der Hand. Einen Moment lang stellte er sich vor, wie sein kleiner Sohn ihm mit seinen kurzen Beinen nachlief, wie er das Gleichgewicht verlor und in den Schlamm plumpste, wie er die Ärmchen ausstreckte, um von ihm hochgehoben zu werden.

Er schluckte. Joey war jetzt fast sechs Monate alt. Konnte ein Kind mit sechs Monaten schon laufen? Bekam er schon

Zähne? Sprach er gar schon die ersten Worte? Die Vorstellung, dass sein Sohn den Doktor »Daddy« nannte, versetzte ihm einen schmerzhaften Stich.

Und ausgerechnet er wollte Moira davon abhalten, zu viel über all das nachzugrübeln. Das war, als wollte man dem Feuer verbieten zu brennen. Der Gedanke an Joey war wie eine offene, schwärende Wunde. Aber während Duncan zumindest versuchte, die Wunde heilen zu lassen, musste Moira immer wieder daran kratzen, sobald sich auch nur ein leichter Schorf gebildet hatte.

Er schüttelte entschlossen den Kopf, ging zur Hütte und öffnete die Tür. Der Geruch von gegartem Kohl und feuchtem Tierfell quoll ihm entgegen. Moira blickte auf, als er eintrat. Sie stand mit dem Rücken zum Ofen, und an ihrem Tisch saß ein Mann.

Es brauchte ein paar stolpernde Herzschläge, bis er seinen Vater erkannte. Joseph wirkte nicht länger wie der Gentleman, in den Mrs Macarthur ihn verwandelt hatte. Seine Haare waren wieder gewachsen und hingen ihm feucht und strähnig bis auf die Schultern, ein kurzer, ungepflegter Bart bedeckte sein Gesicht, und das Kängurufell roch wie ein nasser Hund.

»Joseph«, sagte Duncan, und noch während er sprach, flackerte Besorgnis in ihm auf. Dass sein Vater sich nach so langer Zeit wieder hier blicken ließ, konnte nichts Gutes bedeuten. »Was ist passiert?«

»Ich bringe ihn um«, stieß Joseph statt einer Antwort hervor. »Ich bringe diesen Mistkerl mit meinen eigenen Händen um!« Wie zur Unterstreichung hieb er mit beiden Fäusten fest auf die Tischplatte.

»Wen denn, um Gottes willen?«

»Penrith!« Joseph spuckte den Namen aus wie eine verdorbene Speise.

Moira löste sich vom Ofen und ging auf ihn zu. »Er hat Pemulwuy in einen Hinterhalt gelockt«, sagte sie leise. »Und ihn dann kaltblütig erschossen.«

*

Das Kleid war aus silbrig blauer Seide, mit einem kleinen Blumenmuster in Dunkelblau. Schlicht und doch elegant genug, um es auf einer Abendveranstaltung zu tragen. Da Moiras Arbeitskleidung zu verschlissen und ihre beiden guten Kleider von den Plünderern gestohlen worden waren, hatte sie selbst zu Nadel und Faden gegriffen. Die Seide hatte sie von Elizabeth geschenkt bekommen. Sie musste lächeln, als sie an den ungläubigen Ausdruck auf Duncans Gesicht dachte, als sie ihm das Kleid vorgeführt hatte. Allein dafür hatten sich die unendlich langweiligen Nähstunden bei Miss Egglestone daheim in Irland gelohnt.

Draußen hörten sie Elizabeths Kutsche vorfahren. Duncan, der sein bestes Hemd trug, reichte ihr den Arm. »Auf in den Kampf!«

Diesmal hatte Wentworth keine Entschuldigung gelten lassen. Ob nun ehemaliger Sträfling oder vom Ehemann getrennt – er bestand darauf, dass zu seiner diesjährigen Jahresfeier auch Moira und Duncan kamen.

Vor Wentworths Anwesen drängten sich die Kutschen. Der Eingangsbereich und der Platz vor den Ställen waren mit Fackeln ausgeleuchtet, Sträflinge und andere Bedienstete eilten hin und her. Vor dem Küchenanbau briet ein Spanferkel über einem offenen Feuer und verbreitete einen herrlichen Duft. Gutgekleidete Damen und Herren standen in Gruppen herum, Gelächter und Stimmengewirr waren zu hören. Moira glaubte sich um zwei Jahre in der Zeit zurückversetzt. Damals war sie mit ihrem Ehemann hier gewesen. Und mit Duncan, der als Sträfling ihre Kutsche gelenkt hatte.

Sie stieg hinter Elizabeth aus der Kutsche und wäre doch am liebsten sitzen geblieben, denn plötzlich hatte sie Angst vor dem, was sie erwartete. Dann zog sie die Schultern zurück und schritt an Duncans Arm auf den Eingang zu, mit kleinen Schritten, damit der Kleidersaum ihre abgetragenen Schuhe verdeckte. Für neue Schuhe war kein Geld da gewesen.

Ob McIntyre heute Abend auch kommen würde?, fragte sie sich mit plötzlichem Unbehagen. Sie und auch Duncan hatten ihn lange nicht mehr gesehen, denn ihre monatliche Zuwendung erhielt Moira mittlerweile über einen Mittelsmann in Parramatta. Dann fiel ihr Blick auch schon auf die krummbeinige Gestalt im dunklen Rock. McIntyre zuckte sichtbar zusammen, als er Moira und Duncan erblickte, und wandte sich dann hastig wieder seinem Gesprächspartner zu: dem feisten Reverend Marsden – einem weiteren von Wentworths Gästen, auf dessen Gesellschaft Moira nicht den geringsten Wert legte. Kurz darauf entdeckte sie Gouverneur King und William Penrith, den Lagerverwalter von Toongabbie, der den Bauch einzog und fortwährend nickte, während der Gouverneur ihm etwas zu erklären schien. In ihrer Nähe stand eine Gruppe von Damen, unter ihnen die korpulente Mrs Zuckerman, die ein Glas mit Bowle in der Hand hielt und sichtlich angetan das üppige Büfett betrachtete. Als sie Moira sah, verzog sie hochmütig ihren kleinen Mund und straffte ihr Doppelkinn.

»Ich verstehe nicht, wieso diese unmögliche Person hier auftauchen darf«, vernahm Moira ihre nicht eben leise geäußerte Empörung.

»Mrs McIntyre, Mr O'Sullivan, ich freue mich sehr, Euch zu sehen!«, vernahm sie dann eine freundliche Stimme. Sie atmete auf, als Anna King, die Frau des Gouverneurs, auf sie zukam. Ihrem strahlenden Gesicht nach war ihre Freude tatsächlich echt.

Ihr Kleid aus cremefarbenem Musselin war von raffinierter Schlichtheit, mit hoher Taille und kurzen Ärmeln und mit winzigen, aufgestickten Blüten versehen. »Nicht doch«, wehrte sie ab, als Moira knicksen wollte, und reichte ihr stattdessen die Hand. Dann wandte sie sich an Duncan. »Ich werde nie vergessen, Mr O'Sullivan, was Ihr für meine kleine Tochter getan habt. Sie fragt heute noch manchmal nach Euch. Und nach Eurem Freund, Mr Fitzgerald. Wisst Ihr, was aus ihm geworden ist?«

Erneut staunte Moira über das Namensgedächtnis dieser Frau – Mrs King erinnerte sich tatsächlich noch an den Namen des hünenhaften Sträflings, der ihr gemeinsam mit Duncan bei einem Aufstand geflohener Sträflinge beigestanden hatte. Duncan hatte außerdem die Gouverneurstochter vor einem schlimmen Schicksal bewahrt, als er sie aus einem Fenster im Obergeschoss der Gouverneursresidenz hatte entkommen lassen.

»Nein, Madam«, gab Duncan höflich zurück. »Leider habe ich nichts mehr von ihm gehört.«

Er verschwieg, was Moira und er vermuteten: dass Samuel Fitzgerald bei dem Versuch, verwundet und in einem nicht hochseetauglichen Boot übers Meer zu flüchten, ertrunken war.

Mrs King nickte bedauernd. Bevor eine peinliche Stille entstehen konnte, fragte sie, ob Moira und Duncan sich gut eingelebt hätten, erzählte ihnen von der neuen Einrichtung in der Residenz des Gouverneurs und plauderte zwanglos über das Wetter, ohne damit nur ein heikles Thema zu streifen. Die Gouverneursgattin wusste, wie man gesellschaftliche Klippen umschiffte.

»Ach, Gouverneur King«, hörte Moira dann Mrs Zuckermans Stimme aus dem Gewirr von Geräuschen heraus, »wir sind ja alle so erleichtert, dass dieser schreckliche Wilde tot ist. Endlich kann man sich wieder auf die Straße wagen, ohne befürchten zu müssen, verschleppt oder getötet zu werden. Ihr seid sicher sehr glücklich darüber.«

»Nun ja«, sagte Gouverneur King und rieb sich über seine breite Stirn, »in gewisser Weise habe ich Pemulwuy geschätzt.«

Mrs Zuckerman sah aus, als hätte sie sich an einem Bratenstück verschluckt. »Ihr scherzt, Gouverneur.«

King schüttelte den Kopf. »Nein, Mrs Zuckerman. Ich kannte ihn schließlich persönlich, und ich kann sagen: Auch wenn Pemulwuy für die Kolonie eine furchtbare Plage darstellte, so war er doch ein tapferer und unabhängiger Charakter. Ich bedaure, dass er so enden musste.«

Mrs Zuckerman nickte sichtlich befremdet und wandte sich wieder dem Büfett zu.

Irgendwann an diesem Abend trafen sie auf einen Herrn namens Matthew Flinders, der es sich zum Ziel gesetzt hatte, als Erster die Küste Neuhollands vollständig zu vermessen. Mr Flinders, ein schlanker, nicht sonderlich großer Mann mit Adlernase, war ein glänzender Redner und unterhielt seine Zuhörerschaft mit anregenden Berichten über seine Erlebnisse. Den Süden hatte er bereits kartographiert und wollte in den nächsten Tagen wieder in See stechen. Moira schloss ihn vollends ins Herz, als er lachend von seinem Kater Trim erzählte, der ihn auf all seinen Schiffsreisen begleitete.

»Er schläft sogar in meiner Koje«, bekannte er augenzwinkernd. »Und er ist ein überaus angenehmer Tischgenosse, der sich sehr geschickt dabei anstellt, Fleisch von meiner Gabel anzunehmen.«

Als sich ein weiterer Herr zu ihnen gesellte, den Flinders als den Forscher Nicolas Baudin aus Paris vorstellte, wechselte man höflich ins Französische. Monsieur Baudin war erst vor wenigen Tagen in Sydney gelandet und ebenfalls zu Vermessungszwecken unterwegs. Obwohl sie dadurch Konkurrenten waren und England und Frankreich sich bis vor kurzem im Krieg miteinander befunden hatten, gingen die beiden Männer respektvoll und fast schon freundschaftlich miteinander um.

Moira hatte keine Schwierigkeiten, dem französischen Gespräch zu folgen – im Gegensatz zu Duncan, der bei seinem Ziehvater zwar eine einfache Schulbildung genossen, aber keine Fremdsprache gelernt hatte. Sie warf ihm einen entschuldigenden Blick zu, und er nickte und bedeutete ihr, sich nicht um ihn zu kümmern.

»Im Übrigen«, sagte Flinders gerade, »bin ich der Meinung, man sollte die Bezeichnung Neuholland für dieses Land aufgeben. Was haben schließlich die Holländer noch damit zu tun?« Zustimmendes Gemurmel erklang. »Die alten Seefahrer haben dieses Gebiet *terra australis* genannt, das südliche Land. In Anlehnung daran schlage ich die Bezeichnung ›Australien‹ vor.«

»Australien? Ein interessanter Vorschlag«, erwiderte ein älterer Herr mit Halbglatze. »Und wir wären dann also ›Australier‹?«

Verhaltenes Gelächter ertönte, noch einige weitere Scherze machten die Runde, bis auch diese kleine Versammlung sich auflöste.

Der Abend hatte etwas von einem Spießrutenlauf. Es gab etliche Gäste, mit denen Moira und Duncan nichts zu tun haben wollten, und andere, die sie offensichtlich schnitten oder ihnen missbilligende Blicke zuwarfen.

»Ich komme mir vor«, sagte Moira zu Duncan, »wie eine Kuh mit zwei Köpfen. Alle starren mich an.«

»Dann sind wir schon zwei Kühe«, gab er zurück. »Mit insgesamt vier Köpfen.«

Moira kicherte, als sie sich das passende Bild dazu vorstellte. Der köstliche Punsch war ihr schnell zu Kopf gestiegen.

»Bereust du es?«, fragte er.

»Was?«

»Dass du das alles für mich aufgegeben hast.« Er deutete vage auf die versammelte Gesellschaft.

»Nein. Niemals.«

Das Büfett war bereits abgeräumt, jetzt sammelten sich in einer Ecke des Raums einige Musiker mit ihren Instrumenten.

»Müssen wir etwa tanzen?« Duncan war offenbar wenig begeistert.

»Wenn du so fragst, sicher nicht.« Dennoch warf Moira einen sehnsüchtigen Blick auf die freigeräumte Tanzfläche.

Ein Sträfling mit einem Tablett voller Punschgläser kam vorbei. Duncan nahm Moira das leere Glas aus der Hand und ersetzte es durch ein gefülltes. »Wir könnten«, flüsterte er ihr ins Ohr, »stattdessen nach draußen gehen, unter die Bäume.«

»Wie vor zwei Jahren?«, gab sie ebenso leise zurück. Damals hatten sie sich zum ersten Mal geküsst.

Er nickte und sah sie so vielsagend an, dass ihr ganz warm wurde. »Ich glaube, das würde mir jetzt gefallen.« Er stand dicht neben ihr und tat, als würde er die Anwesenden betrachten, während er ihr leise schilderte, was genau er im Schutz der Bäume und der Dunkelheit alles mit ihr anfangen würde. Moira hielt sich an ihrem Punschglas fest und bemühte sich, ein freundlich interessiertes Gesicht zu machen und nicht zu lachen. Was ihr ausgesprochen schwerfiel.

Er erzählte ihr gerade, was er mit ihren Zehen anzustellen gedachte, als er plötzlich verstummte. Moira spürte, dass sich sein Körper versteifte.

»Was ist denn?«, wollte sie besorgt wissen.

»Penrith«, sagte er nur und deutete zum Eingang.

Sofort schwoll ein Raunen an, pflanzte sich durch die Reihen der Gäste fort wie eine Welle.

»Das ist Captain Penrith!«

»Je später der Abend, desto illustrer die Gäste.«

»Den habe ich ja seit einer Ewigkeit nicht mehr gesehen.«

»Es hieß, er sei krank gewesen.«

»Er ist jetzt wieder Major. Ich habe gehört, der Gouverneur habe ihn rehabilitiert.«

»Richtig, er hat doch diesen schrecklichen Wilden erschossen.«

Moira hätte fast gewürgt. Die Beförderung hatte Penrith zweifelsohne seiner Rolle bei Pemulwuys Tod zu verdanken.

Der frischgebackene Major suhlte sich geradezu in den dargebrachten Glückwünschen und begann sogleich, von seiner zweifelhaften Heldentat zu erzählen. Moira wollte sich angewidert abwenden, aber dann tat sie es doch nicht. Irgendetwas war anders an ihm. Er schien abgenommen zu haben; seine bislang so gutsitzende Uniform hing etwas zu locker an ihm, und beim Sprechen und Lächeln kniff er seine Lippen zusammen, was ihm ein verkrampftes Aussehen gab. Als er es doch einmal vergaß und lauthals über einen Witz lachte, sah sie, dass ihm zwei Zähne fehlten.

»Ich war diesem schwarzen Bastard schon seit Monaten auf der Spur«, vernahm sie. »Es hat lange gedauert, bis ich ihn endlich stellen konnte. Aber dann fiel er wie ein gefällter

Baum. Was wohl endgültig die Legende widerlegt, dass Kugeln ihm nichts anhaben können.«

Vielstimmiges Gemurmel pflichtete ihm bei. Einige klatschten sogar Beifall.

»Messer übrigens auch nicht«, fuhr Penrith beiläufig fort. »Ich habe ihm nämlich eigenhändig den Kopf abgeschnitten.«

Einige Frauen stießen leise Schreie aus. Mrs Zuckerman fächelte sich Luft zu, dachte aber offensichtlich nicht daran, dem wohligen Grusel zu entfliehen. »Und dann?«, erkundigte sie sich atemlos. »Was habt Ihr mit ihm gemacht?«

Penrith lächelte überlegen. »Nun, unser geschätzter Gouverneur wollte Pemulwuys Kopf. Also brachte ich ihm seinen Kopf. Eingelegt in Spiritus.«

»Kann man ihn sehen?«, fragte ein hagerer, hochaufgeschossener Mann.

»Ich bedaure, Sir. Ich habe mir sagen lassen, Pemulwuys Kopf befinde sich bereits an Bord eines Walfängers auf dem Weg nach England, zur *Royal Society*. Dort können ihn die gelehrten Herren dann studieren. Zumindest dafür ist er noch gut.«

»Ich muss mir das nicht länger anhören«, sagte Duncan leise, aber vernehmlich, und wollte sich abwenden.

»Hört, hört«, erklang die Stimme des Majors. »Mir scheint, der Tod dieser Bestie stößt nicht überall auf Beifall. Was mich nicht wundert. Schließlich hatte Pemulwuy auch unter den Gästen dieses Abends seine Anhänger.« Er machte eine kurze dramatische Pause, bevor er fortfuhr: »Aber nun, da ich diesen eingeborenen Bastard erledigt habe, werde ich auch noch seinen weißen Helfer zur Strecke bringen. Bei dem es sich übrigens um den Vater dieses Mannes handelt.«

Auch das letzte Gespräch erstarb, als er über die freie Fläche hinweg auf Duncan deutete.

Moira schnappte nach Luft. Alle Blicke hatten sich ihnen zugewandt, es war totenstill. Nur das Schnauben der Pferde, das aus den Ställen von draußen her durch die geöffnete Verandatür hereindrang, war in der plötzlichen Stille überlaut zu hören. Moira warf Duncan einen angstvollen Blick zu und sah, dass er die Fäuste ballte. Ihre Finger krallten sich in seinen Ärmel. Wenn er jetzt auf Penrith losging, wäre alles verloren. Ein Angriff auf einen Offizier war eine schwere Straftat.

»Lass es gut sein. Er will dich nur provozieren«, flüsterte sie, aber Duncan schien sie überhaupt nicht zu hören.

Wieso griff denn niemand ein? Ihr Blick huschte zwischen der schweigenden Menge umher, bis er auf McIntyre fiel. Er schwitzte stark, und ein seltsamer Ausdruck lag auf seinem Gesicht. Angst?

»Meine Herren, bitte, was ist denn hier los?« Moira atmete auf, als D'Arcy Wentworth mit wehenden Haaren herbeieilte. »Wir wollen doch diesen schönen Abend genießen.« Er gab den Musikern einen hastigen Wink, und schon erklangen die ersten zaghaften Geigentöne.

Ein paar endlos lange Sekunden starrten Duncan und Penrith sich noch an, dann riss Duncan sich los und drehte Penrith demonstrativ den Rücken zu.

»Sir«, wandte er sich an ihren Gastgeber. Moira konnte hören, wie mühsam er sich beherrschen musste. »Wir danken für die Einladung, aber wir werden jetzt besser aufbrechen.« Dann zog er Moira mit sich nach draußen, an den betreten oder pikiert dreinschauenden Gästen vorbei.

16.

Es war schon fast dunkel, als Elizabeth sich endlich von Moira verabschiedete und sich gemeinsam mit einem ihrer Sträflinge, der sie begleitet hatte, auf den Weg nach Hause machte. Sosehr Moira sich über den Besuch der Freundin gefreut hatte, so ungeduldig wartete sie jetzt, bis Elizabeths Kutsche in der schnell hereinbrechenden Nacht verschwunden war. Dann ging sie zum Hühnerstall, griff nach dem kleinen Beutel, den sie am Kreuzungspunkt zweier Balken versteckt hatte, und machte sich auf den Weg.

Duncan war heute in Sydney bei Mr Howe, einem Drucker, den sie vor kurzem auf D'Arcy Wentworths Feier kennengelernt hatten, und würde erst spät in der Nacht zurückkommen. George Howe hatte es sich in den Kopf gesetzt, die erste Zeitung der jungen Kolonie herauszugeben, wofür ihm allerdings nur eine kleine hölzerne Druckerpresse und ein geringer Satz an Drucklettern zur Verfügung standen. Daher war er sehr erfreut gewesen, dass Duncan gut mit Metall umgehen konnte, und hatte ihm angeboten, stundenweise bei ihm zu arbeiten. Dass er dafür jedes Mal knapp fünfzehn Meilen nach Sydney reiten musste, nahm Duncan in Kauf. Er war froh über diese Möglichkeit, etwas Geld zu verdienen, denn er fand jetzt kaum noch jemanden, der bereit war, ihm Arbeit zu geben. Major Penriths öffentliche Anklage hatte es nicht leichter gemacht. Viele der umliegenden Farmer waren durch Pemulwuys Überfälle geschädigt worden, und es war nur zu verständlich, dass sie nicht unbedingt den Sohn seines weißen Verbündeten bei sich beschäftigen wollten. Mr Howe war einer der wenigen, die sich nicht darum scherten.

Moira hatte Duncan nichts von ihrem Plan erzählt – er hätte niemals gutgeheißen, was sie vorhatte. Kurz hatte sie überlegt, wenigstens die Freundin einzuweihen, aber dann hatte sie es wieder verworfen. Auch Elizabeth würde ihr Vorhaben nicht unterstützen.

In der Dunkelheit, die sich inzwischen wie ein schwarzes Tuch über das Land gelegt hatte, wirkte die Umgebung völlig anders als am Tag. Eine gute Meile würde sie dem Weg jetzt folgen müssen, bevor er auf die Straße traf, die nach Toongabbie führte. Nur einmal kam ihr ein Karren entgegen. Moira ging schnell, mit festen, entschlossenen Schritten, die ihr Unbehagen nicht zeigen sollten. Sie fürchtete sich weniger vor Eingeborenen oder wilden Tieren als vielmehr vor geflohenen Sträflingen. Als einzelne Frau, noch dazu zu Fuß, wäre sie eine leichte Beute. Zudem behagte ihr die Vorstellung überhaupt nicht, diesen Weg nachher, mitten in der Nacht, zurückgehen zu müssen.

Sie sah sich um. Es war noch dunkler geworden, nur der Mond lugte manchmal hinter einer Wolke hervor und beleuchtete die Büsche und den leicht gewundenen Weg vor ihr. Wenn sie wenigstens Artemis bei sich gehabt hätte. Für einen Moment überlegte sie, ob sie die Kerze, die sie mitgenommen hatte, anzünden sollte. Aber dann verwarf sie es wieder. Sie brauchte das Licht noch.

Als ein dunkler, langgestreckter Schatten von rechts über den Weg kroch, blieb sie wie angewurzelt stehen und hielt die Luft an, Angst schoss heiß durch ihre Adern. War das etwa eine Schlange? Ein Schlangenbiss konnte in diesem Land schnell tödlich enden, das hatte sie mittlerweile gelernt.

Und nicht nur Schlangen waren gefährlich – im Unterholz lebten auch giftige Spinnen und anderes bedrohliches Getier.

Als die Schlange – oder was immer es gewesen war – verschwunden war, ging sie langsam weiter. Sie lief in der Mitte des Weges, weit genug entfernt vom Busch, der sich rechts und links erhob und aus dem es jetzt immer lauter quakte, raschelte und fiepte. Ihre Nerven waren angespannt, und sie trat fest auf, um mögliche Tiere zu vertreiben.

Ein leises Klappern, das rasch näher kam, drang vor ihr durch die Nacht. Hufschläge. Moira blickte auf, aber in der Dunkelheit konnte sie kaum etwas sehen außer einem schwarzen Schemen. Da kam ein Reiter! Sie trat einen Schritt zur Seite, verharrte bewegungslos. Nach der Begegnung mit der Schlange wagte sie nicht, sich im Gebüsch zu verstecken. Wenn das nun einer der so oft erwähnten Straßenräuber war …? Aber würde ein Räuber so offen auf dem Weg reiten?

Der Reiter wurde langsamer, ließ das Pferd in Trab und schließlich in Schritt fallen. Sie fasste nach dem Griff ihres kleinen Messers, das sie zu ihrem Schutz mitgenommen hatte. Ihr Herz schlug heftig, und plötzlich erschien es ihr ausgesprochen dumm, nachts hier herumzulaufen. Aber sie war nicht wehrlos, sagte sie sich. Sie würde ihr Leben so teuer wie möglich verkaufen.

Es hatte keinen Sinn, so zu tun, als wäre sie nicht da – er hatte sie längst bemerkt. Sie betete, dass er sie nur kurz grüßen und dann weiterreiten möge. Aber nein, jetzt stieg er sogar ab und …

»Moira?«

Ihr Atem entwich in einem erleichterten Seufzer, als sie Duncans Stimme erkannte. Gleich darauf schimpfte sie innerlich. Ihr schöner Plan drohte zu scheitern, bevor sie überhaupt die Möglichkeit gehabt hatte, ihn umzusetzen. »Was tust du hier? Ich dachte, du wärst in Sydney.«

»Das war ich auch. Aber Mr Howe wartet noch immer auf eine neue Lieferung Papier, und ohne die Bögen können wir nicht drucken.« Er griff nach dem Zügel, um das Pferd am Weitergehen zu hindern. »Warum läufst du in der Dunkelheit auf der Straße herum?«

Sie sah Duncan nicht an. »Ich wollte ... einen Spaziergang machen.« Großer Gott, fiel ihr wirklich nichts Besseres ein?

»Einen Spaziergang. Mitten in der Nacht. Hier.« In der folgenden Stille zwischen ihnen schienen die Geräusche der Nacht eigenartig laut. »Wer ist es?«, fragte er dann, und seine Stimme klang plötzlich ganz kalt.

»Wie bitte?« Es dauerte einen Moment, bis Moira verstand, aber dann lachte sie auf. »Glaubst du tatsächlich, ich würde mich mit einem anderen Mann treffen?«

»Was soll ich denn denken, wenn du dich nachts davonschleichst?«

Er wartete weiterhin auf ihre Antwort, aber sie blieb stumm. Das Mondlicht glänzte silbrig auf seinem Haar.

»Gut, wenn du nicht darüber reden willst, dann gehen wir jetzt nach Hause.« Er wollte nach ihrem Arm greifen.

»Nein!« Als sie zurückwich, fiel der kleine Beutel zu Boden, den sie in eine Tasche ihres Rocks gesteckt hatte. Duncan war schneller als sie und hatte ihn aufgehoben, bevor sie ihn zu fassen bekam.

»Was ist das?«

»Nichts, was dich interessieren müsste.«

Natürlich tat es das. Er öffnete den Beutel und zog den Eisennagel heraus, den sie selbst mit einem Hammer in S-Form gebogen und an einer Seite breitgeklopft hatte. Daneben fanden sich noch einige ihrer Haarnadeln, eine Kerze und ein Zunderkästchen zum Feuermachen darin.

Duncan hatte die Sachen auf seiner Handfläche ausgebreitet, so dass sie matt im Mondlicht schimmerten. »Sag jetzt nicht, du willst irgendwo einbrechen.«

Sie musste nicht antworten, damit er die richtigen Schlüsse zog.

»Bei wem? Etwa beim Doktor?« Er seufzte auf. »Ich weiß, dass du unseren Jungen schrecklich vermisst, aber du kannst Joey nicht noch einmal entführen.«

»Ich will ihn nicht entführen!«, fuhr sie auf. »Ich werde nicht einmal in seine Nähe kommen!«

»Was dann?«

Sie schwieg erneut und biss die Zähne zusammen.

»Was um alles in der Welt willst du bei McIntyre?«

Sie sträubte sich noch eine Weile, bevor sie zögernd mit der Sprache herausrückte. »Ich kenne mich in dem Haus aus. Ich weiß, wo er seine Papiere aufbewahrt.«

»Du willst ihm seine Papiere stehlen?«

»Nicht alle. Nur die Heiratsurkunde.«

»Die Heiratsurkunde?«, wiederholte Duncan, dann begriff er. »Weil er nur damit nachweisen kann, dein Ehemann zu sein.«

Moira nickte, erneut entzündeten sich kleine Feuer der Hoffnung in ihrem Bauch. »Das kann er aber nicht mehr, wenn die Urkunde fort ist. Dann muss er uns Joey zurückgeben.« Sie strich über ihr erhitztes Gesicht. »Duncan, bitte, ich weiß, dass es verwerflich ist, aber lass einmal dein Gewissen außen vor und komm mit. Wenn wir zu zweit sind, wird es noch besser gehen. Dann könntest du Wache stehen, während ich –«

»Das wird nicht funktionieren.«

»Doch«, sagte sie hastig, bevor er weiterreden konnte. »Ich habe mir alles genau überlegt. Das Schwierigste wird sein, in McIntyres Schlafkammer einzudringen und in seiner

Westentasche nach dem Schlüssel zum Studierzimmer zu suchen. Aber er hat einen tiefen Schlaf, und ich glaube –«

»Hör mir doch mal zu!«, unterbrach Duncan sie, nun etwas lauter. »Davon rede ich doch gar nicht. Ich meinte, spätestens wenn McIntyre aus Irland eine Abschrift der Urkunde anfordert, war alles vergebens.«

Moiras Schultern, die sie eben noch kampfeslustig hochgezogen hatte, sanken herunter. Wieso hatte sie das bloß nicht bedacht? Sie war so begeistert von ihrem schönen Plan gewesen, dass solche Überlegungen keinen Platz gefunden hatten.

»Trotzdem«, beharrte sie. So schnell würde sie nicht aufgeben. »Bis es so weit ist, vergehen etliche Monate, und wir könnten unser Land verkaufen und ... und woandershin gehen.«

»Wohin denn? Noch ist diese Kolonie zu klein und überschaubar, um nicht gefunden zu werden. Willst du dich ständig verstecken?«

»Aber ... wie soll ich denn sonst von diesem Dr. Sauertopf loskommen?« Am liebsten hätte sie auf irgendetwas eingeschlagen. »Es geht ja nicht nur um Joey. Solange ich mit dem alten Bock verheiratet bin, kann er jedes Kind fordern, das wir bekommen. Und eine Scheidung durchzusetzen, ist für mich völlig unmöglich.« Wütend strich sie sich die Tränen aus dem Gesicht. »Kann er nicht einfach tot umfallen? Wenn er stirbt, wäre ich endlich frei.«

Duncan nahm ihre Hände in seine. »Es gibt womöglich einen Ausweg«, sagte er dann. »Wenn auch keinen, der alles lösen wird. Wir müssen nur darum beten, dass McIntyre mitspielt.«

*

Die gute Stube des Doktors zeugte von bescheidenem Wohlstand. Seit Duncan das letzte Mal hier gewesen war, hatte sich einiges verändert. An der Wand hingen jetzt ein paar Tuschezeichnungen von Blumen und Pflanzen sowie eine, die den Hafen von Sydney zeigte, in einer Ecke stand ein kleiner Bücherschrank, und den Boden schmückte ein gewebter Teppich. Durch die angelehnte Tür drang der Geruch frisch gebackenen Brots und ganz schwach der einer medizinischen Essenz. Der Doktor behandele gerade einen Patienten, hatte Ann gesagt, als sie ihn in die Stube geführt hatte. Ihr Blick war misstrauisch gewesen – die Erfahrung hatte sie schließlich gelehrt, dass Moira und damit wohl auch ihm nicht zu trauen war. Auch jetzt ließ sie Duncan nicht aus den Augen und drückte sich unauffällig vor der angelehnten Tür herum; er konnte ihre leisen Schritte hören.

Ann hatte eine erstaunliche Entwicklung durchgemacht, musste Duncan wieder einmal feststellen, wenn auch nicht unbedingt zum Besseren; aus dem verhuschten Sträflingsmädchen, das kaum ein Wort hervorbrachte, war eine argwöhnische junge Frau geworden, die inzwischen um einiges selbstbewusster auftrat.

Anders als Ann wirkte der Doktor weniger misstrauisch als nervös, nachdem er Duncan begrüßt und ihm einen Sitz angeboten hatte. Duncan hätte es vorgezogen, zu stehen, aber so hätte er noch mehr als Bittsteller gewirkt, und er wollte dem Doktor auf Augenhöhe begegnen. Außerdem konnte er so seine eigene Anspannung besser verbergen.

»Wie gehen Eure Forschungen voran?«, erkundigte er sich. Er wollte schließlich nicht gleich mit der Tür ins Haus fallen.

»Interessiert dich das wirklich?« McIntyre warf ihm einen zweifelnden Blick zu, aber dann blitzte in seinen Augen Hoffnung auf. Es musste schwer für ihn sein, mit niemandem darüber reden zu können, aus Furcht, jemand könnte ihm mit seinen Erkenntnissen zuvorkommen. Nur mit Duncan hatte er manchmal seine Überlegungen geteilt.

»Nun ja, ich habe das *oculus introspectans* weiterentwickelt. Zumindest auf dem Papier. Vor kurzem kam endlich die Linse, die –«

Er verstummte, als eine Tür ging. Im Flur waren kräftige Schritte zu hören und eine unbekannte Frauenstimme. War das die Amme, von der Moira erzählt hatte?

»Aber du bist wohl kaum hier, um mit mir über meine Forschungen zu reden«, fuhr McIntyre dann sichtbar angespannt fort. »Brauchst du Geld? Ich habe meinen monatlichen Schuldschein erst letzte Woche abgegeben.«

»Nein, Sir, darum geht es nicht.« Duncans Wangen brannten vor Scham. »Im Gegenteil. Ich habe Euch ein Angebot zu machen.«

»Ein Angebot? Ich höre.«

Bevor Duncan weiterreden konnte, klopfte es. Noch während McIntyre unwirsch »Jetzt nicht!« rief, öffnete sich die Tür, und eine füllige Frau kam herein, die sorgsam gescheitelten Haare mit einer Haube bedeckt. Sie grüßte Duncan, der sich erhoben hatte, mit einem Kopfnicken.

»Doktor, bitte entschuldigt die Störung«, wandte sie sich sogleich an McIntyre, »aber Ihr habt gesagt, ich solle jederzeit zu Euch kommen, wenn etwas mit dem Kleinen sei.«

Sie sprach noch weiter, aber ihre Worte rauschten an Duncan vorbei wie strömendes Wasser. Er hatte nur Augen für den Säugling, den die Amme auf dem Arm trug. Der kleine Junge hatte volle schwarze Haare, seine Wangen waren rot und tränenüberströmt und wirkten fiebrig. Sein rechtes Händchen steckte mit vier Fingern in seinem Mund, aus dem Speichel lief. Allerdings schien ihn der fremde Mann, der da in McIntyres Stube stand, gerade von seiner Pein abzulenken; fasziniert starrte er Duncan aus großen grünen Augen an.

»… mit ihm spazieren, aber er hört nicht auf zu jammern«, hörte Duncan die Amme wie aus weiter Ferne sagen. »Ich bin nicht sicher, ob es nur die Zähne sind.«

»Nicht hier, Mrs Harris, habe ich gesagt!«, fuhr McIntyre die Frau an. Auch er hatte sich erhoben und wedelte nun hektisch mit den Armen, wie um zu verhindern, dass Duncan noch mehr mitbekam. »Ins Behandlungszimmer!«

Er drängte sie aus dem Raum und folgte ihr. Duncan blieb wie erstarrt stehen. Der kleine Junge sah ihn an, bis die Tür hinter ihnen zufiel und sie aus seinem Blickfeld verschwunden waren.

»Joey …«, murmelte Duncan tonlos. Sein Pulsschlag hallte in seinen Ohren wider, seine Glieder wirkten bleischwer. Alles in ihm drängte danach, seinem Jungen zu folgen, und er musste sich zwingen, sich wieder zu setzen.

»Geht es ihm gut?«, fragte er, als McIntyre nach wenigen Minuten wieder zurückkehrte. Wenigstens das musste er wissen.

McIntyre nickte. »Ja natürlich. Er bekommt nur Zähne. Kein Grund zur Besorgnis.« Er lehnte sich auf seinem Stuhl zurück und legte die Fingerspitzen zusammen. Duncan sah, dass sie leicht zitterten. »Was wolltest du mir anbieten?«

Duncan atmete tief durch, um seinen noch immer hämmernden Pulsschlag zu beruhigen – und sich wieder auf den Grund seiner Anwesenheit zu besinnen.

»Sir«, sagte er dann, »ich möchte Euch bitten, Euch von Moira scheiden zu lassen.«

»Scheiden?« McIntyres Brauen zogen sich zusammen. »Hast du auch nur die geringste Idee, wie ich das anstellen sollte? Selbst wenn ich es wollte: Du weißt so gut wie ich, dass eine Scheidung fast nicht durchführbar ist.«

Duncan nickte. Eine Ehe konnte nur durch ein kompliziertes parlamentarisches Verfahren geschieden werden. Da Frauen zum Besitz des Mannes zählten, durfte allein der Ehemann einen Antrag auf Scheidung stellen und musste durch Zeugen den Nachweis erbringen, dass seine Frau ihn betrogen hatte. Das ganze Verfahren war langwierig, äußerst kostspielig und nicht unbedingt von Erfolg gekrönt – ganz abgesehen vom gesellschaftlichen Skandal.

»Das ist mir alles bekannt, Sir. Ich meinte auch nicht eine solche Scheidung. Mein Vorschlag ist etwas ... anderer Art.« Er redete weiter, bevor der Doktor auf die Idee kam, ihn hinauszuwerfen.

McIntyre hörte Duncans Ausführungen stumm zu. Dann verzog er die Lippen zu einem dünnen Strich. »Ganz abgesehen von der Lächerlichkeit dieses Verfahrens – wieso sollte ich das tun?«

»Weil Ihr dann keinerlei finanzielle Verpflichtung Eurer ... Frau gegenüber mehr hättet.«

McIntyre sah ihn ausdruckslos an. »Hast du den Eindruck, dass ich mir diese finanzielle Verpflichtung nicht leisten könnte?«

»Das ist noch nicht alles.« Jetzt kam der schwierigste Teil. Aber er hatte es damals durchgestanden, und das würde er auch wieder tun. »Sir, ich ...« Er holte tief Luft. »Würde es Euch helfen, wenn Euch wieder ein Gehilfe zur Verfügung stünde?«

McIntyre sah ihn überrascht an. »Du?«

Duncan nickte. »Ich werde alles tun, was Ihr von mir verlangt. Wenn ... wenn Ihr wollt, auch sofort.« Die letzten Worte hatte er nur mühsam hervorbringen können, so sehr sträubte sich alles in ihm. Aber wenn der Doktor nur so zu einem Einverständnis zu bewegen war, dann würde er es tun. Auch wenn das bedeutete, womöglich gleich das *oculus* schlucken zu müssen.

»Alles? Wie meinst du das?« McIntyre hatte sich vorgebeugt, seine Stimme klang auf einmal ein wenig höher als sonst.

Duncan sah ihn irritiert an. Was sollte diese Frage? »Das müsst Ihr wissen. Ihr seid der Wissenschaftler.«

Kaum hatte er es ausgesprochen, schien sich ein Ring um seinen Hals zu ziehen, und zwischen seinen Schulterblättern sammelte sich kalter Schweiß. Allein der Gedanke an das fingerdicke Rohr in seiner Kehle ließ würgende Übelkeit in ihm aufsteigen, und er biss die Zähne zusammen, um sich nicht gleich auf dem Teppich zu übergeben.

Aber auch dem Doktor schien plötzlich unwohl zu sein; er schwitzte und sah irgendwie krank aus. Was ging hier vor? Der Anflug einer Ahnung zischte vorbei wie ein flüchtiges Insekt und war im nächsten Moment verschwunden.

»Sir?«

»Was?« McIntyre blickte erschrocken auf und strich sich fahrig über seinen Backenbart. »Ich muss darüber nachdenken«, brachte er dann hervor. »Du hörst von mir.«

*

Der Regen prasselte an die Scheibe des Studierzimmers, als verlange er nach Einlass, und hinterließ langgezogene Tropfen auf dem Glas. Alistair betrachtete die Zeichnungen und Notizen, mit denen sein Schreibtisch übersät war; viele alte Papiere, aber auch einige neue. In den vergangenen Monaten war Ruhe in sein Leben eingekehrt. Er hatte einen Sohn, der sich prächtig entwickelte, Major Penrith hatte ihn nach seiner Genesung von der Syphilis großzügig bedacht, und die Arbeit in Praxis und Lazarett lief zufriedenstellend. Jetzt war die Zeit da, sich wieder seinen Forschungen zu widmen. Er hatte die Arbeit am *oculus* wieder aufgenommen, die alten Zeichnungen durchgesehen und dabei gespürt, wie das Feuer der Wissenschaft wieder in ihm zu lodern begonnen hatte. Vor zwei Wochen war auch endlich die geschliffene Linse eingetroffen, die er in England bestellt hatte und die hoffentlich einen besseren Blick ins Körperinnere ermöglichen würde als die bisherigen behelfsmäßigen Spiegel.

Duncans Angebot, wieder als sein Gehilfe zu arbeiten, erschien ihm da wie ein Wink des Schicksals. Sicher, er könnte auch einen anderen geschickten Handwerker auftreiben, der nach seinen Anweisungen am *oculus* arbeitete. Und für ein paar Münzen fand sich wohl auch irgendein Sträfling, an dem er es ausprobieren könnte. Aber das würde weitere Mitwisser bedeuten – nichts, was Alistairs chronisches Misstrauen besänftigen würde. Duncan dagegen hatte sich schon früher als wertvoller Gehilfe erwiesen, der alles Nötige in sich vereinte; er hatte handwerkliche Fähigkeiten, war ideenreich und zuverlässig und gab eine recht ordentliche Versuchsperson ab.

Alistairs Ehrgeiz war erneut erwacht. Er würde das *oculus* weiterentwickeln, es länger und filigraner anfertigen lassen. Einen ausführlichen Artikel im *London Medical Journal* veröffentlichen. Seine bahnbrechende Erfindung vor den anderen Ärzten in Sydney präsentieren und irgendwann vielleicht sogar in Europa. Man würde ihn feiern als neuen Typus des modernen Arztes, ihn, Dr. Alistair McIntyre, Erfinder des *oculus introspectans,* des hineinschauenden Auges, und niemand würde mehr über seine ehemaligen Verfehlungen sprechen.

Wenn er dafür bei dieser Farce einer öffentlich versteigerten Ehefrau mitspielen musste, wie Duncan ihm heute vorgeschlagen hatte, dann war das ein Preis, mit dem er leben konnte.

Erneut kehrten seine Gedanken zu diesem unerwarteten Besuch zurück. *Alles,* hatte Duncan gesagt. Er würde alles tun, was Alistair von ihm verlangte. Wie hatte er das gemeint? Ein plötzlicher Schauer der Angst rieselte seine Wirbelsäule hinab und verdrängte das Hochgefühl von soeben. War es möglich, dass Duncan etwas wusste von Alistairs schändlicher Neigung zum eigenen Geschlecht? Ahnte er gar, wie sehr Alistair sich nach ihm verzehrte?

Nein, das war ganz und gar undenkbar! Er war doch stets so vorsichtig gewesen.

Und doch ... Wenn Duncan nun doch etwas gemerkt hatte? Wenn er – es doch wusste? War sein Angebot dann womöglich noch anders zu verstehen?

Alistair hielt den Atem an, als sich ein neuer Gedanke in ihm breitmachte. Ein schlechter, verbotener, verdorbener Gedanke. Einer, der die beginnende Panik verdrängte und ihn vor Erregung erzittern ließ.

Er würde ... o ja, er würde ... Ann und die Amme mit Henry mit irgendwelchen Aufgaben wegschicken und Duncan zu sich bestellen. Er würde ihn in die Schlafstube führen und ihn bitten, sich langsam auszuziehen. Sich auf das Bett zu legen. Dann würde er zu ihm kommen, ihn streicheln, liebkosen, sich an seiner Schönheit weiden, bis er sich nicht mehr zurückhalten könnte. Und dann ...

Er sah Duncan unter sich, so lebensecht, als läge er leibhaftig vor ihm. Und sah, was seiner Lust einen empfindlichen Dämpfer versetzte: der schöne junge Körper verkrampft, die Hände ins Kissen gekrallt, die Züge von Schmerz gezeichnet. Duncan würde stillhalten, denn er hätte es versprochen, aber er würde es nicht genießen. Für ihn wäre es keine Lust, sondern Schmerz, Sünde und Demütigung. Und danach würde er Alistair hassen. Oder schlimmer noch: verachten.

Schwer atmend schüttelte Alistair den Kopf. Er schob den Stuhl zurück und stand auf, ging die wenigen Schritte zum Fenster und presste sein erhitztes Gesicht an die kühle Glasscheibe, hinter der sich Regen und Dunkelheit mischten.

Nie wieder, hatte er sich nach Victorias Tod geschworen. Er würde dieser widernatürlichen Unzucht nie wieder nachgehen – die Gefahr einer Entdeckung war einfach zu groß.

Aber damals hatte er noch nicht gewusst, wie schwer dieser Eid zu halten sein würde.

17.

Duncans Finger zurrten den Knoten fest, der das Seil um Moiras Taille hielt. Wie bei einem Pferd, das auf die Weide geführt werden sollte, schoss es ihr durch den Kopf. Dann übergab er McIntyre das lange Ende des Stricks und nickte Moira zu. Angespannt lächelte sie zurück und ging los, doch schon nach zwei Schritten spürte sie, wie sich der Strick um ihre Taille straffte. Sie hielt inne. McIntyre stand noch immer wie festgewachsen hinter ihr in der kleinen Gasse, die zum Marktplatz führte, das Seil in der Hand.

»Ich kann das nicht«, sagte er kopfschüttelnd. »Das ist absolut ... lächerlich.«

Moira biss sich auf die Lippe, um sich nicht zu einer patzigen Antwort hinreißen zu lassen. Würde McIntyre ihnen etwa kurz vor dem Ziel noch einen Strich durch die Rechnung machen? Sie hatte genauso wenig Lust auf dieses entwürdigende Schauspiel wie ihr Gemahl, aber es war nun einmal die einzige Möglichkeit, hier und jetzt auf halbwegs legale Weise ihre Ehe zu beenden.

Auch Duncan wirkte für einen Augenblick, als wollte er McIntyre am liebsten den Hals umdrehen. »Bitte, Sir.«

McIntyre sah ihn so eindringlich an, als suche er bei Duncan die Antwort auf eine unausgesprochene Frage. Nach einer endlos langen Zeit nickte er zögernd. »Also gut. Bringen wir es hinter uns.«

Es war Markttag in Parramatta, auf dem großen Platz in

der Mitte des Ortes drängten sich Händler, Käufer und Schaulustige um Verkaufsstände. Moira warf den Kopf hoch und bemühte sich, nicht auf die Gesichter zu achten, während sie, den Strick um den Leib, von ihrem Ehemann durch die Menge geführt wurde. Wie ein Stück Vieh. Schon erklangen vereinzelt derbe Frotzeleien und Gelächter.

An einer Hauswand erblickte Moira einen großformatigen Anschlag. Da die erste Ausgabe ihrer Zeitung noch auf sich warten ließ, hatten Duncan und Mr Howe in McIntyres Namen etliche Aushänge gedruckt und in Sydney und Parramatta verteilt. Moira war zwar zu weit entfernt, um etwas entziffern zu können, aber sie kannte den Text mittlerweile auswendig: »Hiermit gebe ich bekannt, dass ich die noch mit mir vermählte Moira McIntyre am 24. September 1802 auf dem Marktplatz von Parramatta in einer öffentlichen Auktion zu versteigern gedenke. Dr. Alistair McIntyre, Toongabbie.«

Moira hatte es zuerst für einen schlechten Scherz gehalten, als Duncan ihr von dieser Möglichkeit erzählt hatte. Noch nie war ihr Ähnliches zu Ohren gekommen – was allerdings nicht weiter verwunderlich war, da ihr Vater ihr früher in Irland das Zeitunglesen untersagt und sie Markttreiben oder sonstige Veranstaltungen lediglich aus dem geschützten Inneren einer Kutsche heraus gesehen hatte. Aber dann hatte Duncan ihr eine englische Zeitung gezeigt, die er bei Mr Howe gefunden hatte und in der solch ein Fall in aller Ausführlichkeit geschildert wurde. Außerdem, so sagte er, erinnere er sich wieder daran, als Kind in Waterford einmal einem ganz ähnlichen Ereignis beigewohnt zu haben. Howe und Wentworth bestätigten diese Praxis ebenfalls und steuerten noch einige Anekdoten über davongelaufene Ehefrauen bei, und selbst McIntyre gab zu, schon von solchen »Scheidungen« gehört zu haben. Dieses

Vorgehen entsprach zwar nicht unbedingt geltendem Recht, wurde aber vom Magistrat stillschweigend geduldet, zumal es stets öffentlich stattfand und damit eine gewisse rechtliche Gültigkeit aufwies. Der »Käufer« war dabei fast immer der Liebhaber der Frau, mit dem sich der gehörnte Ehemann schon vorher geeinigt hatte; ein zumeist für beide Seiten befriedigender Abschluss.

McIntyre führte Moira bis in die Mitte des Marktplatzes, wo Mr Howe, der heute als Auktionator fungieren würde, sie bereits erwartete. Er stand neben einer kräftigen Holzplatte, die man über zwei hölzerne Böcke gelegt hatte und gewöhnlich für die Versteigerung von Kleinvieh vorgesehen war. Moira warf Duncan einen raschen Blick zu, dann ließ sie sich, den Strick noch immer um die Taille, von Mr Howe auf den behelfsmäßigen Tisch helfen.

Was hier stattfand, war dermaßen unwirklich, dass es ihr vorkam wie ein Traum. Sie konnte nicht einmal sagen, ob es ein angenehmer Traum war oder ein Alptraum. All die vielen Menschen, die Gesichter, die sich ihr nach und nach unter einem wolkenlosen Himmel zuwandten. Sie hörte, wie die Händler ihre Waren anpriesen, eine Mutter schimpfte mit ihrem Kind, ein Topf fiel mit lautem Getöse von einem sorgsam aufgeschichteten Stapel, eine Ziege blökte. Der Geruch von gebratenem Fleisch und süßem Kuchen mischte sich mit dem von verschwitzten Körpern und tierischen Exkrementen. Und neben sich, ebenerdig, das Ende des Stricks in der Hand, ihr Ehemann. Er hatte einen hochroten Kopf und tat so, als würde er etwas auf dem Boden betrachten. Mit einem Mal bemitleidete sie ihn. Moira verstand noch immer nicht ganz, was McIntyre veranlasst hatte, bei dieser Posse mitzumachen. War es wirklich das Unterhaltsgeld für sie, das er dadurch einsparte? Duncan hatte ihr erklärt, er würde außerdem für eine gewisse Zeit wieder als McIntyres Gehilfe arbeiten.

»Meine Damen und Herren!«, rief Mr Howe jetzt mit kräftiger Stimme, die mühelos durch das Geschnatter der Marktbesucher drang. »Wenn Ihr mir bitte Euer Gehör schenken würdet. Ich bin von Dr. McIntyre, Arzt aus Toongabbie, beauftragt worden, seine Gemahlin dem Höchstbietenden zu verkaufen.«

Moira spürte, dass ihr das Blut ins Gesicht schoss. Nach einem Moment der Stille ertönte vereinzelt Gelächter, dann ging das Geschnatter weiter, und viele drängelten und schubsten, um einen möglichst guten Platz zu bekommen. Moira warf den Kopf zurück und wappnete sich mit einem hochmütigen Blick gegen das allgemeine Starren. In der Menge entdeckte sie den blonden Schopf von D'Arcy Wentworth, der ihr jetzt freundlich zunickte; an seiner Seite stand sein ältester Sohn, der zwölfjährige William. Sie sah noch weitere Bekannte: einen von Elizabeths Sträflingen, einen Nachbarn und die Frau, bei der sie manchmal Reis, Tee oder Kerzen kaufte. Zu ihrer Erleichterung schienen weder Joseph noch Ningali anwesend zu sein. Moira hatte keine Ahnung, wo Duncans Vater sich herumtrieb; seit Wochen hatten sie ihn nicht mehr gesehen. Aber auch wenn die Erlaubnis, auf jeden Eingeborenen in und um Parramatta schießen zu dürfen, nach Pemulwuys Tod wieder zurückgezogen worden war, so war es sicher besser, wenn die beiden sich nicht hier zeigten. Zumal sich auch einige Soldaten des New South Wales Corps eingefunden hatten.

Moira erstarrte: Dort hinten, neben dem Stand mit Backwaren, war Major Penrith!

Ein Gefühl, als würde sie jemand würgen, legte sich um ihre Kehle. Was tat er hier? Wollte er diese halblegale Auktion etwa unterbinden? Ihnen schon wieder einen Stock zwischen die Beine werfen? Nein, versuchte sie sich zu beruhigen, dann wäre er sicher schon längst eingeschritten. Wahrscheinlich wollte er sich lediglich an dem peinlichen Schauspiel ergötzen. Auf ihre Kosten.

Sie ballte die Fäuste. Ihr erster Impuls war es, vom Tisch zu steigen und die ganze Sache abzubrechen. Aber dann fiel ihr Blick auf Duncan, der ihre Aufregung bemerkt hatte und sie fragend ansah. Sie deutete unauffällig in Penriths Richtung, und Duncan wandte genauso unauffällig den Kopf. Als er wieder zu ihr blickte, hob er leicht die Schultern und nickte ihr aufmunternd zu. Er hatte recht. Eine solche Gelegenheit würde sich kein zweites Mal ergeben. Sie würden diese Sache jetzt hinter sich bringen, mochte Penrith sich nun daran weiden oder nicht.

»Nun, meine Herren«, unterbrach Mr Howes Stimme ihre Gedanken, »wer möchte beginnen? Wie lautet das erste Gebot?«

Erneut sah Moira zu Penrith hinüber, aber der machte keine Anstalten, die Auktion zu unterbrechen. Ihr Blick ging zu Duncan, keine fünf Schritte von ihr entfernt, der die Arme verschränkt hatte und sie angrinste. Wieso ließ er sich so viel Zeit?

»Kann sie kochen?« Ein kräftiger Mann mit einem dichten dunklen Bart drängte sich durch die Menge nach vorne.

Moira zuckte zusammen – sie hatte nicht damit gerechnet, dass außer Duncan noch jemand bieten würde. Sie wollte dem Mann gerade eine geharnischte Antwort entgegenwerfen, aber Duncan war schneller.

»Nein, kann sie nicht«, sagte er. »Auch wenn sie es immer wieder versucht.«

Moira funkelte ihn wütend an, während vereinzelte Lacher ertönten. Was bildete er sich ein? Aber dann sah sie, dass er ihr zuzwinkerte, und sie verstand.

Der Frager gab allerdings nicht so schnell auf. »Wie ist es mit nähen?«, wandte er sich direkt an sie. »Könnt Ihr wenigstens nähen?«

»Keinen einzigen geraden Stich«, gab sie im Brustton der Überzeugung zurück, und diesmal waren die Lacher auf ihrer Seite. Diese ganze Sache war so lächerlich, dass es schon wieder lustig war. Für ein paar Sekunden konnte sie sogar Penrith vergessen.

Als der Frager sich schließlich missmutig abwandte und erklärte, eine solche Frau sei zu nichts zu gebrauchen, ergriff Mr Howe erneut das Wort.

»Nun, meine Herren, will denn niemand auf diese Lady bieten?«

»Doch«, sagte Duncan endlich. »Ich biete ein englisches Pfund. Und eine Gallone Rum.«

Moira holte scharf Luft. Das war mehr als ein Wochenlohn – so viel Geld hatten sie nicht. »Das ist viel zu viel!«, widersprach sie aufgebracht.

Die Zuschauer bogen sich vor Lachen, und selbst Mr Howe konnte sich ein Grinsen nicht verkneifen. »Ihr seht hier«, versicherte er der Menge, »den äußerst seltenen Fall einer bescheidenen Frau, die sich unter Wert verkauft.«

Die Leute johlten und applaudierten. Moira spürte, dass ihr erneut die Röte in die Wangen stieg, und biss sich auf die Lippen, um nicht noch etwas Dummes zu sagen.

»Nun, Dr. McIntyre«, wandte sich Mr Howe an ihren Noch-Ehemann, »da sich niemand anders findet: Seid Ihr willens, Eure Gemahlin an diesen Gentleman hier zu verkaufen zum Preis von einem englischen Pfund und einer Gallone Rum?«

McIntyre nickte.

»Und Ihr, Mrs McIntyre, seid Ihr ebenfalls damit einverstanden?«

»Das bin ich.« Für einen Moment kam Moira sich vor, als hätte sie auf die Frage eines Reverends bei der Eheschließung geantwortet. Sie lächelte Duncan an. So schlimm war es gar nicht gewesen. Gleich würde sie zu ihm hinuntersteigen, sie würden einen Vertrag mit McIntyre unterzeichnen und anschließend vielleicht sogar noch ins Wirtshaus gehen. Und dann wäre sie endlich frei, frei, frei ...

*

Major James Penrith sah sich erneut um. An verschiedenen Stellen waren seine Soldaten postiert, sie hatten alles unter Kontrolle. Ob der Vater dieses irischen Bastards noch auftauchen würde? Diese Veranstaltung, die schon seit Tagen überall verkündet wurde, konnte er sich doch nicht entgehen lassen – schließlich ging es hier um das Glück seines Sohnes.

Wo versteckte der Kerl sich bloß? Sein Blick ging prüfend über die Menge und landete bei McIntyre neben dem Brettertisch. Penriths Mundwinkel kräuselten sich in einem sardonischen Lächeln. Bemerkte denn niemand sonst die hungrigen Blicke, mit denen McIntyre den verdammten Iren verschlang? Der feine Herr Doktor würde sich noch um Kopf und Kragen bringen, wenn er nicht aufpasste.

Mit McIntyre hatte er sowieso ein Hühnchen zu rupfen. Seine Dankbarkeit dem Doktor gegenüber hatte sich in Entsetzen verwandelt, als er gestern ein neues Geschwür auf seinem besten Stück entdeckt hatte. Fast hätte er seine Kammer kurz und klein geschlagen: Er war nicht geheilt! Er würde sich noch ein weiteres Mal dieser entsetzlichen Quecksilberkur unterziehen müssen, die ihn zu einem sabbernden, stinkenden, heulenden Wrack hatte werden lassen!

Er schreckte aus seinen Gedanken auf, als die Menge über irgendetwas laut lachte. Ob er etwas Bewegung in diese Farce dort vorne bringen sollte? Er schob den Mann vor sich zur Seite und trat einen Schritt nach vorn.

»Versteigert für ein Pfund und eine Gallone Rum«, verkündete das Männlein namens Howe, das die Rolle des Auktionators übernommen hatte. Auch ein ehemaliger Sträfling, wie Penrith wusste. »Zum Ersten, zum Zweiten, z…«

»Drei Pfund«, rief Penrith.

Der Kopf der jungen Mrs McIntyre fuhr hoch, sie starrte ihn entgeistert an. Auch viele andere drehten sich nach ihm um.

Howe sah kaum weniger bestürzt aus. »Ah, ein neuer Bieter«, sagte er lahm. »Sir, seid Ihr sicher, so viel Geld setzen zu wollen?«

Was bildete dieser Kerl sich ein? »Habt Ihr etwa Zweifel an meinen Mitteln?«

»Nein, natürlich nicht, Sir.« Howe sah hilflos zu O'Sullivan, dann wandte er sich mit hängenden Schultern wieder der Menge zu. »Ihr habt es gehört. Drei englische Pfund lautet das neue Gebot. Wer bietet mehr?«

»Ein Pferd«, setzte O'Sullivan dagegen.

Mrs McIntyre auf der Bühne erstarrte. Sie sagte etwas, was Penrith nicht verstehen konnte, schüttelte wild den Kopf und gestikulierte mit den Händen.

Ein Pferd? Der verdammte Ire bot sein Pferd? Das Tier war weitaus mehr wert als die drei Pfund, die er, Penrith, ins Rennen geworfen hatte. Dieser Wettkampf versprach amüsant zu werden. Natürlich dachte Penrith nicht wirklich daran, die junge Frau für sich zu ersteigern – das würde schon an ihrem nicht vorhandenen Einverständnis scheitern. Aber allein die Vorstellung reizte ihn. Und niemand konnte ihn hindern, den Preis hochzutreiben.

Er öffnete schon den Mund, um einen noch höheren Preis aufzurufen, als sein Blick wie von einer unsichtbaren Schnur gezogen auf jemanden vor ihm fiel. Er japste nach Atem. Ein paar Schritte entfernt hatte sich eine knabenhafte Gestalt umgedreht, gekleidet in Hemd und Hose, einen Schlapphut auf den goldfarbenen Locken. Darunter blitzten ihn zwei tiefdunkle Augen aus einem braunen Gesicht an. Das verdammte Eingeborenenmädchen! Die halbwüchsige Kleine, auf die er einmal geschossen – und die er zu seinem Ärger verfehlt – hatte!

Die Zahl, die er hatte aufrufen wollen, erstarb ihm in der Kehle. Es war nicht bloß die Überraschung, er brachte das Wort einfach nicht heraus, selbst wenn er gewollt hätte. Als hätte er plötzlich das Sprechen verlernt. Auch jede Bewegung schien wie eingefroren, festgezurrt – gebannt von diesen nachtdunklen, fremdartigen Augen.

Was tat sie da? Sagte sie etwas? Er konnte kein Wort hören, und doch schien sie zu reden, während sie ihn unverwandt ansah. Beschwor sie etwa diese lächerlichen Ahnengeister, an die die Wilden glaubten? Angst schloss sich wie eine eisige Faust um sein Herz, ein plötzliches Grauen, das absolut nicht zu diesem sonnigen Tag, dieser frühsommerlichen Wärme passen wollte. Gleichzeitig schien sein Blut zu kochen, sein Herz pumpte wie wild.

So gedämpft, als hätte man seine Ohren mit Wachs verschlossen, hörte er, wie jemand den Abschluss der Auktion verkündete und dann erklärte, die junge Mrs McIntyre sei nun nicht mehr mit ihrem Gemahl verheiratet, sondern gehöre ab sofort zu einem gewissen Duncan O'Sullivan. Erst als dieser Name fiel und Beifall aufbrandete, wandte das Eingeborenenmädchen sich ab. Und genauso plötzlich brach auch der seltsame Bann. Penriths Hand fuhr zu seiner Pistole, die er in einem Tragriemen unter seinem roten

Uniformrock trug, und zerrte die Waffe aus der Halterung. Er würde dieser kleinen Wilden endgültig eine Kugel durch den Schädel jagen! Einerlei, dass der Gouverneur die Schießerlaubnis auf die Wilden aufgehoben hatte. Wegen so einer Eingeborenenschlampe würde schon niemand einen Aufstand machen.

Die Menge begann sich zu zerstreuen. Aber wo war sie? Wo zum Teufel war das Mädchen? Da! Er sah den goldblonden, lockigen Schopf weiter vorne; sie hatte den Hut abgenommen und winkte nach vorne. Hatte er sich tatsächlich von *ihr* ängstigen lassen? Sie war ja noch ein halbes Kind!

Sein Atem war jetzt wieder ganz ruhig. Er hob die Pistole, ignorierte die plötzliche Unruhe, die Schreie um ihn herum. Mit dem Daumen spannte er den Hahn und zielte.

»Du hast mich zum letzten Mal genarrt«, murmelte er.

»Ningali!«, hörte er jemanden rufen. Aus dem Augenwinkel sah er einen silbrig funkelnden Blitz durch die Luft fliegen. Er schrie auf, als ihn ein scharfer Schmerz traf, und taumelte zurück.

In seinem Bauch, knapp unterhalb der Rippen, steckte ein Messer, eingedrungen bis zum Heft! Entsetzt ließ er die Pistole los, die dumpf auf dem Boden aufschlug, und umfasste mit beiden Händen den Griff. Ein heiserer Laut kam über seine Lippen. Er konnte die Klinge in seinen Eingeweiden spüren, bei jeder Bewegung, jedem Atemzug.

Der schneidende Schmerz, als er das Messer aus sich zog, ließ ihn fast ohnmächtig werden. Er ließ es fallen, sank auf die Knie und fasste in heißes, strömendes Blut.

Schreie, Tumult, ein metallischer Geruch. Die Menge teilte sich und gab seinen Blick frei auf den irischen Bastard, dessentwegen er hier war. Der Mann, der Pemulwuys weißer Helfer gewesen war. Der Mann, der das Messer auf ihn geworfen hatte!

Er sah, wie seine Soldaten den Mann mit gezückten Musketen umrundeten und zu Boden zwangen.

»Joseph O'Sullivan«, brüllte er mit letzter Kraft, »dafür werde ich dich hängen sehen!«

Der Schmerz in seinem Bauch schien ihn zu zerreißen. Er sank nach vorne.

»Sir, Major, bitte, bewegt Euch nicht!« Plötzlich war McIntyre an seiner Seite, half ihm, sich auf der festgetrampelten Erde hinzulegen.

»Verflucht noch mal, McIntyre«, keuchte Penrith, seine Stimme hörte sich ganz fremd an, »dieser Bastard hat ein Messer nach mir geworfen!«

»Ich weiß, Sir, ich weiß.«

Rasch öffnete McIntyre die Knöpfe des roten Uniformrocks. Penrith bäumte sich auf und knirschte mit den Zähnen, als der Doktor das Hemd aufriss und die Wunde hastig untersuchte.

»Sir, Ihr müsst ganz still liegen!«

Er fühlte sich schwach, seine Glieder waren zittrig und schwer zugleich. Ihm war schwindelig, die Menschen um ihn herum schienen zu kreisen.

Er stöhnte auf, als McIntyre ein Stück Stoff auf die Wunde presste. Auch D'Arcy Wentworth war jetzt an seiner Seite aufgetaucht. Penrith sah, dass die beiden Ärzte sich einen raschen Blick zuwarfen. Was hatte das zu bedeuten?

Sein Körper war in kalten Schweiß gebadet. »Redet, McIntyre«, ächzte er. »Wie schlimm ist es?«

»Sir«, murmelte der Arzt so leise, dass er ihn kaum verstehen konnte. »Sir, es sieht nicht gut aus …«

»Was?« Für einen Moment vergaß Penrith seine Schmerzen. »Was soll das heißen?«

»Die Klinge hat ein großes Blutgefäß getroffen. Die … Blutung lässt sich nicht stillen.«

Was redete der Mann da für einen Blödsinn? Er schaute an sich hinunter; sah McIntyres blutverschmierte Hände, die noch immer einen Stofffetzen auf die Wunde drückten; sah das viele Blut, das sein weißes Hemd durchtränkte, und die riesige, dunkelrote Lache, die sich immer weiter um ihn herum ausbreitete.

Todesangst schoss eiskalt durch seine Glieder. »Helft mir!«, stieß er hervor und krallte seine blutverschmierten Finger in McIntyres schwarzen Rockärmel. »Na los doch! Tut etwas!«

»Sir, ich bedaure zutiefst ...«

Penrith atmete hastig, sein Herz hämmerte in raschen, schmerzhaften Stößen. »McIntyre, Ihr verdammter Sodomit! Ihr könnt mich doch hier nicht einfach krepieren lassen!«

Für einen Moment huschte ein Ausdruck unverhohlenen Entsetzens über das Gesicht des Arztes, dann hatte er sich wieder im Griff. »Sir, bitte, Ihr solltet nicht mehr sprechen.«

»Ich spreche so ... viel, wie ich ... will!«

Vor seinen Augen flimmerte es. Ihm war, als schaue er durch ein langes Rohr, das immer schmaler wurde. Die Menschen, die um ihn herumstanden, rückten in weite Ferne, lösten sich auf in dunklem Nebel. Und auch die Geräusche, das Reden und das Rufen, ebbten ab. Er hörte nur noch seine eigenen, gehetzten Atemzüge. Ihm war übel, er spürte klebrigen Schweiß auf seiner Haut. Warm strömte das Blut aus ihm hinaus, tränkte Hemd und Rock und versickerte im Boden. Immer mehr, mehr, mehr ...

»McIntyre?«, wimmerte er. »Wo seid Ihr? Ich ... kann Euch nicht mehr sehen.« Seine Hand fuhr ziellos durch die Luft.

»Ich bin hier, Sir.« Die Stimme klang seltsam weit entfernt, wie durch eine dicke Wand.

»Lasst mich … Lasst mich nicht allein …«

Ein krampfhaftes Beben durchlief seinen Körper, dann noch eines. Zitternd klammerte er sich an die Hand, die nach seiner fasste.

Er stöhnte vor Furcht, als aus dem Dunkel vor seinen Augen eine grässliche Fratze auftauchte. Dann erkannte er in den verzerrten Zügen den jungen Obergefreiten Higgins, den er einst vor ein Krokodil gestoßen hatte, um sich selbst zu retten. Higgins' Todesschreie waren noch lange durch den Busch gehallt. Die Fratze löste sich auf, wurde zu den dunklen Zügen von Pemulwuy, dem Regenbogenkrieger, der selbst im Tod voller Würde gewesen war. Weitere Gesichter tauchten auf, Männer, Frauen, Kinder, ein schrecklicher Reigen derer, die er getötet hatte oder an deren Tod er Schuld trug.

Sie alle warteten auf ihn. Wollten ihn mit sich ins Dunkel ziehen.

Keuchend vor Angst versuchte er, sich zu wehren, dem Unvermeidlichen die Stirn zu bieten. Aber sein Körper gehorchte ihm nicht mehr, seine Glieder waren bleischwer und fühlten sich taub an. In seinen Ohren summte es. Sein Herzschlag hallte in seinen Ohren, schnell und laut, *padam, padam, padam*. Dann schwächer, immer schwächer und schwächer … Noch einmal. *Padam*.

Und dann … nichts mehr.

18.

Moira tauchte die Feder in die Tinte, strich den Kiel am Rand des Tintenfasses ab und begann zu schreiben. Die Spitze kratzte über das Papier, aber schon nach den ersten Worten stockte sie und ließ die Feder sinken.

»Liebe Ivy«, war da zu lesen. Mehr nicht. Alles, was ihr einfiel, erschien ihr nach den entsetzlichen Ereignissen auf dem Marktplatz und dem, was darauf gefolgt war, plötzlich unsäglich banal.

Gestern, am Freitag, war Verhandlung gewesen. Moira hatte mit Duncan im Gerichtsgebäude gesessen und mit angehört, wie der Richter Joseph wegen Mordes zum Tode verurteilt hatte. Am Montag sollte er in Parramatta gehängt werden. Anschließend würde sein Körper den Ärzten übergeben werden, um – wie jeder Mörder – »seziert und zergliedert« zu werden.

Seit dem Urteilsspruch hatten Moira und Duncan nichts unversucht gelassen, was ihnen zu Josephs Rettung einfiel. Vor allem hatten sie sich darum bemüht, beim Gouverneur vorgelassen zu werden. Gouverneur King hatte vor anderthalb Jahren Duncan begnadigt – jetzt war ihre letzte Hoffnung, dass der Gouverneur auch diesmal Gnade vor Recht ergehen ließe. Aber Mr King war zu einigen Farmen am Hawkesbury aufgebrochen und habe, so beschied ihnen zumindest ein blasierter Hausdiener, auch nach seiner Rückkehr sicher weder Zeit noch Muße, sich mit dieser Sache zu befassen. Jetzt war Duncan bei Wentworth, um mit dessen Einfluss doch noch beim Gouverneur vorstellig werden zu dürfen.

Moira seufzte und wandte sich wieder dem Brief ihrer Schwester zu, der vor wenigen Tagen an Bord eines Sträflingsschiffs aus Cork angekommen war; ein Nachbar hatte in Sydney die Post abgeholt und Moira den Brief mitgebracht. Sie hatte Ivys Zeilen inzwischen so oft gelesen, dass das Papier schon ganz abgegriffen war, hatte die geschwungene Schrift wieder und wieder überflogen. Ivy schrieb, sie sei verliebt: Vor kurzem habe sie sich mit einem jungen Mann aus gutem Hause verlobt, der auch Gnade vor den Augen ihrer Eltern gefunden habe. Im Juli solle die Hochzeit stattfinden. Ivy bedauerte, dass ihre Schwester nicht daran teilnehmen könne, aber wenn dieser Brief sie erreiche, sei sie ohnehin schon Mrs Charles Everbroke. Dann folgte eine blumige Auflistung von Charles' Vorzügen und Tugenden. Als Moira diese Zeilen las, huschte ein kurzes Lächeln über ihr Gesicht; Ivy hatte noch immer etwas von einem kleinen Mädchen, das von ihrem Prinzen träumte. Zum Ende des Briefs fragte Ivy auch nach Moiras neuer kleiner Familie. Ob das Kind, mit dem sie schwanger gewesen war, ein Junge oder ein Mädchen geworden sei und wie sie es genannt hätten, ob es seinem Vater ähnele, ob Moira glücklich mit Duncan sei, ob er sie gut behandele und wie er eigentlich aussehe.

Dem Brief waren ein paar Zeilen von Moiras Vater beigefügt; er ließ sie grüßen und wünschte ihr alles Gute. Von ihrer Mutter war kein Wort gekommen. Eleanor Delaney hatte ihrer ältesten Tochter offensichtlich nicht verziehen, dass diese ihren Mann, einen vielversprechenden Doktor der Medizin, verlassen hatte und mit einem ehemaligen Sträfling zusammenlebte, noch dazu einem Katholiken. Moira verzog das Gesicht. Zu einem anderen Zeitpunkt hätte diese unverhohlene Ablehnung sie sehr verletzt, aber jetzt war das alles in den Hintergrund gerückt.

Ein Geräusch ließ sie aufblicken. War Duncan schon wieder zurück? Nein, es war nur die Katze. Moira sah zu Noel hinüber, der auf dem Tisch lag und sich mit Hingabe das rote Fell putzte, eine Pfote beleckte und sich dann mehrmals damit über den Kopf fuhr. Das Tier war zu einem stattlichen Kater herangewachsen. An Tagen wie diesem wünschte Moira sich, einfach nur existieren zu können wie dieser Kater und nicht denken zu müssen. Nicht daran denken zu müssen, was Joseph drohte.

Erneut tauchte sie die Feder in die Tinte, warf ein paar Worte aufs Papier und strich sie gleich wieder durch. Fast hätte sie den Bogen zusammengeknüllt und weggeworfen, aber Papier war teuer, und so legte sie nur die Feder fort und verschloss das Tintenfass. Sie musste Ivy nicht heute schreiben. Es gingen noch genug Schiffe nach Europa, die den Brief zu einem späteren Zeitpunkt mitnehmen konnten.

Nach einer Weile hörte sie Hufschläge und kurz darauf Artemis' Wiehern. Nach Major Penriths dramatischem Tod war die Tatsache, dass Moira nun von ihrem Gemahl geschieden war, fast untergegangen. Dennoch war nicht daran zu rütteln, dass McIntyre nach Penriths Einmischung die Stute zustand. Vorerst brauchte er das Pferd allerdings nicht und hatte es Moira und Duncan als Leihgabe überlassen – weniger aus Großzügigkeit, als um sicherzustellen, dass Duncan schnell bei ihm sein konnte, schließlich würde dieser demnächst öfter bei McIntyre arbeiten.

»Der Gouverneur ist nun doch bereit, uns zu empfangen«, sagte Duncan, während er Decke und Schaffell vom Pferderücken nahm. »Morgen.«

»Sehr gut.« Moira versuchte, eine Zuversicht zu verströmen, die sie nicht empfand. »Immerhin hört er uns an. Und bei Mrs King hast du sowieso einen Stein im Brett.«

Duncan stieß lediglich ein dumpfes Schnauben aus und trug das Deckenbündel in ihre Hütte.

Moira folgte ihm. »Es war schließlich eine Art von Notwehr. Dein Vater wollte nur Ningali schützen – und nicht Penrith umbringen.«

»Wirklich nicht?« Duncan warf Decke und Schaffell in eine Ecke. »Hat er nicht sogar gesagt, er würde den Major mit eigenen Händen ermorden? Hier, an diesem Tisch?«

Moira schwieg. Joseph hatte bei der Verhandlung nicht die geringste Reue gezeigt, sondern sich sogar noch gefreut, dass Pemulwuys Mörder seine gerechte Strafe erhalten habe.

Sie hatte Duncan selten so mutlos gesehen. Und wenn sie ehrlich war, dann hatte er auch allen Grund dazu. Es war etwas anderes, ob man lediglich wegen Rebellion und Flucht angeklagt war, wie er selbst damals, oder ob man in Pemulwuys Gefolge Angst und Schrecken unter den Siedlern verbreitet und zudem einen britischen Offizier getötet hatte. Die Chancen, Joseph vor dem Galgen zu retten, standen ausgesprochen schlecht.

*

Die kahle Zelle war eine Zumutung. Noch nie hatte Moira ein Gefängnis von innen gesehen, und was sie hier erblickte, entsetzte sie. Von dem warmen Tag, der draußen herrschte, merkte man hier drinnen nichts; es war kalt und feucht, und es stank nach Fäkalien. In diesem Gefängnis hatte auch Duncan einst auf sein Urteil warten müssen.

Joseph sah nicht gut aus. Im fahlen Licht, das durch das hoch oben angebrachte, vergitterte Fenster in die Zelle fiel, wirkte seine Haut wie von grauer Farbe überzogen. Die westliche Kleidung, die ihm Elizabeth vor Monaten gegeben und die er für seinen Besuch in Parramatta angelegt hatte, war inzwischen verschmutzt und wirkte fremd an ihm.

Man hatte Josephs letztem Wunsch entsprochen und sie beide zu ihm gelassen – allerdings erst, nachdem der Gefängniswärter ihn an die Wand gekettet hatte.

»Es tut mir leid«, murmelte Duncan, nachdem die Männer sich umarmt hatten. Er sah fast genauso erschöpft aus wie sein Vater.

Joseph hustete, wobei ein tiefes Rasseln in seiner Lunge zu hören war. »Ich weiß, mein Junge, ich weiß. Aber mach dir keine Vorwürfe. Hast du wirklich erwartet, der Gouverneur würde den Mann begnadigen, der dem großen Pemulwuy geholfen hat?« Er klang beinah stolz bei diesen Worten. »Wie es aussieht, kann man seiner Bestimmung nicht entgehen. Vor vielen Jahren wollten sie mich schon mal in Irland aufknüpfen, und jetzt trifft es mich hier. Aber bald bin ich wieder bei meiner geliebten Eileen, dem schönsten Mädchen von ganz Waterford. Ich werde sie von dir grüßen und ihr erzählen, was für ein prachtvoller Bursche ihr Sohn geworden ist.« Er schüttelte den Kopf, als Duncan ihn unterbrechen wollte. »Und womöglich treffe ich auch meine zweite Frau wieder, Ningalis Mutter. – Hoffentlich gibt es da im Jenseits keine Streitereien!« Er lachte leise.

Moira presste die Lippen aufeinander. Wie konnte Joseph noch Späße machen, wo ihm der Tod bevorstand?

Auch Duncan schien zwischen Kummer und Verwirrung zu schwanken. »Kann ich ... können wir irgendetwas für dich tun?«, fragte er schließlich.

»Gut, dass du fragst: Eine zweite Decke wäre wunderbar. Die Nächte sind kalt, und was sie mir gegeben haben«, Joseph deutete mit dem Kopf auf ein zerrissenes Stück Stoff, »ist schrecklich zerschlissen. Und vielleicht ... Hast du noch ein paar Münzen einstecken? – Ja? Dann möchte ich, dass du in das Wirtshaus an der Ecke gehst und mir ein Bier besorgst.«

»Ein Bier?« Duncan sah aus, als zweifle er an Josephs Verstand.

Joseph nickte. »Ja, warum denn nicht? Ich habe seit vielen Jahren kein Bier mehr getrunken und darbe hier seit Tagen bei Wasser und Brot. Und jetzt ist schließlich die letzte Gelegenheit dazu. Am besten bringst du dem Wachhund da draußen auch gleich eines mit, dann wird er vielleicht etwas freundlicher. Nun geh schon. Moira wird mir so lange Gesellschaft leisten.«

Duncan sah ihn noch immer skeptisch an, aber dann hob er die Schultern, klopfte an die Tür und bedeutete dem Wärter, der bald darauf aufschloss, er möge ihn hinauslassen.

»Moira!«, flüsterte Joseph, sobald die schwere, eisenverstärkte Tür hinter Duncan ins Schloss gefallen war. »Komm her, ich muss dir etwas sagen!«

Sie trat einen Schritt näher, versuchte, den scharfen Geruch nach Schweiß und Urin zu ignorieren.

»Wir haben nicht viel Zeit, also komme ich gleich zur Sache.« Die Kette klirrte, als Joseph sich bewegte. »Ich wollte es eigentlich selbst mit ihm klären, aber nun werde ich wohl keine Gelegenheit dazu mehr haben. Es geht um den Doktor.«

»Um McIntyre? Und wieso erzählst du das mir? Wieso nicht auch Duncan?«

Joseph schüttelte ungeduldig den Kopf. »Bitte, Moira, hör mir einfach zu. Ich habe allen Grund, dem Doktor dankbar zu sein, und ich werde nie vergessen, was er für mich und für meinen Sohn getan hat. Aber es gibt etwas, das du wissen musst.«

Moira hob fragend eine Augenbraue, schwieg aber.

»Ich glaube – nein, ich bin mir sicher, dass der Doktor nichts für Frauen übrig hat.«

»Wenig«, musste Moira zugeben. »Zumindest nicht für mich. Aber von seinen Patienten abgesehen hat er ohnehin nicht viel für andere Menschen übrig.«

»O doch, allerdings nur für die eine Hälfte der Menschheit.« Joseph verzog das Gesicht zu einem freudlosen Lächeln. »Dein ehemaliger Gemahl – wie soll ich es ausdrücken – nun, er begehrt Männer.«

»McIntyre?« Moira hätte fast aufgelacht. Die Zeit in der Gefängniszelle musste Josephs Denken verwirrt haben. »Wie um alles in der Welt kommst du darauf?«

»Glaub mir, ich würde so etwas nicht behaupten, wenn ich es nicht mit eigenen Augen gesehen hätte.«

»Was denn, um Himmels willen?«

Joseph presste die Lippen zusammen. »Eigentlich ist es unerhört, mit dir über diese Dinge zu reden, aber ich weiß mir keinen anderen Rat.«

Und so erfuhr Moira, was Joseph über diese eine Nacht im Januar berichtete, als er noch einmal ins Lazarett gegangen war, um nach seinem fiebernden Sohn zu sehen. Wie er leise die Tür zu dem kleinen Zimmer geöffnet und McIntyre erblickt habe, der neben dem schlafenden, halbentblößten Duncan gesessen habe.

»Natürlich«, gab Moira zurück. »Er hat sich um Duncans Wunde gekümmert. Ich glaube, du ...«

»Ich war noch nicht fertig«, unterbrach Joseph sie. »Der Doktor hat mich nicht gesehen, aber ich dafür umso mehr. Er stöhnte, hatte eine Hand auf Duncans Bein und war mit der anderen dabei, sich die Flinte zu polieren. Ich glaube nicht, dass so etwas zur normalen medizinischen Versorgung gehört.«

»Welche Flinte? Was hat ...«

»Himmel, er hat sich angefasst! Wie deutlich muss ich denn noch werden?«

»Wie bitte?« Moira sah ihn ungläubig an. Erneut wollte sie widersprechen, hielt aber inne, als eine schwache Erinnerung bei ihr anklopfte. Irgendetwas, was jemand gesagt oder getan hatte. Dann schüttelte sie den Kopf – dafür war jetzt keine Zeit.

»Und er saß tatsächlich bei ... Duncan?«

Joseph nickte.

Moira stieß in einem langgezogenen Seufzer die Luft aus. »Weiß er davon?«

»Duncan?« Joseph sah sie an, und zum ersten Mal bei dieser Unterredung zögerte er. »Ich bin nicht sicher«, sagte er dann. »Aber darum geht es mir gar nicht.«

»Worum dann?«

»Um den kleinen Joey. Ich fürchte, der Doktor könnte sich an dem Jungen vergehen.«

*

Duncan kam es vor, als habe sich an diesem Vormittag die Hälfte der weißen Einwohner von Neusüdwales auf dem Marktplatz von Parramatta eingefunden. Wo noch vor einer guten Woche Verkaufsbuden gestanden hatten und der behelfsmäßige Tisch, auf dem Moira versteigert worden war, erhob sich nun ein Pfosten, an dem ein kürzeres Querholz befestigt war. Ein Windstoß ließ die Hanfschlinge daran schwanken.

Duncan schluckte mühsam. In seiner Kehle saß etwas, das ihm die Luft abpresste, als hätte er selbst eine Schlinge um den Hals. Neben ihm, in der dichtgedrängten Menge, stand Moira. Trotz der frühsommerlichen Wärme hatte sie ihr Schultertuch eng um sich gezogen, als wäre ihr kalt.

Er wollte nicht hier sein. Mit Freuden hätte er sich lieber selbst noch einmal bis zur Bewusstlosigkeit auspeitschen lassen, als hier stehen und mit ansehen zu müssen, wie man seinen Vater hängte. Aber er wollte, er durfte Joseph auf seinem letzten Weg nicht alleine lassen. Er hatte schon einmal geglaubt, seinen Vater am Galgen verloren zu haben. Damals war es Joseph gelungen zu entkommen. Aber diesmal würde es keinen Ausweg geben. Heute schloss sich der Kreis. Wie hatte sein Vater erst gestern gesagt? *Man kann seiner Bestimmung nicht entgehen.*

In der Nähe des Galgens sah er William Penrith stehen – Lagerverwalter von Toongabbie und zudem Major Penriths jüngerer Bruder. Duncan hatte den Mann seines umgänglichen Charakters wegen immer geschätzt, aber diesmal war seine Miene verkniffen, das füllige Gesicht voller Verbitterung. Wahrscheinlich war er der Einzige, der den Tod des Majors betrauerte. Vor wenigen Tagen hatte Duncan ihm sein Beileid ausgesprochen und zu erreichen versucht, dass er sich für Josephs Begnadigung einsetzte, aber ihm war eisige Ablehnung entgegengeschlagen. Für den Mörder seines Bruders, so Sergeant Penrith, würde er sich auf keinen Fall verwenden.

Als der von einem Pferd gezogene, am hinteren Ende offene Karren mit dem Verurteilten herangerumpelt kam, ging ein Raunen durch die Menge. Einige begannen zu zischen und zu schimpfen.

»Hut runter!«, erklang es vor Duncan – aber nicht etwa, wie er für einen Moment glaubte, aus Respekt vor dem nahen Tod. »He, du da vorne, nimm den verdammten Hut ab, ich seh ja nichts!«

Joseph hielt sich mit den vor dem Bauch gefesselten Händen an der Seitenwand des Karrens fest, seine Arme waren in Höhe der Ellbogen an den Körper gebunden. Der Karren fuhr direkt bis unter den Galgen. Joseph war blass, wirkte aber gefasst; suchend wanderte sein Blick über die Menschenmenge, und als er seinen Sohn entdeckte, ging ein Lächeln über sein bärtiges Gesicht. Duncan nickte ihm zu, der Kloß in seiner Kehle war so groß, dass er kaum atmen konnte.

Ein Geistlicher in schwarzer Soutane, in dem Duncan den feisten Reverend Marsden erkannte, trat an den Karren. Ein protestantischer Reverend für einen katholischen Iren – auch bei einer Hinrichtung sah man nicht von dem Verbot für katholische Geistliche ab. Duncan hatte seinen Vater nie gefragt, ob dieser nach so vielen Jahren bei den *Eora* auch deren Glauben angenommen hatte oder ob er noch immer Christ war. Zumindest faltete Joseph die Hände und senkte den Kopf, als der Reverend jetzt ein Gebet anstimmte.

»Möge Gott der Allmächtige sich deiner Seele erbarmen«, schloss Marsden, dann machte er Platz für den Henker, dessen lederne Maske den größten Teil seines Gesichts verhüllte.

Joseph suchte ein letztes Mal Duncans Blick. Dann streifte der Scharfrichter ihm eine weiße Kapuze über den Kopf, legte ihm die Schlinge um den Hals, zog sie fest, überprüfte sie ein letztes Mal und stieg vom Wagen, um das Pferd anzutreiben.

Ein vielstimmiges Seufzen erklang, als der Karren nach vorne gezogen wurde und Joseph ins Leere fiel.

Es war ihm jedoch kein rascher Tod vergönnt. Einen Augenblick sah Duncan noch hin, dann schlang er die Arme um sich, als könne er sich damit festhalten, und wandte den Blick zum Himmel, um das krampfhafte Zucken und Zappeln der Beine nicht mehr sehen zu müssen. Er presste die Zähne so fest zusammen, dass es weh tat, und schickte ein verzweifeltes Gebet um Gnade und Erlösung hinauf zu den

Wolken, die sich dort oben zu dunklen Klumpen zusammenballten und die Sonne verdeckten.

Er hörte Moira schluchzen und dann überrascht aufkeuchen, aber erst als sie ihn berührte, folgte er ihrem Blick.

Der Körper am Seil bewegte sich nicht mehr. Und zu Josephs Füßen erhob sich der Mann, der sich an die Beine des Verurteilten gehängt hatte, um den Todeskampf zu verkürzen. Ein rothaariger Hüne. Samuel Fitzgerald.

19.

Die Schatten wurden länger, als die Sonne unterging und endlich, endlich die Dämmerung einsetzte. Von den Bäumen am nahegelegenen Flussufer erhob sich zeternd ein Schwarm Flughunde. Moira saß auf dem Karren, mit dem sie gekommen waren; Duncan hatte das Gefährt neben einem der kleinen, quaderförmigen Nebengebäude des Lazaretts abgestellt und war abgestiegen. Jetzt lief er wie ein eingesperrtes Tier hin und her. Moiras Herz krampfte sich zusammen. Josephs Hinrichtung mit ansehen zu müssen, war schrecklich gewesen, und nun zerrte das Warten an ihrer beider Nerven. Bildete sie es sich ein, oder lag wirklich der Geruch von Blut in der Luft?

Der Henker hatte ihnen gesagt, sie könnten Josephs Leiche mit Einbruch der Dämmerung hier abholen. Was bedeutete, dass Joseph – anders als die meisten anderen wegen Mordes Gehängten – zumindest ein Begräbnis bekommen würde, nachdem sein Körper von den Ärzten auseinandergenommen worden war.

Seit Stunden hatten Duncan und Moira nicht mehr miteinander gesprochen. Auch nicht darüber, was es mit dem rothaarigen Hünen, der plötzlich unter dem Galgen aufgetaucht war und Josephs zuckende Beine umklammert hatte, auf sich hatte. Möglicherweise hatten ihre verweinten Augen Moira einen Streich gespielt, und der Mann war danach so schnell verschwunden, dass sie ihn kaum wirklich hatte sehen können. Aber falls es tatsächlich Fitzgerald gewesen war, dann war er damals in der Bucht am Hawkesbury nicht ertrunken, sondern hatte sich retten können. Wieso war er zurückgekehrt? Moira konnte zumindest vermuten, weshalb er heute dort gewesen war: Joseph hatte ihm damals zur Flucht verholfen. Dass er trotz der Gefahr für sich bei Josephs Hinrichtung aufgetaucht war und ihm die Gnade eines schnellen Todes beschert hatte, war ihm hoch anzurechnen. Aber wie hatte er überhaupt von Josephs Verurteilung erfahren?

Aus dem Schatten der Bäume schälte sich jetzt eine kleine Gestalt. Ningali! Moira hatte das Mädchen seit Penriths Tod nicht mehr gesehen. Die Kehle wurde ihr eng, als Duncan auf seine Halbschwester zuging und sie in den Arm nahm. Moira verstand nicht, was er sagte, nur ein raues Flüstern drang zu ihr herüber, aber Ningali nickte. Dann deutete das Mädchen auf etwas hinter ihm.

Auch Moira wandte den Kopf und erhob sich, als sie McIntyre vom Lazarett her kommen sah. In seiner Hand rasselte bei jedem Schritt ein Schlüsselbund.

»Mein ... Beileid«, sagte er hölzern, sobald er sie erreicht hatte.

Duncan, der zu Moira zurückgegangen war, nickte nur, seine Züge waren unbewegt. Ningali war wieder zwischen den Bäumen verschwunden.

McIntyre nestelte am Bund, suchte nach dem passenden Schlüssel und steckte ihn schließlich ins Schloss. Moira sah ihm dabei zu – und plötzlich würgte es sie, als sie daran dachte, dass diese Hände wahrscheinlich vor kurzem noch in Josephs Gedärmen herumgefingert hatten.

»Seid Ihr Euch eigentlich für nichts zu schade?«, presste sie die Worte hervor, die sich in ihre Kehle drängten.

McIntyre verharrte, den Schlüssel im Schloss. »Warte ab,

bevor du über mich urteilst.« Er drehte den Schlüssel und öffnete die Tür ein Stück, dann sah er Duncan an. »Keine Sorge – er ist unversehrt.«

Zum ersten Mal seit Stunden schien Duncan aus seiner Erstarrung zu erwachen. »Ihr … habt ihn nicht …«

»Nein. Ich habe ihn gleich … danach hier eingeschlossen. Niemand hat ihn angerührt.«

Duncans Blick verschleierte sich. »Danke«, flüsterte er heiser, dann schob er sich durch die halbgeöffnete Tür ins Innere des Gebäudes.

McIntyre sah ihm nach. Er machte einen Schritt, als wollte er Duncan folgen, dann blieb er stehen. Zögerte.

»Ich … Es ist wohl besser, wenn ich ihn jetzt nicht störe.« Er räusperte sich. »Würdest du ihm etwas ausrichten?«

Moira nickte.

»Nun, durch diese ganzen … unerfreulichen Ereignisse hat sich meine Planung etwas verschoben. Dennoch muss ich darauf bestehen, dass er sein Wort hält und an zwei Tagen in der Woche bei mir arbeiten wird.«

»Lasst ihm doch etwas Zeit! Er hat gerade …«

»Natürlich«, unterbrach McIntyre sie rüde. »Hältst du mich für einen Unmenschen? Er soll seine Zeit haben. Aber am Freitagmorgen um zehn Uhr erwarte ich ihn bei mir. Pünktlich. Kannst du ihm das ausrichten?«

*

Lautes Schluchzen, Weinen und Wehklagen erfüllte die kleine Lichtung mitten im Wald. Jeder der anwesenden *Eora* – Männer, Frauen, sogar die Kinder – hatte sich Haut und Haare mit Asche eingerieben, so dass ihre Körper jetzt stumpfgrauen Totengeistern ähnelten. Immer wieder warfen sich die Frauen des Clans heulend zu Boden und wälzten sich auf der Erde, um zu zeigen, wie groß ihre Trauer war. Ningali waren diese laut geäußerten Gefühlsausbrüche zwar vertraut, dennoch schrie und klagte sie nicht, sondern stand lediglich stumm bei den anderen und sah zu. Genau wie Dan-Kin und Mo-Ra.

Trotz allen Schmerzes über den Tod ihres Vaters freute es Ningali, dass auch Dan-Kin seinen Körper, der nur mit einem Lendentuch bekleidet war, mit Asche eingerieben hatte. Auf den ersten Blick war er so kaum von den anderen zu unterscheiden. Mo-Ra hatte sich als Zugeständnis an die Bräuche der *Eora* Asche ins Gesicht gerieben. In ihren Händen hielt sie einige prachtvolle, rotblühende *Waratah*.

Viele Vorkehrungen und Rituale waren bei einem Begräbnis wichtig. Die Großmutter stimmte nun den Gesang an, der davon erzählte, wie die beiden Seelen des Menschen frei wurden von der Gefangenschaft im Körper. Wie die eine der beiden Seelen beim Tod eines Menschen den Körper verließ und dorthin zurückging, woher sie gekommen war – in die Zeit des großen Träumens, des Universums und der Schöpfung. Doch der andere Teil der Seele, der Seelengeist, fand keine Ruhe. Er blieb noch lange in der Nähe des Körpers und bei seinen Angehörigen. Um zu verhindern, dass der Seelengeist die Lebenden heimsuchte, musste er vertrieben werden – mit Gesängen, Tänzen und Ritualen. Zwei Tage lang hatte der ganze Clan neben Bun-Boes Leichnam Lieder gesungen, sich mit gelbem Ocker bemalt und vor den Feuern getanzt. Später hatten Tedbury, der Sohn desjenigen, dessen Name jetzt nicht mehr genannt werden durfte, und andere Männer des Clans den toten Körper mit rotem Ocker und Federn geschmückt, um seinen beiden Seelen Kraft und Mut für die Reise ins heilige Land der Ahnen zu geben. Erst wenn auch der Seelengeist in die Geisterwelt des Waldes gegangen war, konnte der Verstorbene beigesetzt werden.

Messer aus Stein wurden von Hand zu Hand gereicht. Aus den Schnitten, die sich viele damit zum Zeichen der Trauer beibrachten, floss es rot über die grau gefärbte Haut. Wenn diese Schnitte verheilt wären, wäre die Trauerzeit vorüber.

Ningali spürte kaum den silberhellen Schmerz, als sie die steinerne Klinge durch ihre Haut zog. Einmal, zweimal, dreimal über Schultern und Oberarme, an jeder Seite. Dann gab sie das Messer an Dan-Kin weiter.

Mo-Ra wollte zuerst etwas einwenden, hielt sich dann aber zurück und sah nur mit zusammengepressten Lippen zu, wie auch Dan-Kin sich einige Schnitte zufügte. Dunkel strömte das Blut über seinen aschebedeckten Oberkörper.

Ningali trat neben Dan-Kin. Als Blutsverwandte des Toten durften sie beide während des gesamten Rituals kein Wort sprechen – nichts, was Ningali schwergefallen wäre. Jetzt mussten sie sich gegenseitig mit Wasser reinigen, um sich endgültig vom Seelengeist des Vaters zu befreien.

Die Großmutter reichte Dan-Kin eine Schale mit Wasser und bedeutete ihm, was er zu tun habe. Er griff danach, hob sie über Ningalis Kopf und ließ das kühle Nass langsam über ihren Kopf laufen. Sie schloss die Augen und spürte, wie das Wasser durch ihr Haar sickerte, über ihre Schultern floss, in den frischen Schnittwunden brannte. Ein kurzer Schauer überlief sie, als die Nässe über die nackte Haut ihres Bauchs rieselte – es war kühl, die Zeit der großen Hitze noch fern.

Sie öffnete die Augen, an ihren Wimpern hingen Tropfen. Dann griff sie nach der zweiten Schale. Dan-Kin, der sonst zu groß für sie gewesen wäre, kniete sich vor sie und schloss die Augen, als sie das Wasser bedächtig über ihm ausgoss. Wasser mischte sich mit Blut und Asche zu einer trüben Brühe, die seinen Körper hinabrann.

Als Dan-Kin aufgestanden war, entzündete die Großmutter ein Feuer und stimmte einen weiteren Gesang an. Dan-Kin, Tedbury und zwei weitere Männer betraten die Laubhütte, die eigens zu diesem Zweck auf der Lichtung errichtet worden war. Das Jammern und Klagen, das Heulen und Schreien erreichte einen neuen Höhepunkt, als die Männer Bun-Boes in große Rindenstücke gehüllten Körper heraustrugen. In der Mitte der Lichtung war ein längliches Stück Erde aus dem Waldboden ausgehoben worden. Dort hinein betteten die Männer jetzt den Leichnam, während der Qualm des Feuers über sie wehte.

Ningali trat vor und legte das Messer des Vaters neben ihn. Weitere Stammesangehörige gaben etwas ins Grab; Bun-Boes Wurfholz, einen Teller, seinen Gürtel, ein paar Patronen. Dan-Kin legte nichts hinein, stand nur vor dem Grab und schien stumme Zwiesprache mit dem Toten zu halten. Der Rest von Bun-Boes Besitztümern, wie das Kängurufell, das er meist getragen hatte, würde später verbrannt und seine Hütte mit einer Rauchzeremonie gereinigt werden. Schließlich würde der Clan weiterziehen, um erst dann wieder hierher zurückzukehren, wenn die Erinnerung an den Toten verblasst war.

Die Großmutter wedelte Rauch über die Grabstätte und spritzte Ocker, mit Wasser gemischt, darüber. Dann trat sie zurück und ließ die Männer Erde daraufschütten und sie zu einem kleinen Hügel feststampfen, auf dem bald wieder Pflanzen wachsen würden. Andere *Eora* verteilten sich am Rand der Lichtung und begannen, bei den größten Bäumen mit Hilfe ihrer Steinmesser einen Teil der Rinde zu entfernen und das Holz darunter mit Mustern zu versehen – zur Ehrung des Toten und um zu verhindern, dass Bun-Boes Seelengeist diese Stätte verlassen und Unheil anrichten würde.

Dan-Kin war beim Grab geblieben. Ningali sah zu, wie er zwei kurze, in Kreuzform zusammengefügte Zweige auf dem kleinen Erdhügel befestigte – das Symbol, das für den Glauben der weißen Menschen stand.

Durch die Ascheschicht auf Mo-Ras Gesicht hatten Tränen ihre Spuren gezogen. Ningali nickte ihr zu und fasste nach ihrer Hand, und gemeinsam traten sie neben Dan-Kin und legten die prächtigen roten *Waratah*-Blumen neben das kleine Kreuz. Die *Waratah* würden Bun-Boe helfen, erneut zu einem Geistkind zu werden. Im Teich der Seelen würde er nun seine Wiedergeburt erwarten – als Mensch, als Schlange oder Vogel, als Baum oder Felsen. Vielleicht sogar als Krähe, seinem Totemtier.

*

Der kräftige Geruch des Pferdeleibs stieg ihr in die Nase. Mit langen Strichen glitt Moiras Hand mit der Kardätsche wie von selbst über den Pferdekörper. Artemis schien es zu gefallen, was sie da tat; ganz entgegen ihrer sonstigen Gewohnheit, bei jeder Gelegenheit zu bocken und den Kopf zu schütteln, hielt sie im Unterstand still und schlug lediglich mit dem Schweif, um die lästigen Fliegen zu vertreiben, die sich immer wieder auf ihr Hinterteil setzten.

Normalerweise übernahm Duncan alles, was mit der Stute zu tun hatte, aber heute Vormittag hatte er sich mit der Begründung, er wolle alleine sein, in den angrenzenden Busch zurückgezogen. Nicht erst seit der gestrigen Beerdigung bei den *Eora* wirkte er abwesend und hatte kaum etwas geredet. Der Tod seines Vaters war für ihn ein schwerer Schlag gewesen. Moira hatte es noch nicht über sich gebracht, ihn mit McIntyres Aufforderung, sich morgen früh bei ihm einzufinden, zu behelligen.

Auf und nieder fuhr ihre Hand, streifte die Kardätsche am Striegel ab, glitt erneut über das kurze, glatte Fell. Die sanften, gleichförmigen Bewegungen hatten etwas Besinnliches, und erstmals seit Tagen kam sie wieder zum Nachdenken. Und sie musste dringend nachdenken. Das war sie auch Joseph schuldig.

Sie hatte mit Duncan noch nicht über das gesprochen, was sein Vater bei ihrem Besuch im Kerker behauptet hatte: dass ihr ehemaliger Gemahl Männer liebte. Jetzt, da sie erneut darüber nachsann, schien ihr diese Vorstellung noch absurder als damals.

»Was meinst du, Artemis«, murmelte Moira. »Joseph hat sich diese ganze Sache doch sicher nur eingebildet.«

Artemis schüttelte den großen Kopf und schnaubte, als wollte sie Moira widersprechen.

»Nicht?«, fragte Moira. »Du meinst, er hat recht?«

Da war noch etwas. Etwas, das an die Ränder ihres Bewusstseins klopfte, das sich aber beharrlich dahinter versteckte. Nur eine Ahnung, wie eine winzige, weit entfernt brennende Kerze, schimmerte durch das Dunkel.

Moira ließ die Kardätsche sinken. Joseph war nicht der Einzige gewesen, der so etwas behauptet hatte. Aber wo, wann – wer?

Sie legte eine Hand auf die Pferdekruppe und schloss die Augen, versuchte, die Gegenwart auszublenden und sich nur auf diese Fragen zu konzentrieren.

Bilder tauchten vor ihrem geistigen Auge auf, vermischten sich mit starken Gefühlen. Ein silbriges Aufblitzen. Schreie. Hektik. Angst. Blut. Viel Blut. Wo zum …

Sie keuchte auf, als es ihr mit plötzlicher Wucht wieder einfiel: Penrith! Auf dem Marktplatz, kurz vor seinem Tod! Wie Schuppen fiel es ihr von den Augen. Erneut sah sie sich selbst, wie sie nach der ersten heillosen Verwirrung von dem behelfsmäßigen Tisch sprang und dorthin eilte, wo Penrith blutüberströmt zusammengebrochen war. Hörte, was er panisch hervorstieß: »McIntyre, Ihr verdammter Sodomit!«

Diesen Fluch hatte sie angesichts Penriths schwerer Verwundung lediglich für ein böses Schimpfwort gehalten und ihm keine weitere Bedeutung beigemessen. Aber nun schlug es in dieselbe Kerbe wie Josephs Worte.

War es so? War es wirklich möglich, dass es McIntyre nach Männern statt nach Frauen verlangte – und sie die ganze Zeit nichts davon geahnt hatte? Aber wie hätte sie es auch wissen können? Er hatte sich nie durch irgendetwas verraten.

Dass McIntyre sie nur geheiratet hatte, um einen Sohn und Erben mit ihr zu zeugen, war kein Geheimnis. Vermutlich hatte er sie nicht einmal als Frau begehrt. Hatte er sich zum Verkehr mit ihr zwingen müssen? Durchaus möglich. Ganz zu schweigen von ihr selbst, für die es stets nur eine schmerzhafte Pflichterfüllung gewesen war.

Aber war ihr denn wirklich niemals etwas aufgefallen?

Victoria! Wie ein Gewittersturm kam ihr der Abschiedsbrief von Victoria in den Sinn, McIntyres erster Frau, die sich das Leben genommen hatte. Moira hatte den Brief, der an McIntyre gerichtet war, einmal in seiner Truhe gefunden. Sie hatte lediglich ein paar Zeilen überfliegen können, bevor McIntyre ihn ihr aus der Hand gerissen hatte.

Bis heute hatte Moira stets vermutet, ihre Vorgängerin sei aus dem Leben geschieden, weil sie herausgefunden hatte, dass ihr Ehemann sie betrüge, vielleicht sogar ein Kind mit einer anderen Frau hatte, auch wenn Moira sich das nicht ernsthaft vorstellen konnte. Aber Victoria hatte in ihrem Abschiedsbrief geschrieben, McIntyre habe ihr das Herz gebrochen mit dem, was er getan habe. Sie hatte von Schande gesprochen. Von einer Schande, die so groß war, dass sie damit nicht weiterleben könne.

Jetzt ergab alles einen Sinn: Wahrscheinlich hatte McIntyre seine erste Gemahlin tatsächlich betrogen. Aber nicht mit einer Frau. Und Victoria hatte von den verbotenen Leidenschaften ihres Gatten erfahren, ihn möglicherweise sogar dabei ertappt. Welch entsetzlicher Gedanke!

Und jetzt – begehrte er Duncan, hatte Joseph behauptet? Nein, das konnte nicht sein. Und doch – wie groß war ihre Überraschung gewesen, als McIntyre den Sträfling, der sie damals im Busch vor dem brutalen Aufseher gerettet hatte, zu seinem Gehilfen erklärt hatte. McIntyre war zwar auch danach kein Ausbund an Fröhlichkeit gewesen, doch Moira war aufgefallen, wie vergleichsweise freundlich sich ihr grimmiger Gemahl seitdem verhalten hatte.

Immer neue Erinnerungen tauchten auf und rutschten an ihren Platz, wie die fehlenden Teile in einem großen Puzzle:

McIntyre, der sich persönlich um Duncan gekümmert hatte, nachdem man diesen nach ihrer beider missglückten Flucht ausgepeitscht hatte.

Penriths Aussage in der Residenz des Gouverneurs damals: »Was findet Ihr eigentlich an diesem O'Sullivan, dass er Euch dermaßen den Kopf verdreht?« Sie hatte geglaubt, er spräche mit ihr, obwohl er dabei McIntyre angesehen hatte.

In der halbmondförmigen Bucht am Hawkesbury. McIntyres Hand hatte gezittert, und er hatte geschwitzt, als er die Pistole auf Duncan gerichtet hatte. Er war viel ruhiger gewesen, als er kurz danach auf Moira gezielt hatte.

Seine kaum verhohlene Bestürzung, als Moira ihm kurz

nach Joeys Geburt erzählt hatte, dass Duncan verschwunden sei.

Wie aufopfernd er ihn anfangs gepflegt hatte, als Duncan nach seiner Rückkehr von den *Eora* schwerkrank im Lazarett gelegen hatte.

Die Angst in seinen Augen, als Penrith auf Wentworths Jahresfeier Duncan vor allen Gästen als Sohn von Pemulwuys weißem Helfer bloßgestellt hatte.

Moira rieb sich über das Gesicht, fuhr sich durch die Haare. Schüttelte den Kopf.

McIntyre könne überhaupt nicht lieben, hatte sie ihm einmal vorgeworfen. Nun, da hatte sie sich offenbar geirrt.

Es ergab alles einen Sinn. Joseph hatte recht gehabt. Und er hatte auch … Wie ein Blitz durchfuhr es sie: Joey! Wie hatte sie auch nur einen Moment vergessen können, was Joseph über McIntyre und ihren Sohn gesagt hatte? Ihr kleiner Junge war in den Fängen dieses Lumpenkerls!

Hastig warf sie Striegel und Kardätsche in einen Eimer und griff nach Artemis' Zaumzeug. Sie musste so schnell wie möglich mit Duncan reden! Vermutlich war er zu Josephs Begräbnisstätte im Busch gegangen – mit etwas Glück würde sie den Ort rasch wiederfinden.

Sie hatte das Pferd schon fast losgebunden, als ihr noch etwas einfiel.

Joseph hatte nicht mit Duncan über diese spezielle Sache sprechen wollen und seinen Sohn sogar weggeschickt, um sich alleine mit Moira unterhalten zu können. Er war sich nicht sicher gewesen, ob Duncan über McIntyres Vorliebe für ihn Bescheid wisse. Oder hatte Joseph mit seinem kurzen Zögern etwas anderes andeuten wollen?

Was, wenn Duncan es doch wusste? Wenn er womöglich sogar … In Moira stieg ein ungeheurer Verdacht auf.

Konnte es sein, dass Duncan diesem … diesem Treiben möglicherweise nicht ganz abgeneigt war?

Ihre Hände krallten sich in Artemis' dichte Mähne, ein Gefühl, als lasse jemand einen Eisbrocken über ihre Wirbelsäule gleiten, rann ihren Rücken hinab.

Wie oft hatte Duncan McIntyre ihr gegenüber schon verteidigt. »Der Doktor ist kein schlechter Mensch«, hatte er einmal gesagt. »Höchstens ein bisschen eigenartig.« Er hatte nicht einmal etwas auf ihn kommen lassen, nachdem McIntyre ihnen Joey fortgenommen hatte.

Was hatte es mit diesen höchst geheimen Forschungen auf sich, die die beiden Männer hinter den verschlossenen Türen des Studierzimmers betrieben hatten und über die Duncan sich noch immer nicht auslassen wollte? Sie erinnerte sich an das leise Ächzen, das sie einmal von dort gehört hatte, als sie gelauscht hatte.

An McIntyres unerwartetes Entgegenkommen, was ihre »Scheidung« betraf.

An die Unversehrtheit von Josephs Leiche.

Penrith hatte McIntyre als Sodomiten bezeichnet, also als einen Mann, der den Beischlaf mit einem anderen Mann vollzieht.

Konnte es sein? Konnte es tatsächlich sein, dass Duncan … dass er McIntyre im Austausch gegen dessen Unterstützung gewisse … Gefälligkeiten gewährt hatte?

Moira keuchte vor Entsetzen auf, plötzliche Übelkeit überflutete sie. Taumelnd wankte sie aus dem Unterstand und setzte sich ins Gras. Sie atmete mehrmals tief ein und aus, bis die Übelkeit allmählich nachließ und sich ihr rasender Herzschlag wieder etwas beruhigte.

Und jetzt sollte Duncan schon wieder bei McIntyre vorstellig werden? Nein, das konnte sie auf gar keinen Fall zulassen.

Zitternd ballte sie die Fäuste, und als sie sich wieder erhob, hatte sie eine Entscheidung getroffen.

Sie würde Duncan nicht sagen, dass McIntyre ihn morgen erwartete. Sie würde selbst nach Toongabbie gehen.

20.

Die Büsche und Bäume hinter McIntyres Haus erstrahlten in frühlingshafter Farbenpracht, und aus einem hohen Baum drang das Gekreisch einiger Vögel. Moira band Artemis vor der zur Straße hin gelegenen Veranda an; ihr Herz klopfte zum Zerspringen, als sie langsam die drei Stufen hinaufging.

Es war ruhig im Haus, ein paar Fenster waren geöffnet, ein leichter Wind bewegte die geschlossenen Vorhänge. Moira lauschte. Kein kindliches Gebrabbel oder Geschrei drang nach draußen, keine Frauenstimme war zu hören. War Ann nicht da? Und die Amme mit Joey? Sie klopfte sich den Staub aus dem Kleid und fuhr sich mit den Händen über die Haare. Dann holte sie tief Luft und pochte entschlossen an die Tür.

Sie hörte schwere Schritte, dann wurde ihr geöffnet; nicht Anns furchtsames Mausegesicht sah ihr entgegen, sondern McIntyre.

»Du bist pünktlich, das …« Das Wort erstarb ihm in der Kehle, als er Moira erkannte. »Du?«

Seinem wie gewohnt grimmigen Gesicht konnte man nur schwer ansehen, was er dachte, und ihr eigener, rasender Herzschlag machte es Moira noch schwerer. Dennoch hatte sie den Eindruck, dass er enttäuscht aussah, als sein Blick an ihr vorbei auf die Straße glitt.

»Wo ist O'Sullivan?«

»Ich muss mit Euch reden«, gab Moira statt einer Antwort zurück. »Darf ich hineinkommen?«

»Was willst du noch? Wir haben alles geklärt. Und du brauchst gar nicht erst versuchen, den Jungen zu sehen. Mrs Harris und Henry sind nicht hier.«

Moira zuckte bei dem fremden Namen ihres Sohnes zusammen. »Er heißt Joey!«, war sie versucht zu sagen, aber sie biss sich auf die Lippe und sprach es nicht aus.

McIntyre verschränkte die Arme. »Sag, was du zu sagen hast, und dann geh wieder.« Er nickte zu jemandem hinüber; Moira wandte den Kopf und sah ein ihr unbekanntes Ehepaar auf der Straße vorbeigehen.

»Ich denke nicht«, gab sie mit gesenkter Stimme zurück, »dass irgendjemand mitbekommen sollte, was wir zu besprechen haben.«

McIntyre bedachte sie mit einem misstrauischen Blick, dann hob er die Schultern und gab die Tür frei. »Also gut, komm herein, wenn es nicht lange dauert. Aber danach sorgst du dafür, dass O'Sullivan hier erscheint!«

Das Haus, das sie so lange nicht mehr betreten hatte, umfing sie mit Stille und dem Geruch unbekannter Blumen.

»Wo ist Ann?«

»Ich habe ihr für heute freigegeben.«

Moira schloss für einen Moment die Augen, Kälte breitete sich in ihrem Inneren aus. McIntyre war allein und erwartete Duncan. Wie viel mehr an Beweisen brauchte es noch?

Sie wollte McIntyre schon in die Stube zur Rechten folgen, als sie sah, dass die Tür zum Studierzimmer nur angelehnt und nicht wie sonst verschlossen war – er musste sich wirklich sicher fühlen. Dort hatte er schon früher seine geheimen Forschungen betrieben. Mit einigen raschen Schritten ging sie auf die Tür zu.

»Untersteh dich!«, hörte sie McIntyres aufgebrachte Stimme hinter sich, aber sie kümmerte sich nicht darum.

Der kleine Raum sah noch fast genauso aus, wie sie ihn von dem einen Mal, als sie ihn betreten hatte, in Erinnerung hatte; vollgestopft mit Papieren und Büchern. Stapel von Zeitschriften türmten sich auf dem Schreibtisch, einige anatomische Zeichnungen lagen herum. In der Mitte des Zimmers stand ein Stuhl, und auf einem der Papierstapel sah Moira ein unterarmlanges, dünnes Metallrohr, an dem eine geschliffene Linse befestigt war. Ein ähnliches Instrument, wenn auch kürzer, hatte sie schon einmal gesehen, als sie damals Victorias Abschiedsbrief gefunden hatte. Wofür um alles in der Welt war das gut?

Sie nahm das seltsame Rohr auf. »Was ist das?«

»Das geht dich nichts an!« McIntyre riss es ihr aus der Hand und raffte hastig ein paar der Blätter und Zeichnungen zusammen.

Moira sah ihm zu, wie er alles in eine Schublade räumte. Zu Hause und auf dem Weg hierher hatte ihr Plan noch so einleuchtend geklungen. Doch jetzt, mit ihrem grimmigen Ex-Gemahl vor sich, überfielen sie Zweifel. War es richtig, was sie hier tat?

Aber dann dachte sie an Joey, und entschlossen wischte sie alle Bedenken beiseite. »Ihr werdet mir meinen Sohn zurückgeben.«

McIntyre schloss die Schublade und sah auf. »Fängst du schon wieder damit an?«

»Ich war noch nicht fertig. Ihr werdet mir meinen Sohn zurückgeben, oder –« Sie stockte, dann fing sie sich wieder. »Oder ich zeige Euch an.«

»Anzeigen? Der Junge ist rechtlich gesehen mein Sohn. Du hast nicht den Hauch einer Chance, und das weißt du auch. Kein Gericht würde deine Forderung anerkennen.«

»Ich werde Euch nicht deswegen anzeigen.« Sie flüsterte, ihre Stimme war ganz rau.

»Weshalb dann?«

»Wegen Sodomie.«

Moira hatte mit vielem gerechnet. Dass McIntyre losbrüllen und sie aus dem Haus werfen, sie vielleicht sogar schlagen würde. Aber nicht damit, dass er blass wurde wie ein Laken und die Stuhllehne als Halt ergriff. Für einige Sekunden schien er jegliche Sprache verloren zu haben.

»Was?«, krächzte er schließlich. »Was hast du da gerade gesagt?« Seine Stimme gewann nur langsam wieder an Kraft. »Das ist dermaßen absurd ... Wie kommst du auf diese ... diese hanebüchene Unterstellung?«

»Kurz bevor Penrith starb, hat er Euch beschimpft«, sagte sie langsam. Auch ihre Stimme zitterte. »Er nannte Euch einen ›verdammten Sodomiten‹.«

»Hat er das?« McIntyre hatte sich jetzt wieder etwas besser unter Kontrolle. Dennoch sah Moira kleine Schweißtropfen auf seiner Stirn und Oberlippe glänzen. »Ich habe nichts dergleichen gehört. Und darauf begründest du deine absurde Anklage? Das ist ... lächerlich! Du ... du wirst auf der Stelle gehen! Ich habe weder Zeit noch Lust, mit dir über Major Penriths angebliche Äußerungen zu sprechen.«

»Das müssen wir auch nicht«, gab Moira zurück, ihr Herzschlag hallte in ihren Ohren wider. »Wir können auch über Victoria reden.«

»Victoria? Was um Himmels willen hat Victoria damit zu tun?«

»Eine ganze Menge, denke ich.« Sie bohrte ihre Fingernägel in die Handflächen, bis es schmerzte. »Ihr habt mir noch nie verraten, wieso sie sich umgebracht hat. Hat sie Euch womöglich bei ... bei gewissen Handlungen ertappt?«

McIntyre wurde kalkweiß. »Was … wer behauptet …?«

Moira ging nicht darauf ein. »Habt Ihr deshalb Eure Praxis in Irland aufgegeben und Euch hierher versetzen lassen?«

»Diese bodenlosen Unterstellungen muss ich mir nicht anhören! Du verlässt sofort mein Haus und wirst dich nie wieder hier blicken lassen!«

Natürlich hatte sie erwartet, dass McIntyre alles leugnen würde. Und genaugenommen hatte sie nichts gegen ihn in der Hand. Fast nichts.

Sie atmete tief ein und spielte ihren letzten Trumpf aus. »Ich weiß, was Ihr für Duncan empfindet.«

»Was ich für …?« Wenn Moira geglaubt hätte, McIntyre könnte nicht noch blasser werden, so hatte sie sich getäuscht. Er schien sich in sich selbst verkriechen zu wollen. »Ich … habe keine Ahnung, wovon du redest.«

»Doch, das habt Ihr.« Sie ließ ihm keine Zeit, sich von diesem neuen Schlag zu erholen. »Man hat Euch bei Eurer schändlichen Tat beobachtet. Damals, im Lazarett.«

Sie erwähnte absichtlich keinen Namen. McIntyre sollte nicht wissen, dass der einzige Zeuge dieser Begebenheit inzwischen in einem Grab mitten im Busch ruhte.

McIntyre war zusammengezuckt. »Es war Nacht, und er fieberte – ich habe ihn lediglich …«

Er brach erschrocken ab, und Moira wurde es im selben Moment wie ihm klar: Er hatte sich soeben verraten. Sie hatte kein Wort darüber verloren, dass es Nacht gewesen war.

McIntyre sank auf den Stuhl in der Mitte des Raums und fuhr sich mit der Rechten über das aschfahle Gesicht. Seine Hand zitterte, und er sah aus, als müsste er sich jeden Moment übergeben.

»Wer …« Er schluckte. »Wer hat dir das erzählt?«

Sie antwortete nicht, blickte ihn nur an.

»War es … Duncan?«

Kurz überlegte sie, ob sie ihn anlügen sollte, aber dann entschied sie sich für die Wahrheit. »Nein. Ich habe noch nicht mit ihm darüber gesprochen.«

Er nickte langsam, wie geistesabwesend, mit hängenden Schultern.

In Moiras Adern pochte es. »Nun, das ist die eine Sache. Duncan ist ein erwachsener Mann. Aber wenn Ihr auf die Idee kommen solltet, meinen kleinen Sohn anzufassen, dann …«

»Was?« McIntyre sah auf, kreidebleich. »Was sagst du da? Willst du auch noch andeuten, ich würde mich an … an Kindern vergreifen …?«

Bestand da ein Unterschied? Joey war schließlich auch ein männliches Wesen. Aber McIntyres unverhohlenes Entsetzen brachte sie ein wenig aus dem Konzept.

»Wie auch immer – Ihr werdet mir meinen Sohn zurückgeben, oder ich mache Euer widerwärtiges Geheimnis publik!«

Ohne ein weiteres Wort, ohne sich noch einmal umzusehen, rauschte sie aus dem Zimmer und aus dem Haus, über die Veranda und die Stufen hinunter, wo Artemis auf sie wartete.

Aber der Triumph schmeckte schal. Sie hätte nicht gedacht, dass es ihr dermaßen nahegehen würde, McIntyre am Boden zerstört zu sehen.

*

»Wenn Ihr mir diese Aussage gestattet, Dr. McIntyre: Ihr seht nicht gut aus.« D'Arcy Wentworth blickte ihn prüfend an. »Ihr wirkt fast, als wäre Euch ein Geist begegnet. Ist Euch nicht wohl?«

Alistair zwang sich zu einem gequälten Lächeln und bemühte sich, seine Hand mit der gefüllten Teetasse ruhig zu halten. Sie saßen in dem kleinen Aufenthaltsraum im Lazarett, der sich an den Krankensaal anschloss. Selbst hier war der Geruch nach Essig noch schwach zu riechen. Wentworth, den er an diesem Nachmittag ablösen würde, hatte ihm gerade die letzten Neuzugänge und Behandlungen erläutert.

»Doch, doch«, murmelte er. »Ich bin bloß ein wenig ... überarbeitet.«

»Das verstehe ich nur zu gut«, gab Wentworth zurück und griff nach seinem Rock, der an einem Haken neben der Tür hing. »In den vergangenen Wochen wusste ich selbst oft nicht, wo mir der Kopf steht. – Ihr solltet ein wenig kürzertreten.« Er streifte den Rock über und wandte sich zur Tür. »Habt Ihr noch irgendwelche Fragen? Nein? Nun, wenn Ihr mich dann entschuldigen wollt – vor der Abreise meiner Söhne muss ich noch einiges erledigen.« Wentworth verzog das Gesicht zu einem traurigen Lächeln. »Es bricht mir das Herz, die beiden gehen zu lassen, aber was bleibt mir anderes übrig? Hier in Neusüdwales bekommen sie nicht die Ausbildung, die für sie angemessen wäre.«

Wentworth hatte ihm schon vor Wochen erzählt, dass er seine ältesten Söhne nach England schicken würde, um ihnen dort eine höhere Schulbildung zu ermöglichen.

Alistair musste sich zwingen zu antworten. »Nun, dann ... wünsche ich viel Glück«, sagte er, nur um überhaupt etwas erwidert zu haben. »Wann reisen Eure Söhne ab?«

»Wir erwarten jeden Tag das Schiff. William und D'Arcy junior sitzen sozusagen auf gepackten Truhen. – Einen schönen Tag noch, Dr. McIntyre.«

Alistair sah ihm nach, bis sich die Tür hinter ihm geschlossen hatte. Erneut verkrampfte sich alles in ihm, und er ballte zitternd die Fäuste.

Konnte es Wentworth gewesen sein? Konnte ihn D'Arcy Wentworth in jener vermaledeiten Nacht, die nun Alistairs Untergang heraufbeschwören konnte, gesehen haben? Den gutaussehenden Arzt hatte er als Ersten in Verdacht gehabt. Wentworth arbeitete im Lazarett, und er war mit Moira bekannt. Es wäre durchaus möglich. Aber nach ihrer kurzen Unterredung glaubte Alistair nicht mehr wirklich daran, dafür war Wentworth zu freundlich und ehrlich besorgt gewesen. Genauso gut konnte es jeder andere, der Zutritt zum Lazarett gehabt hatte, gewesen sein – ein Pfleger, ein Arzt, ein Patient. Und es änderte absolut nichts an der Tatsache, dass alles, was Alistair hier erreicht hatte, erneut wegen seiner verderblichen Lust zu scheitern drohte.

Nach Moiras Besuch am heutigen Vormittag und dem ersten entsetzlichen Schrecken hatte er sogar gespürt, wie eine Last sich löste. Endlich, nach all den langen Jahren des Versteckens und der Heimlichkeiten, war es heraus. Die Erleichterung hatte allerdings nur kurz angehalten. Nur bis ihm bewusst geworden war, was diese Entdeckung für ihn bedeutete. Die Angst, die seitdem in seinen Eingeweiden wühlte, war zu einem beständigen Druck in seinem Magen geworden. Jetzt, da Moira nicht mehr mit ihm verheiratet war, traute er ihr durchaus zu, ihre Drohung wahrzumachen und ihn anzuzeigen. Bei dem Gedanken daran stieg erneut ein würgendes Grauen in ihm auf, das ihm den Atem stocken ließ. Selbst wenn man ihm nicht wirklich etwas nachweisen konnte: Sobald auch nur der Hauch eines entsprechenden Verdachts aufkommen würde, würde er alles verlieren. Seinen Ruf, seine Praxis, womöglich sogar sein Leben. In Irland hatte er von einem Mann gelesen, der wegen Sodomie gehängt worden war.

Während er seinen Dienst im Lazarett wie ein Schlafwandler versah, glaubte er überall misstrauische, wissende

Blicke zu spüren. Viel gab es nicht zu tun: Verbände wechseln, ein paar Wunden säubern, einigen an der Ruhr oder Skorbut erkrankten Seeleuten Arznei verabreichen. Dann kehrte er wieder zurück in den kleinen Aufenthaltsraum, wo er voll innerer Unruhe auf und ab lief. Sein Herz raste, sein Atem ging schwer. Er war verzweifelt, wusste nicht, was er tun sollte. Nur eines wusste er: Er würde den kleinen Henry, seinen Sohn, nicht wieder hergeben.

Aber welche Möglichkeiten hatte er? Wie er es drehte und wendete: Wenn er Henry behalten wollte, blieb ihm nur ein Ausweg. Er musste Neusüdwales verlassen und mit dem Jungen nach Europa zurückkehren. Und zwar so schnell wie möglich, bevor Moira Verdacht schöpfen konnte. Immerhin hatte sie ihm kein Ultimatum gesetzt. Noch nicht.

Wentworths Vorhaben, seine Söhne nach England zu schicken, erschien ihm da wie ein Wink des Himmels. Vielleicht könnte er ja sogar mit den beiden Kindern reisen? Ihr Vater wäre sicher froh, wenn sich ein Bekannter der beiden annähme – vorausgesetzt natürlich, Wentworth würde sich nicht doch noch als derjenige herausstellen, der ihn nachts im Lazarett beobachtet hatte.

Sein Magen krampfte sich zusammen, als er sich über die weiteren Konsequenzen klarwurde: Er müsste alles zurücklassen, was er sich hier aufgebaut hatte. Und er würde Duncan nie wiedersehen. Aber so würde er endlich von ihm loskommen und von den Versuchungen, die dadurch auf ihn lauerten. Und nachdem Moira inzwischen sicher auch mit Duncan geredet hatte, konnte Alistair ihm ohnehin nicht mehr unter die Augen treten.

Je länger er darüber nachdachte, desto erstrebenswerter erschien ihm die Rückkehr nach Europa. Er würde wieder ganz von vorne anfangen, vielleicht in Cork oder sogar direkt in London. In England oder Irland hätte er bei weitem mehr Möglichkeiten für seine Forschungen als hier, wo er jedes Mal Monate auf eine Lieferung warten musste. Dieses wilde, heiße Land mit seinen rauen Sitten hatte ihm ohnehin nie behagt. Er würde keine Schichten mehr im Lazarett ableisten müssen. Er würde keine zerschundenen Sträflinge, keine von der Peitsche zerfetzten Rücken mehr behandeln müssen.

Die Lähmung, die ihn seit Stunden befallen hatte, wich einer schwachen Zuversicht. Er konnte wieder besser atmen, und auch sein Herzschlag fand zu seinem normalen Takt. Nach einer weiteren Runde durch den Krankensaal zog er sich erneut zurück, griff nach Papier, Tinte und Feder und machte sich daran, in wohlgesetzten Worten ein Schreiben an Gouverneur King zu formulieren. Wenn er Glück hatte, gab der Gouverneur seinem Antrag auf Beurlaubung statt und erlaubte ihm auszureisen. Das würde ihm Zeit genug verschaffen, um seine weiteren Schritte zu planen.

Und auch für ein anderes Problem war ihm eine Lösung eingefallen. Als er an diesem Abend nach Hause zurückkehrte, nahm ihm Ann Hut und Mantel ab und verschwand dann schnell wieder in der Küche. Alistair folgte ihr. Der kleine Henry saß, in einen Kittel gekleidet, auf dem Boden und spielte mit einem Kochlöffel, während die junge Frau geschäftig in zwei Töpfen rührte, aus denen es appetitlich roch.

»Das Essen ist gleich fertig, Dr. McIntyre«, ließ sie verlauten. »Und Mrs Harris hat gesagt, Henry sei heute zum ersten Mal ein paar Schritte an der Hand gelaufen.«

»Das ist sehr erfreulich«, gab Alistair zurück und setzte sich auf die einfache Bank, die in der Küche stand. Er war selten hier; dies war das Reich von Ann, Henry und der Amme. Er sah zu, wie sein zehn Monate alter Sohn sich mit beiden Händen an einem Schrank hochzog, zum Stehen kam, ihn anstrahlte und an den Griff einer Schublade patschte. Dann plumpste der Junge wieder auf sein Hinterteil, wedelte begeistert mit den Armen und brabbelte Unverständliches vor sich hin.

»Ann, lass die Töpfe einen Augenblick stehen und setz dich zu mir.«

Die junge Sträflingsfrau sah erstaunt auf. Dann knickste sie, zog den Topf vom Herd und ließ sich auf der äußersten Kante der Bank nieder.

Alistair räusperte sich; zu seinem Erstaunen bemerkte er, dass sein Herz vor Aufregung etwas schneller klopfte. Er machte so etwas doch nicht zum ersten Mal!

»Ann«, sagte er schließlich, »ich wollte dich etwas fragen.«

*

Duncan öffnete die Augen. Es war mitten in der Nacht, das Glimmen des Herdfeuers tauchte die Hütte in einen schwachen Schimmer, und für einen langen, atemlosen Moment glaubte er, die Gegenwart seines Vaters zu spüren, wie ein Hauch auf seiner Seele. Dann war diese Empfindung wieder verschwunden, und zurück blieb nur das leichte Brennen der Schnitte auf Schultern und Oberarmen, die allmählich verheilten. Und das leise Gefühl der Hoffnung. Denn bei aller Trauer um Joseph waren zwei Tatsachen unbestreitbar: Mit Penrith war ihr größter Widersacher tot, und Moira war frei von McIntyre.

Auch wenn diese Freiheit teuer erkauft war. Ohne Moiras Versteigerung auf dem Marktplatz wäre es womöglich nicht zu dem Aufruhr um Penrith und Ningali gekommen, und sein Vater könnte noch leben. Aber Duncan machte sich nichts vor; bei all den Vergehen, die man seinem Vater nachsagte, war es nur eine Frage der Zeit gewesen, bis man ihn geschnappt und gehängt hätte.

Duncan seufzte lautlos und streckte sich. In den nächsten Tagen würden sie den Weizen aussäen, und auf einem Teil des Feldes wollten sie diesmal auch Mais pflanzen. Außerdem würde er seine Schuld beim Doktor einlösen müssen und sich wieder als Versuchsperson für das *oculus* zur Verfügung stellen – aber daran wollte er jetzt nicht denken. Lieber an das, was ihnen jetzt freistand zu tun.

Moira war ebenfalls wach; wenn sie schlief, hörten sich ihre Atemzüge lauter und tiefer als jetzt an. Seit zwei Tagen verhielt sie sich eigenartig, sprach kaum mit ihm und wich ihm aus, wenn er wissen wollte, was los sei. Gestern Morgen hatte sie ihm nur gesagt, sie wolle Elizabeth Macarthur besuchen, und war so eilig davongeritten, als könnte sie es nicht erwarten, von ihm fortzukommen. Auch jetzt wirkte sie angespannt.

Aber er würde sie schon auf andere Gedanken bringen.

Langsam fuhr seine Hand an ihrer Seite entlang, über die Rundung ihrer Hüfte und höher, bis er spürte, wie ein kleines Zittern ihren Körper durchlief. Er beugte sich über sie, ließ seine Zungenspitze über die Kuhle an ihrer Schlüsselbeingrube gleiten, dann ihren Hals empor. Aber obwohl ihr ganzer Körper bebte, blieb sie mit abgewandtem Gesicht liegen und rührte sich nicht. Nicht so wie sonst, wenn er ihr auf diese Weise kleine, keuchende Seufzer entlocken konnte.

Er drehte ihr Gesicht zu sich, küsste sie. Als seine Zunge in ihren Mund drang, umklammerte sie ihn plötzlich und küsste ihn so heftig, dass ihre Zähne aneinanderstießen. Es war ein aggressiver, besitzergreifender Kuss, und genauso schlagartig, wie sie begonnen hatte, hörte sie damit auf. Ihre Hand fuhr nach unten und legte sich um sein empfindlichstes Teil, und als sie ihn jetzt in der genau richtigen Mischung aus sanft und grob zu bearbeiten begann, stöhnte er vor Wonne auf, drehte sich auf den Rücken und überließ sich ihren Händen.

Dann murmelte sie etwas, das er nicht richtig verstand.

»Hm?«

Zu seinem Bedauern ließ sie ihn los. »Ich fragte, ob er dich auch so angefasst hat.«

»*Er*?« Duncan hob den Kopf. »Von wem sprichst du?«

»Von McIntyre natürlich.«

»Vom Doktor? Moira, was soll das?« Schlagartig war ihm die Lust vergangen.

»Du weißt ganz genau, was ich meine!«

»Nein, das musst du mir schon erklären.«

Sie rutschte ans äußerste Ende ihres Lagers, wo sie die Arme um ihre angezogenen Knie schlang und schließlich stockend zu reden begann. Auch Duncan setzte sich auf – und hörte ungläubig zu, was sie da behauptete.

»Ich?«, brachte er wie vor den Kopf gestoßen hervor. Er wusste nicht, was ihn mehr aus der Fassung brachte: dass Dr. McIntyre angeblich Männer begehre – oder dass er, Duncan, das Objekt dieser Begierde sei.

Aber hatte er es nicht die ganze Zeit geahnt? Jetzt ergab das eigenartige Verhalten des Doktors ihm gegenüber endlich einen Sinn – und die Nervosität, die McIntyre manchmal an den Tag legte, wenn er mit Duncan zu tun hatte. Eine Mischung aus Scham und Bestürzung flutete über ihn hinweg, und er zog die Decke über seinen Körper, denn plötzlich war ihm seine Blöße peinlich.

Dennoch – es konnte einfach nicht sein. Moira musste sich irren.

»Wie kommst du darauf?«, fragte er stockend.

»Ist das nicht vollkommen nebensächlich? Ich weiß es eben.«

Duncan sah sie an, ihr Gesicht ein heller Fleck im matten Licht der Feuerstelle. Es dauerte einen Augenblick, bis ihm aufging, was sie ihm vorhin unterstellt hatte.

»Und jetzt glaubst du, ich … hätte mich von ihm … besteigen lassen?« Er brachte das Wort kaum über die Lippen, so sehr schüttelte ihn die Vorstellung.

Sie antwortete nicht. Er hörte nur ihr gepresstes Atmen.

»Aber … wieso hätte ich das tun sollen?«

»Was weiß ich? Wahrscheinlich, weil du dich ihm verpflichtet fühlst und es dir Vorteile verschafft hat.« Ihre Stimme zitterte. »Hast du es nur deswegen getan? Oder hat es dir auch noch Spaß gemacht?« Sie schlug die Hand vor den Mund, um ein Schluchzen zu unterdrücken, wandte sich ab und weinte fast lautlos.

»Wie bitte? Das hast du gerade nicht gesagt!« Er glaubte zu platzen vor unterdrückter Wut. Rasch stieg er aus dem Bett, angelte im Halbdunkel nach seinen Sachen und streifte sich Hemd und Hose über. An der Feuerstelle rührte er die halberloschene Glut neu auf und warf einige Zweige darauf, bis es heller wurde in der Hütte und der Aufruhr in seinem Inneren sich etwas gelegt hatte.

»So«, sagte er zu Moira, die zu weinen aufgehört hatte und ihn trotzig ansah. »Und jetzt will ich noch einmal hören, was du mir vorwirfst.«

Sie redeten, bis der Morgen dämmerte und der lachende Ruf des Kookaburras aus dem Busch scholl. Moira kam mit immer neuen Vorwürfen, und Duncan brauchte lange, sie von seiner Unschuld zu überzeugen. Wenn er ehrlich war, dann konnte er ihr das Misstrauen nicht verdenken. Zumal er auf ihre Frage, was McIntyre und er denn bitte schön immer im Studierzimmer getrieben hätten, nur antworten konnte, er habe dem Doktor sein Wort gegeben, nichts darüber zu verraten.

Moiras Blick sprach Bände. »Und du willst, dass ich dir vertraue?«

Schließlich hatte er keinen anderen Ausweg mehr gewusst, als Moira das Versprechen abzunehmen, niemandem davon zu erzählen, und sie in McIntyres Forschungen eingeweiht. Ihre Erleichterung darüber, dass er offenbar doch nicht zum Bettgenossen des Doktors geworden war, war geradezu greifbar und endete damit, dass sie ihn wieder zu sich auf das Lager zog und ihm das Hemd vom Körper zerrte. Und bald darauf die Hose.

»Was machen wir jetzt?«, fragte er danach, als die Sonne bereits durch die Ritzen zwischen den Holzbalken schien.

Moira antwortete nicht sofort, sondern malte mit dem Finger kleine Kreise auf seine nackte Brust.

»Ich muss dir noch etwas erzählen«, sagte sie schließlich. »Ich war gestern Morgen nicht bei Elizabeth. Ich war bei McIntyre.«

21.

Es war nicht so einfach, wie Alistair es sich vorgestellt hatte: Der Gouverneur hatte seinen Antrag auf Beurlaubung abgelehnt. Obwohl Alistair versucht hatte, ihm die Notwendigkeit seiner sofortigen Abreise klarzumachen, hatte Mr King nur den Kopf geschüttelt.

»Ich verstehe Euer Ansinnen, Dr. McIntyre, aber Ihr müsst auch mich verstehen. Seit Dr. Balmains Abfahrt gibt es zu wenig Ärzte in Neusüdwales, und auf die Schnelle ist keine Abhilfe in Sicht. Nein, so gerne ich Euch auch behilflich wäre – zurzeit sehe ich keine Möglichkeit, Euch freizustellen. Allenfalls in einem Jahr oder zwei.«

Alistair wäre fast zusammengebrochen – die wahren Gründe für sein Gesuch konnte er natürlich nicht erwähnen. Kurz war er sogar versucht, seinen Rücktritt einzureichen. Aber auch wenn dies einige Kollegen in seinem Alter schon getan hatten, so wollte er sich eigentlich noch nicht zur Ruhe setzen. Außerdem wäre die Rente für die noch nicht einmal drei Jahre, die er hier als Militärarzt gearbeitet hatte, lächerlich gering.

Inzwischen waren zwei Tage vergangen. Gestern waren Wentworths Söhne davongesegelt – ohne Alistair an Bord. Er kam sich vor wie ein Tiger im Käfig, und erneut griff die Angst mit langen Klauen nach ihm; es war nur eine Frage der Zeit, bis Moira wieder zu ihm kommen und den kleinen Henry von ihm fordern würde.

Er fand keinen Schlaf und suchte Ablenkung in der Arbeit im Lazarett. Eines Abends setzte er sich ganz gegen seine sonstige Gewohnheit zu einem Patienten, dessen Skorbut so gut wie geheilt war. Der niederländische Seemann sprach ein recht passables Englisch und war sichtlich erfreut, sich mit ihm unterhalten zu können. Auf der Reise von Amsterdam nach Sydney, so erzählte der Mann, seien viele Seemänner am Skorbut erkrankt, und dann sei auch noch der Schiffsarzt gestorben. Er sei der Letzte der Besatzung, der noch im Lazarett sei; sobald die Mannschaft wieder vollständig sei, wolle man nach Batavia aufbrechen.

Alistair hörte nur mit halbem Ohr hin, was der Mann von seinen Abenteuern auf See und an Land berichtete. Erst bei seinen letzten Sätzen horchte er auf. Ein kleiner, ein winziger Hoffnungsschimmer keimte in ihm auf, und seine Gedanken begannen, einen fieberhaften Reigen zu tanzen.

Batavia lag in Niederländisch-Indien. Von dort aus könnte er sicher ein Schiff nach Europa besteigen. Aber wenn er ohne die Erlaubnis des Gouverneurs ausreiste, würde er sich der Fahnenflucht schuldig machen. Das schloss eine Rückkehr nach England oder Irland aus. Andererseits – musste er denn unbedingt zurück nach Europa, wo stets die Gefahr auf ihn lauerte, dass seine Vergangenheit ihn einholte? Was sprach dagegen, von Batavia aus weiterzureisen nach – ja, zum Beispiel in die Vereinigten Staaten von Amerika? Dort wäre er vor Strafverfolgung sicher. Dreizehn der ehemals britischen Kolonien hatten sich schon etliche Jahre zuvor vom englischen Mutterland losgesagt und boten, so hatte er gehört, viele neue Möglichkeiten für arbeitswillige Einwanderer.

Er spürte, wie sein Herzschlag sich beschleunigte. War das der Ausweg?

»Batavia«, wiederholte er langsam. »Und Ihr sagtet, Euer Schiffsarzt sei verstorben?«

*

Manchmal rechtfertigte das Ziel die Mittel, versuchte Moira sich einzureden, denn inzwischen war sie sich nicht mehr sicher, ob sie wirklich das Richtige getan hatte. Gewissensbisse und die Erinnerung an McIntyres gequälten Gesichtsausdruck verfolgten sie, aber da war auch die Hoffnung, bald wieder ihren kleinen Sohn bei sich zu haben.

Nachdem sie Duncan gebeichtet hatte, womit sie McIntyre gedroht hatte, war er weniger verärgert als befürchtet gewesen. Natürlich fand er es verwerflich, jemanden zu erpressen. Andererseits konnte auch er es nicht hinnehmen, dass sein Sohn bei einem Sodomiten aufwuchs – und damit möglicherweise selbst zu einem solchen wurde. Ganz zu schweigen von den Gefahren, die dem Jungen sonst noch drohten.

»Würdest du es tun?«, hatte Duncan nach einer langen Pause gefragt.

»Was?«

»Den Doktor anzeigen, wenn er uns Joey nicht zurückgibt.«

Moira hatte gezögert. »Ich weiß es nicht. Aber es reicht, wenn er es glaubt. Hoffe ich.«

*

Unabhängig davon ging das Leben weiter. Der Weizen war gesät, die ersten Spitzen des Getreides lugten bereits aus der Erde. Jetzt waren sie in Parramatta, um Saatmais einzukaufen.

»Oh, sieh nur!« Moira deutete freudig überrascht über die Straße, während sie Duncan half, die letzten beiden Beutel mit Saatgut über Artemis' Rücken zu hängen. »Da drüben hat ein Geschäft für Damenbekleidung aufgemacht. Ich ... will auch nichts kaufen. Nur schauen.«

Der Laden befand sich an einer Straßenecke, und vor den beiden großen Fenstern, von denen jedes auf eine andere Straße zeigte, drängten sich die Schaulustigen. Auch Moira konnte sich nicht sattsehen an den schönen Stoffen und Farben, die dort ausgestellt waren, und an der Schneiderpuppe mit dem prachtvollen Kleid voller feiner Spitze. Sie unterdrückte einen sehnsüchtigen Seufzer. So schnell würde sie sich keine neue Garderobe leisten können – jetzt noch weniger als bisher, da ihnen McIntyres monatliche Zuwendung über die schlimmsten Notzeiten geholfen hatte. Nun waren sie auf sich allein gestellt.

Duncan war neben sie getreten, Artemis' Zügel in der Hand. »Vielleicht später, wenn die Ernte genug eingebracht hat«, sagte er leise.

Moira nickte und versuchte, unbekümmert zu klingen. Es war nicht seine Schuld, dass sie so wenig Geld hatten. »Dann werden wir die alten Sachen einfach noch ein bisschen länger tragen. Wozu gibt es denn Nadel und Faden?«

Sie wollte sich erneut dem Schaufenster zuwenden, als sie bemerkte, dass Duncan erstarrte.

»Dr. McIntyre«, sagte er, und seine Stimme hörte sich plötzlich ganz gepresst an.

»Was?« Aber da sah sie ihn schon selbst, nur wenige Schritte entfernt, um die Ecke auf der anderen Seite des Ladens. Auch McIntyre hatte sie bemerkt. Bei Duncans Anblick wurde er erst blass, dann färbte sich sein Gesicht rot, und für einen Moment schien es, als wollte er die Flucht ergreifen. Aber dann besann er sich und blieb stehen. Seine Bewegungen wirkten seltsam eckig.

Duncan trat langsam auf ihn zu, seine Hand krampfte sich um die Zügel des Pferdes. »Ich …« Er suchte nach Worten. »Ich fürchte, Ihr werdet Euch einen anderen Gehilfen suchen müssen. Ich … stehe nicht mehr zur Verfügung.«

McIntyre nickte nur, sein Kehlkopf hüpfte. Er wirkte wie ein Fisch, den man an Land geworfen hatte.

»Und … unsere Schulden bei Euch werde ich so schnell wie möglich begleichen.«

»Das … eilt nicht«, presste McIntyre hervor.

»Ach, Mrs McIntyre«, hörte Moira in diesem Moment eine ihr unbekannte Frauenstimme aus dem Laden, »Ihr seht wirklich bezaubernd aus!«

Moira löste ihren Blick von den beiden Männern und sah geschmeichelt auf. »Ich bin nicht mehr Mrs McIntyre«, wollte sie klarstellen, aber der Satz erstarb ihr auf der Zunge. Im Eingangsbereich des Geschäfts stand eine junge Frau in einem vornehmen Kleid aus hellblauer Seide, die Haare zu einem Knoten aufgesteckt.

»Dieser Parasol würde übrigens wundervoll dazu passen, Mrs McIntyre«, sagte die Schneiderin zu Ann und hielt ihr einen ebenfalls hellblauen Sonnenschirm hin. »Ich bin gleich für Euch da, Ma'am«, wandte sie sich an Moira, die fassungslos näher gekommen war.

Anns Blick fiel auf Moira. Sie zuckte zusammen, schien knicksen zu wollen, aber dann hielt sie inne und sah hilfesuchend zu McIntyre.

Moira konnte gerade noch verhindern, dass ihr der Mund offen stehen blieb.

Mrs McIntyre? Hieß das etwa …

Selbst als sie mit Duncan zurück in ihrer Hütte war, hatte Moira sich noch nicht beruhigt. »Der alte Bock hat Ann geheiratet! Oh, es ist so durchschaubar! Will er damit etwa nachweisen, dass er ein ganz normaler Mann ist, um Joey behalten zu können? Wenn er meint, damit durchzukommen, hat er sich getäuscht! Glaubt er, nur weil er wieder verheiratet ist, nimmt man ihm den unbescholtenen Bürger ab? Das ist so ... erbärmlich!«

*

Die Hufschläge klangen dumpf auf der staubigen Hauptstraße von Toongabbie, im Beutel an Duncans Gürtel klimperten leise ein paar Münzen. Er hatte sich die fünf Pfund, die er für einen angemessenen Kaufpreis für Artemis hielt, bei Dr. Wentworth geliehen – lieber war er diesem verpflichtet, als noch einen Tag länger in der Schuld des Doktors zu stehen.

Natürlich hatte Moira protestiert. »McIntyre braucht das Geld doch gar nicht!«

»Darum geht es nicht«, hatte er erwidert. »Ich habe bei ihm Schulden, und die werde ich bezahlen.«

»Kannst du nicht ein einziges Mal deine Prinzipien vergessen?«

»Das sind keine Prinzipien, das nennt man Recht.«

Ob der Doktor zu Hause war? Hoffentlich würde sich das alles schnell und problemlos regeln lassen – Duncan hatte kein Bedürfnis, noch länger als unbedingt nötig mit McIntyre zu tun zu haben.

Als er in die Straße einbiegen wollte, die zum Haus des Doktors führte, lief ihm eine Frau vor das Pferd. Er konnte Artemis gerade noch zügeln, dennoch stolperte die Frau und stürzte direkt vor die Pferdehufe.

Duncan sprang ab und war sofort bei ihr, um ihr aufzuhelfen.

»Schon gut, schon gut, ist ja nichts passiert«, nuschelte sie nach einer ersten kurzen Schimpftirade, als er sich entschuldigte. »Sehr ... sehr freundlich von Euch, Sir.«

Die Frau war im mittleren Alter, ihre Frisur war zerzaust, ihr Gesicht gerötet. Dann erkannte Duncan sie: Es war Joeys Amme! Er hatte sie gesehen, als er das letzte Mal beim Doktor gewesen war; sie hatte seinen Jungen auf dem Arm getragen und sich um den Kleinen gesorgt, der nicht zu weinen aufgehört hatte. Wie hatte der Doktor sie noch gleich genannt?

»Mrs ... Harris?«

Die Frau klopfte sich den Staub aus dem Rock und sah mit verquollenen Augen zu ihm auf. »Ja, Sir?«

Sie sprach etwas verwaschen; Duncan konnte billigen Rum riechen. Hatte sie etwa so früh am Tag schon getrunken? Und in diesem Zustand wollte sie sich um seinen Sohn kümmern? Das kam überhaupt nicht in Frage – er würde den Doktor sofort über dieses untragbare Verhalten informieren müssen.

»Ma'am, Ihr solltet nach Hause gehen.«

Ihr Blick wurde ein wenig klarer. Sie legte den Kopf schief und sah Duncan prüfend an. »Ich kenne Euch doch. Ich weiß nur nicht mehr, woher.«

»Duncan O'Sullivan. Wir haben uns einmal kurz bei Dr. McIntyre gesehen.«

»Bei Dr. McIntyre ...«, wiederholte sie. Dann verzog sich ihr Gesicht, und sie begann zu schimpfen. »Dieser unmögliche Mensch! Dieser widerliche, verlogene Stinkstiefel!«

»Sprecht Ihr von Dr. McIntyre?«, fragte Duncan irritiert.

»Allerdings«, schnaufte sie. »Er hatte keinen Grund zur Klage, gar keinen – ich habe seinen kleinen Jungen immer gut und liebevoll versorgt. Aber gestern hat er mich ausgezahlt und vor die Tür gesetzt! Ohne eine Erklärung! Er hat nur gesagt, er brauche mich nicht mehr!« Sie begann zu weinen. »Was soll denn jetzt aus mir werden? Mein Mann ist tot, und ich habe zwei kleine Kinder zu ernähren! Sir, Ihr habt nicht zufällig Arbeit für mich?«

Duncan schüttelte den Kopf, wie betäubt. »Nein, ich bedaure. Es ... tut mir sehr leid für Euch, Mrs Harris.«

»Nun, dann werde ich es wohl woanders versuchen müssen.« Die Amme strich sich die Tränen aus dem Gesicht und wankte dann mit so viel Würde, wie sie aufbringen konnte, die Straße hinunter.

Duncan sah ihr nach, und ein vollkommen unwirkliches Gefühl der Zuversicht machte sich in ihm breit. So schlimm es für Joeys Amme auch war – dass der Doktor ihr gekündigt hatte, konnte nur eines bedeuten: Er würde ihnen tatsächlich ihren Jungen zurückgeben!

Ohne sich noch einmal umzusehen, ohne auch nur einen Gedanken an seinen ursprünglichen Plan zu verschwenden, schwang er sich auf Artemis' Rücken. Er musste sofort zu Moira und ihr die gute Nachricht überbringen!

*

Moiras Freude mitzuerleben, war sehenswert. Sie lachte und weinte gleichzeitig und sprudelte über vor Plänen und Überlegungen.

»Wir müssen die Wiege wieder aufstellen! Hoffentlich ist sie nicht schon zu klein für ihn. Und – oh, wir brauchen Kleidung. Joey ist ja kein winziger Säugling mehr. Er ist jetzt schon zehn Monate alt. Ob er bereits laufen kann? Ob er mich noch kennt?«

Duncan hörte ihr lächelnd zu. So ausgelassen hatte er sie schon lange nicht mehr gesehen. Und so begehrenswert. Sie strahlte vor Glück. Sie brauchte kein neues Kleid, um schön zu sein.

Nur Noel, dem Kater, wurde ihr Übermut zu viel. Doch kaum hatte er sich beleidigt in den Busch verzogen, tauchten zwei willkommene Besucher bei ihnen auf: Tedbury und Ningali. Trotz der Wärme trug das Mädchen wieder Duncans alte Sachen; offenbar fühlte es sich wohl darin.

»Warum freust du dich so? Habt ihr gut gejagt?« In Tedburys dunklem Gesicht leuchteten seine Zähne weiß.

»Besser! Viel, viel besser!«, entgegnete Moira atemlos. »Joey kommt zu uns zurück!«

Lachend ergriff sie Ningali bei den Händen und tanzte mit ihr herum – bis sie plötzlich mit schuldbewusstem Gesicht abbrach.

»Entschuldige«, sagte sie zu dem Mädchen. »Ich … hatte für einen Moment ganz vergessen, dass erst vor kurzem dein Vater gestorben ist. Aber ich freue mich so. Joseph – Bun-Boe – hätte sich sicher auch gefreut.«

Ningali sah plötzlich aus, als hätte sie in eine verfaulte Frucht gebissen, und schüttelte wild den Kopf. »Nein!«

»Doch, er hätte sich bestimmt gefreut.«

»Nein«, wiederholte das Mädchen nachdrücklich. »Nicht sagen. Nicht Namen sagen!«

Jetzt war auch Duncan verwirrt. »Wir dürfen Josephs Namen nicht aussprechen?«

»Es bringt Unglück«, erklärte Tedbury. »Wenn unsere Schnittwunden verheilt sind, ist die Trauerzeit um. Dann darf man die Namen der Toten nicht mehr aussprechen. Sonst kann ihr Geist wiederkommen und Unheil bringen.«

»Das heißt, du sprichst auch nicht mehr über … deinen Vater?« Moira vermied es gerade noch, Pemulwuys Namen zu erwähnen.

Tedbury nickte. »Nicht mehr für lange, lange Zeit.«

Das kurze, ernste Gespräch hatte Duncans erwartungsvolle Freude ein wenig abgekühlt. Dass sein Junge jetzt endlich, endlich nach Hause kommen würde, war ohnehin so unfassbar, dass er es noch gar nicht richtig begriffen hatte. Und noch etwas trübte die Freude: Er wurde das Gefühl nicht los, dass ihm etwas Wichtiges entgangen war.

Moira strich sich die Haare aus dem erhitzten Gesicht. »Dann hat der alte Bock Ann ja ganz umsonst geheiratet!« Sie lachte. »Ob er sich jemals hätte träumen lassen, eine Sträflingsfrau zu ehelichen?«

Es waren diese Worte, die Duncan aufrüttelten. Gleich darauf durchfuhr es ihn wie mit einem Messerstich.

Der Doktor hatte der Amme gekündigt.

Er hatte Ann geheiratet.

Dafür konnte es noch einen anderen Grund geben.

»Weibliche Sträflinge erlangen die Freiheit, wenn sie heiraten«, sagte er tonlos.

Wieso war er bloß nicht schon früher darauf gekommen? Er war doch selbst lange genug Sträfling gewesen, um solche Dinge zu wissen! Mehr noch: Einmal hatte sogar er selbst Ann gegenüber erwähnt, sobald sie heirate, sei sie frei. Damals hatte sie diesen Gedanken entsetzt zurückgewiesen. Inzwischen hatte sie ihre Meinung offenbar geändert.

»Ja und?«

»Das heißt, dann dürfen sie auch ausreisen.«

Moira sah ihn an, alle Farbe war aus ihrem Gesicht gewichen. »Was?«

»McIntyre könnte vorhaben, das Land zu verlassen. Zusammen mit Ann –«

»Und Joey!«, ergänzte Moira mit bleichen Lippen. »Aber das … das kann er doch nicht tun!«

Ningali hatte ihre erregte Unterhaltung stumm verfolgt. »Scho-i weg?«, fragte sie.

»Ich … ich weiß es nicht.« Moira schlug sich die Hand vor den Mund. »Vielleicht. Vielleicht will der Doktor ihn mitnehmen. Nach … nach Sydney. O mein Gott, Duncan, möglicherweise sind sie schon an Bord eines Schiffes! Wir müssen sofort zum Hafen!«

»Jetzt beruhige dich! Das ist nur eine Vermutung. Wahrscheinlich ist er noch immer in Toongabbie und …«

»Das kannst du nicht wissen! Du hast doch selbst gesagt, du bist gar nicht erst bei ihm gewesen!«

Sie hatte recht. Die Vorstellung, Joey womöglich doch noch zu verlieren, ließ Duncan plötzlich kalten Schweiß ausbrechen. »Ich reite nach Sydney. Du wartest hier und …«

»Ich bleibe nicht hier!«, fiel Moira ihm ins Wort. »Artemis kann uns beide tragen!«

»Und falls McIntyre doch kommt, um unseren Jungen zu bringen?«

»Glaubst du das wirklich?«

Er zögerte, dann schüttelte er den Kopf. »Also gut. Ningali, könntest du …« Er hielt inne, als er bemerkte, dass seine Schwester und Tedbury verschwunden waren.

Artemis ließ sich nur widerstrebend von ihrem Weideplatz fortführen. Und auch dann war sie offenbar der Meinung, sie habe für heute genug geleistet, schließlich war sie schon nach Toongabbie und wieder zurück geritten worden.

Die breite, ungepflasterte Straße nach Sydney, die die ersten Siedler einst durch den dichten Busch geschlagen hatten, vermittelte den Eindruck einer durchgehenden, angenehm schattigen Laube; von überall her erscholl Singen und Zwitschern. Zu anderen Zeiten genoss Duncan es, hier entlangzureiten, aber heute konnte es ihm nicht schnell genug gehen. Der Weg nach Sydney war ihm noch nie so lang vorgekommen wie an diesem Tag. Er spürte die Hitze, die aus den Büschen aufstieg, und jeden Stein, über den Artemis lief. Hinter ihm hielt sich Moira fest, wortlos, angespannt. Für einen kurzen Moment fragte er sich, was er tun würde, wenn McIntyre tatsächlich in Sydney war und vorhatte, ein Schiff zu besteigen. Außer Moiras Drohung, ihn anzuzeigen, hatten sie keine Handhabe gegen ihn.

Um Artemis' Kräfte zu schonen, stieg Duncan mehrmals ab und lief nebenher mit. Dennoch weigerte sich das Pferd auf halber Strecke, noch einen Schritt zu tun. Sie verloren wertvolle Zeit damit, Artemis am Wegesrand ein paar Gräser rupfen zu lassen. Duncan klebte die Zunge am Gaumen. Wieso hatten sie bloß nicht daran gedacht, Wasser mitzunehmen?

Moira vibrierte vor Ungeduld, bis sie endlich weiterreiten konnten und die ersten Gebäude von Sydney in Sicht kamen. Dicht an dicht säumten einfache, kleine Häuser die Straßen und wirkten dabei wie eine Ansammlung von Spielzeug, das ein Kind dort hingestellt hatte. Dazwischen drängten sich vereinzelt Wirtshäuser, an einer Ecke wurde ein Hotel gebaut. Hier bog Duncan normalerweise nach rechts ab, auf den Hügel, wo, hinter der Residenz des Gouverneurs, Mr Howes kleine Druckerei lag.

Die George Street führte fast schnurgerade bis hinunter zum Hafen. Auf einer behelfsmäßigen Werft lag ein Schiffsgerüst, an dem ein paar Sträflinge arbeiteten. Die Sonne goss weißes Licht über das weit ins Land eingeschnittene Hafenbecken. Einige Kanus der Eingeborenen waren zu sehen, eine englische Fregatte lag vor Anker, und daneben hatte gerade ein dreimastiges Handelsschiff unter rot-weiß-blauer Flagge abgelegt.

Moira keuchte auf und rutschte von Artemis' Rücken, kaum dass sie das Ufer erreicht hatten.

»Das ist ein niederländisches Schiff«, beruhigte Duncan sie. »Der Doktor wird sicher nicht …«

Moira stieß einen Ton aus, der halb Schluchzen, halb Schrei war, und deutete auf das Schiff. »Doch! Da! Da ist er!«

Jetzt konnte auch Duncan es sehen: *Zeelandia* war vorne, an der Seitenwand des Bugs, zu lesen. Und fast direkt darüber, hinter der Reling, stand ein Mann in dunklem Rock. Dr. McIntyre.

Duncan fühlte sich, als hätte man ihm einen Schlag in den Magen versetzt. Eisige Kälte breitete sich in ihm aus, und alle Hoffnung, die er bis jetzt noch gehabt hatte, sank ins Bodenlose.

Moira rief verzweifelt nach ihrem Sohn; Duncan konnte sie nur mit Mühe zurückhalten, sich ins Wasser zu stürzen. Selbst wenn sie hätte schwimmen können – es wäre zu spät gewesen. Die *Zeelandia* entfernte sich immer weiter.

Duncan sah dem Schiff nach, Wind wehte vom Wasser her, trieb ihm die Tränen in die Augen und trübte seine Sicht. Auch der Doktor blickte zu ihnen herüber. Duncan konnte sein Gesicht nicht erkennen, aber er glaubte zu wissen, wie McIntyre ihn jetzt ansah: schweigend, wie versteinert. Dann ging ein Ruck durch den Körper des Doktors, als müsste er sich mit Gewalt losreißen, und er drehte sich um.

22.

Das Wasser klatschte gegen die hohe Wand des riesigen Gefährts, das die Weißen Schiff nannten, und bildete eine schwankende Grenze zwischen dem Nassen und dem Trockenen. Hoch wie ein Baum erhob sich der hölzerne Schiffsrumpf vor Ningali und Tedbury. Weiter darüber blähten sich die Segel im Wind und trieben das Schiff voran.

Ihr kleines Kanu schaukelte stark; Tedbury hatte Mühe, es ruhig zu halten. Mit beiden Händen klammerte er sich an eine der schweren Ketten, die rechts und links des großen Ruders herabhingen, und hielt sein Kanu mit der ganzen Kraft seines Körpers an der Seite des schwimmenden Hauses.

Die Strecke von Parramatta nach Sydney, der anderen Stadt der weißgesichtigen Menschen, war auf dem Wasserweg schnell zu bewältigen, vor allem, wenn man mit der Strömung paddelte. Sie beide hatten gehandelt, ohne lange zu überlegen. Tedburys Rindenkanu lag nicht weit entfernt, und er war ein geübter Kanufahrer; geschickt hatte er sein Boot durch den rasch fließenden Fluss gelenkt und sie an einigen kleinen Inselgruppen vorübermanövriert, bis sie im Hafen von Sydney angekommen waren. Dass sie richtig lagen, hatte Ningali erkannt, als sie für einen kurzen Moment die schwarzgekleidete Gestalt des Doktors an Bord des Schiffes gesehen hatte.

»Schaffst du es auch wirklich alleine?«, fragte Tedbury jetzt, aus seinem Gesicht sprach Sorge.

Ningali, die im vorderen Bereich des Kanus kniete, nickte wortlos und griff ebenfalls nach der Kette.

Die metallenen Glieder lagen kalt in ihrer Hand. Tedbury nickte ihr noch einmal aufmunternd zu, dann brachte er das Kanu mit ein paar kräftigen Paddelstößen fort vom Schiff.

Ningali klammerte sich an die Kette und begann geschickt wie ein Kusu, daran hinaufzuklettern. Bald gingen die Kettenglieder in ein festes Tau über, an dem ihre Hände besseren Halt fanden. Oben angekommen, lugte sie über den Rand. Am vorderen Ende des Schiffes waren einige Menschen zu sehen, niemand achtete auf sie. Sie zog sich das letzte Stück hoch, kletterte über die Umrandung und duckte sich hinter einem kleinen Beiboot, das hinter einem hölzernen Aufbau vertäut war. Nah bei sich sah sie ein paar Burschen herumlaufen; alle waren ähnlich wie sie selbst in Hemd und Hose gekleidet – auf die Schnelle würde sie hier sicher nicht auffallen.

Kurz atmete sie durch. Wohin jetzt? Wo war der Junge?

Ningali war noch nie auf einem Schiff gewesen; alles war fremd hier, beängstigend – das Knattern der riesigen Segel hoch über ihr, die langsam rollenden Bewegungen des Schiffskörpers, die Rufe und Schreie, der durchdringende Ton, als jemand auf ein metallenes Rundstück schlug. Für ein paar Atemzüge überkam sie Angst. Dann erinnerte sie sich an das, was die Großmutter ihr einst beigebracht hatte, und konzentrierte sich auf ihre Aufgabe.

Scho-i, wo bist du?

Sie kauerte ganz still hinter dem Beiboot, atmete ruhiger, richtete ihre Gedanken auf das, was sie tun wollte.

Der Junge war wahrscheinlich irgendwo im Bauch des Schiffes. Sie musste hinunter. Ganz in ihrer Nähe führte eine

Öffnung ins Schiffsinnere; Ningali sah sich kurz um und huschte dann über die Planken und die hölzernen Stufen hinab.

Dann hörte sie es. Leise, weit entfernt: das Schreien eines kleinen Kindes. Sie folgte dem Gebrüll, das lauter wurde, je tiefer sie hinabstieg. Hier unten war es heiß und stickig.

Da hörte sie plötzlich Schritte, und bevor sie sich umdrehen und fliehen konnte, kam ihr aus der Tiefe des Schiffs ein großer, bärtiger Mann entgegen. Als er Ningali erblickte, fuhr er sie an, in einer Sprache, die klang, als würde sie schrecklich im Hals kratzen und von der Ningali kein einziges Wort verstand. Er ruderte mit den Armen, als wollte er ihr bedeuten, sie solle wieder nach oben gehen. Offenbar hielt er sie für einen der jungen Burschen, die sie dort gesehen hatte.

Ningali senkte den Kopf und lief die Stufen wieder hinauf ins Freie. Dort versteckte sie sich hinter einem Stapel mit Tauen, bis sie sicher war, dass der Mann ihr nicht gefolgt war. Dann stieg sie erneut in die Tiefe.

Die Stufen endeten in einem Gang, von dem eine Reihe von Türen abgingen. Alle sahen gleich aus, doch hinter der ersten drang kindliches Weinen hervor. Nun verstummte das Schreien. Ningali stand ganz still. War jemand bei dem Jungen? Für ein paar Herzschläge hielt sie die Luft an. Dann setzte das Schreien wieder ein. Sie lauschte, aber außer Scho-i konnte sie niemanden hören.

Vorsichtig öffnete sie die Tür. Schwach fiel Tageslicht von den Stufen in den Raum. Sie erblickte ein paar Kisten, ein Schlaflager – und Mo-Ras kleinen Jungen, der darauf mit ein paar Bändern festgebunden lag und sich mit zornrotem Kopf die Lunge aus dem Leib schrie. Als er Ningali sah, ging sein Gebrüll in ein leises Jammern über.

Schnell schlüpfte sie hinein und schloss die Tür wieder

hinter sich. Jetzt war es hier drinnen fast so finster wie in der Nacht; keine Öffnung ließ Tageslicht herein, und nur durch einen kleinen Spalt unter der Tür drang ein schwacher heller Schimmer. Ningali fühlte sich sofort unbehaglich.

Sie stimmte ein leises Wiegenlied an, das die Großmutter sie gelehrt hatte, tastete nach dem kleinen Körper und streichelte ihn. Scho-i hörte auf zu jammern. Vorsichtig löste sie die Bänder, dann hob sie ihn hoch. Als sie ihn an sich presste, spürte sie die starke Verbindung, die sie zu dem kleinen Jungen hatte, und den Gleichklang ihrer Herzen. Er war Dan-Kins Sohn. Sie hatte ihm ins Leben geholfen. Sie würde nicht zulassen, dass man ihn fortbrachte.

Für einen Moment stand sie ganz still, das Kind auf dem Arm. In der Dunkelheit vernahm sie das dumpfe Geräusch des Wassers, das von außen gegen die Schiffswand schlug, und das Gefühl der Beklemmung verstärkte sich. Kein Wunder, dass Scho-i sich hier fürchtete.

Jetzt mussten sie nur noch so schnell wie möglich zurück nach oben und in die Freiheit.

Sie wollte gerade gehen, als sich die Tür öffnete.

*

Moira zitterte am ganzen Körper. Vor Verzweiflung, aber auch vor Wut. Dort, auf dem Schiff, war Joey, so nah und doch so fern! Der alte Bock hatte ihr den Jungen zum zweiten Mal entrissen – und diesmal sah es ganz so aus, als würde er damit durchkommen.

Mittlerweile hatten sich weitere Passanten am Hafen versammelt, darunter auch Mr Howe, der Drucker. Die Nachricht, dass Dr. McIntyre Moiras Kind entführt hatte, pflanzte sich schnell unter den Schaulustigen fort. Alle Versuche, jemanden dazu zu bringen, das Schiff aufzuhalten, waren im Sande verlaufen. Niemand fühlte sich dafür zuständig, und der Hafenmeister war nicht aufzutreiben. Auch Moiras verzweifelter Vorschlag, dorthin zu reiten, wo der Fluss ins Meer mündete und der Lotse wieder von Bord gehen würde, erwies sich als nicht durchführbar: Laut Mr Howes Aussage wohnten die Lotsen am South Head in einer kleinen Hütte, zu der von Sydney aus lediglich ein schmaler Trampelpfad durch dichten Busch führte – Moira und Duncan würden niemals rechtzeitig dort ankommen.

»Habt Ihr eine Erklärung dafür«, wandte sich Mr Howe an Moira, »weshalb Dr. McIntyre ausgerechnet nach Niederländisch-Indien aufgebrochen ist?«

»Niederländisch-Indien?«, wiederholte sie schwach.

»Nun, die *Zeelandia* segelt nach Batavia«, erklärte Howe. »Und da es sich um ein holländisches Schiff handelt, könnte es möglicherweise sein, dass Dr. McIntyre ohne die Erlaubnis des Gouverneurs abgereist ist. In diesem Fall muss er natürlich alle Schiffe und Ziele vermeiden, die zum britischen Hoheitsbereich zählen.«

Moira hielt sich an dem einzigen für sie wichtigen Hinweis fest und sah Duncan aus verweinten Augen an. »Dann – dann reisen wir eben auch nach Batavia. Irgendwer wird uns das Geld dafür schon leihen.«

»Das geht nicht«, sagte er leise. »Hast du vergessen, dass ich das Land noch nicht verlassen darf?«

Sie biss sich auf die Lippen – sie hatte es tatsächlich vergessen. Duncan war zwar vom Gouverneur begnadigt worden, aber es war ein *conditional pardon* gewesen, das besagte, dass er so lange in der Kolonie bleiben musste, bis seine ursprüngliche Strafe von sieben Jahren vorüber war. Und das würde noch eine ganze Weile dauern.

»Dann … dann fahre ich eben alleine nach Batavia.«

»Und dann? Selbst wenn du ihn dort aufstöbern solltest – was willst du tun? Rechtlich gesehen ist McIntyre Joeys Vater.«

»Nach britischem Recht. Batavia ist eine niederländische Kolonie.«

»Glaubst du, nach niederländischem Recht wäre es anders?«

Moira ließ den Kopf hängen. Sie hatte keine Ahnung von niederländischem Recht. »Aber ich … wir müssen doch irgendetwas tun«, flüsterte sie.

Erschöpft wandte sie sich ab. Sie ertrug es nicht länger, auf das Wasser starren und zusehen zu müssen, wie das Schiff mit Joey an Bord langsam aus dem Hafen hinaussegelte und einen Teil ihres Lebens mitnahm. Eine unnatürliche Ruhe senkte sich über sie, schwächte die Geräusche um sie herum ab und ließ ihre Tränen versiegen. Etwas in ihr war zerbrochen, hatte einen Riss bekommen wie ein Gefäß, das irgendwo angeschlagen war.

Sie drehte sich nicht um, als hinter ihr aufgeregte Stimmen und Rufe erklangen und dann das Schreien eines kleinen Kindes. Wie lange wollte man sie denn noch quälen?

»Miss Moira«, hörte sie Tedburys Stimme hinter sich.

Sie antwortete nicht. Sie wollte niemanden mehr sehen, niemanden mehr hören, wollte nur noch fort von hier und sich verkriechen.

»Moira!« Duncans Stimme, voller ungläubiger Freude. »Moira, sieh doch!«

Was war denn noch? Müde, unendlich müde wandte sie sich nun doch um. Und glaubte zu träumen. Die Beine gaben unter ihr nach, aber sie spürte den Schmerz nicht, als sie auf die Knie sank und sich kleine Steinchen in ihre Haut bohrten. Sie sah nur eine tropfnasse Ningali. Und in ihren Armen, genauso nass und vor Empörung brüllend – Joey.

*

Die *Zeelandia* glitt vorbei an einer tief ausgeschnittenen, waldigen Bucht, über der sich ein wolkenloser Himmel spannte. Alistair hatte keinen Blick für die Schönheit der Natur. Wie erstarrt sah er durch das Teleskop dem kleinen Kanu nach, das sich rasch entfernte.

Henry war fort. Sein Sohn, sein Erbe, seine Zukunft.

Vor wenigen Minuten war Ann schluchzend zu ihm gekommen und hatte ihm Ungeheuerliches berichtet: Eine ganze Horde von Wilden habe das Kind gestohlen. Sie, Ann, habe keine Chance gehabt. Die Wilden seien in die Kabine eingedrungen und hätten den kleinen Henry mit sich genommen, ohne dass Ann sie davon habe abhalten können.

Alistair war sofort an die Reling gestürzt. Er sah keine Horde von Wilden, nur ein einzelnes Kanu, das sich vom Schiff weg auf das Ufer zubewegte. Zwei Personen saßen darin. Als Alistairs zitternde Hände ein Teleskop darauf richteten, glaubte er, in einer der beiden das Mädchen zu erkennen, das früher so häufig in Toongabbie aufgetaucht war. Es durchfuhr ihn wie ein Blitz: Hatte Duncan nicht einmal davon gesprochen, sie sei seine Halbschwester? Und jetzt hielt sie ein strampelndes kleines Bündel im Arm. Henry.

Alistair ließ das Teleskop sinken, ein Laut wie ein Schluchzen entfuhr ihm. Er hatte alles verloren. Seine Ehre, seine Arbeit, seinen Sohn.

Ein Schatten fiel auf ihn, als Mr van der Linden, der Kapitän der *Zeelandia,* neben ihn an die Reling trat.

»Abschied ist immer schmerzlich.« Kapitän van der Lindens Englisch hatte einen weichen Klang, wie das der meisten Niederländer. »Lasst Ihr jemanden zurück, der Euch lieb und teuer war, Doktor?«

Auch wenn alles in Alistair danach schrie: Er konnte den Kapitän nicht darum bitten, umzukehren. Zum einen, weil man ihn, Alistair, dann wegen Fahnenflucht festnehmen würde, zum anderen, weil Moira sicher ihre Drohung wahrmachen und ihn anzeigen würde.

»Nein«, gab er beherrscht zurück und rieb sich eine einzelne Träne aus dem Gesicht. »Es ist nur der Wind.«

*

Das im Wellengang leicht schwankende Licht der kleinen Laterne warf flackernde Schatten auf das ärztliche Logbuch. Alistair hatte sich bereits zur Nacht umgekleidet, aber noch saß er an dem winzigen Schreibtisch und schrieb an einem Bericht über die mangelnde Bereitschaft der Seeleute, Sauerkraut zu sich zu nehmen, um dem Skorbut vorzubeugen. Als Schiffsarzt hatte er das Glück, eine der größeren Kajüten bewohnen zu dürfen, die bei Tag gleichzeitig als Praxisraum diente. Bisher war es allerdings außer einem gequetschten Daumen bei einem Matrosen noch zu keinen weiteren Unfällen gekommen. Seit zwei Wochen waren sie nun auf See, und es würde mindestens weitere zwei Wochen dauern, bis sie in Batavia landeten. Wie es danach weiterginge, ob sie von dort aus tatsächlich in eine der Städte an der Ostküste Nordamerikas reisen würden – all das würde sich irgendwie ergeben. Zurzeit war es ihm völlig egal.

Wenigstens hatte er niemandem Henrys Abwesenheit erklären müssen: Als er die Stelle als Schiffsarzt angenommen hatte, hatte er lediglich seine neue Gemahlin erwähnt. Nicht auszudenken, wenn durch einen dummen Zufall Moira hinter seine Pläne gekommen wäre. Sie hätte alles zunichtemachen können.

Anns leise Stimme durchbrach das eintönige Wellenrauschen. »Wollt Ihr … nicht auch schlafen gehen?«

»Gleich, Ann, gleich.« Sie saß auf dem Bett, im Halbdunkel konnte er ihr Gesicht kaum erkennen.

Ann, die er stets nur als Dienstmagd gekannt hatte, nun als Gemahlin zu sehen, fiel ihm noch immer schwer. Er hatte sie noch nicht angerührt – und hatte es auch nicht vor. Ihre Eheschließung hatte lediglich einem Zweck gedient: Er brauchte eine Mutter für Henry. Und das war jetzt nicht mehr von Belang.

Zumindest war sie eine fügsame Gattin. Nicht so wie Moira, die stets ihren eigenen Kopf hatte. Ann hatte ihn nicht einmal gefragt, wieso er Henrys Entführung so stillschweigend hingenommen hatte, ohne den Kapitän zu bitten umzukehren. Falls sie ahnte, dass ihre überstürzte Abreise nicht ganz mit rechten Dingen zugegangen sein konnte, so sprach sie es jedenfalls mit keinem Wort an.

Er hörte, dass sie aufstand, dass ihre leise tappenden Füße um das Bett herumgingen.

»Sir, ich … Alistair!« Er blickte auf. Ann stand vor ihm, auch sie im Nachthemd, mit offenen Haaren. »Wir … wir könnten ein eigenes Kind haben«, flüsterte sie.

Kurz ließ er die Feder sinken. »Ich habe noch zu tun, Ann. Und ich bin müde.« Das war er. Unendlich müde. Des Lebens, des Kämpfens, des ständigen Versteckens.

Ann schluckte, dann zog sie die Kordel auf, die ihr Nachthemd zusammenhielt. Der Stoff sank an ihr hinab, so dass sie nackt vor ihm stand.

Sie war beileibe keine Schönheit, doch beim Anblick ihrer

kaum ausgebildeten Brüste, der mageren, knabenhaften Gestalt regte sich etwas bei ihm.

Bevor er etwas sagen konnte, hatte sie sich vor ihn gekniet.

»Was ... was tust du?«

»Lasst mich nur machen.«

Als sie eine Hand unter sein Nachthemd gleiten ließ, wollte er sich zuerst empört abwenden. Aber dann stockte er. Ließ zu, dass auch ihre andere Hand ihn dort berührte, wo ihn bis auf ein einziges Mal noch niemand außer ihm selbst berührt hatte. Und dann ein Mund. Hitze durchflutete ihn.

»Oh«, stöhnte er auf und lehnte sich zurück. »Oh. Ann.«

23.

»Nein, Joey!« Moira stellte das Brett mit den frisch gebackenen Maisbrötchen rasch auf dem Tisch ab, um ihren Sohn davon abzuhalten, noch mehr Mehl in der Hütte zu verteilen. Sie wollte schimpfen, doch dann musste sie lachen. Ihr kleiner Junge sah unter der weißen Mehlschicht, mit der er sich über und über bestäubt hatte, aber auch zu komisch aus. Joey war jetzt knapp fünfzehn Monate alt und entdeckte jeden Tag neue Fähigkeiten; zurzeit hatte er besonders viel Spaß daran, alle möglichen Sachen aus offenstehenden Fächern und Kisten herauszuholen und überall zu verteilen.

Nach einer passablen Weizenernte im Januar hatten sie vor kurzem ihren ersten Mais eingebracht, und Moira versuchte sich seitdem an verschiedenen Rezepten, um ihren Speiseplan ein wenig abwechslungsreicher zu gestalten.

Sie hatte nie genau erfahren, was im vergangenen Oktober auf der *Zeelandia* passiert war. Wie Ningali es geschafft hatte, an Bord zu gelangen und Joey an sich zu nehmen. Von Ningalis mehr als knapper Schilderung wusste sie nur, dass sie Ann irgendwie dazu hatte bringen können, ihr das Kind zu überlassen. Aber auf welche Weise – darüber schwieg sie sich aus. Wenn in Ningalis dunklen, abgründigen Augen wieder dieses fremdartige Funkeln lag, dann fragte Moira sich, ob das Mädchen Ann womöglich verhext hatte. Vielleicht hatte Ann aber auch ihr gutes Herz entdeckt und eingesehen, dass es falsch war, Joey seinen Eltern zu entreißen. Möglicherweise war es etwas von beidem gewesen.

Aber sie musste nicht wissen, was vorgefallen war. Joey war wieder bei ihnen, und das war das Wichtigste.

Von ihrem ehemaligen Gemahl hatte sie kein Wort mehr gehört. Gouverneur King war äußerst ungehalten gewesen, als er von Dr. McIntyres unerlaubter Ausreise erfahren hatte, hatte von Fahnenflucht gesprochen und angekündigt, ihn steckbrieflich suchen zu lassen. Inzwischen war es April, und sie selbst war noch immer Mrs McIntyre – aus einem einfachen Grund: Der Einzige, der Duncan und sie hätte vermählen dürfen, war der protestantische Reverend Marsden – und sie wollten sich auf keinen Fall von dem Mann trauen lassen, der geholfen hatte, ihnen Joey wegzunehmen.

Ein Rascheln ließ sie aufblicken. Joey saß auf dem Boden und zerriss mit Begeisterung eine alte Zeitungsseite in kleine Fetzen. Noel, der rote Kater, hockte mit bemehltem Schwanz neben ihm und haschte nach den knisternden Papierschnipseln.

Im vorigen Monat war die erste Ausgabe der *Sydney Gazette* erschienen, von Duncan und Mr Howe auf der alten Holzpresse gedruckt, die vor fünfzehn Jahren mit der ersten Flotte gekommen war. Die Zeitung bestand aus einem einzelnen großen Bogen, der in der Mitte gefaltet wurde und damit vier Seiten ergab, und erschien jede Woche mit Nachrichten aus der Kolonie und aus Übersee, Verordnungen des Gouverneurs, Berichten über Gerichtsverhandlungen sowie Anzeigen und Schiffsnachrichten. Für die erste Ausgabe hatte auch Moira etwas beigesteuert und einen Artikel aus einer französischen Zeitung übersetzt, die Duncan mitgebracht hatte, in dem es darum ging, ein Stück Land für den Weinanbau anzulegen. Eine Ausgabe der *Sydney Gazette* kostete einen Sixpence, und die ersten Abonnenten hatten sich bereits gefunden.

Joey hatte seine Beschäftigung aufgegeben, saß vor der halbzerrupften Zeitung und starrte angestrengt auf die Seite; es sah aus, als würde er lesen. Erst als draußen Pferdegetrappel zu hören war, blickte er von seiner »Lektüre« auf.

»Dada!«, plapperte er aufgeregt und stieß einen langgezogenen Laut aus, der entfernt an Artemis' Wiehern erinnerte, seine kleinen Finger deuteten auf die geöffnete Tür. Dann kämpfte er sich auf die Beine und lief Duncan entgegen.

Nach einer stürmischen Begrüßung zwischen Vater und Sohn griff Duncan nach einem der kleinen, noch warmen Maisbrote, brach es durch und biss hinein. Moira beobachtete ihn erwartungsvoll.

»Das ist gut!«, sagte er erstaunt.

»Wirklich?«

»Nein, natürlich nicht«, gab er grinsend zurück. »Das habe ich nur gesagt, damit du nachher wieder mit mir das Bett teilst.«

»Na warte, du Schuft!« In gespielter Empörung drohte sie, einen Kochlöffel nach ihm zu werfen – und hielt sich nur mit Blick auf Joey zurück, der den Albernheiten seiner Eltern fasziniert zusah.

»Du hast übrigens einen sehr klugen Sohn.« Moira legte den Kochlöffel weg, holte drei Zinnteller vom offenen Regal und stellte sie auf den Tisch. »Er liest bereits die Zeitung.«

»Wie praktisch«, erwiderte Duncan betont gleichmütig und legte die neueste Ausgabe der *Sydney Gazette* neben Moiras Teller. »Dann kann er dir die Neuigkeiten ja gleich vorlesen.«

»Welche Neuigkeiten?« Sie strich ihre Hände an ihrer Schürze ab und griff nach der Zeitung.

»Druckfrisch. Lies selbst, es steht auf der ersten Seite.« Er deutete auf die linke Spalte.

Eilig überflog sie den Text. Es war ein Aufruf an alle katholischen Einwohner der Kolonie, sich am nächsten Mittwochvormittag in Parramatta registrieren zu lassen.

»Ich verstehe nicht«, sagte sie misstrauisch. »Wollen sie euch noch mehr reglementieren?«

Duncan schüttelte den Kopf. »Sie wollen wissen, wie viel Platz sie brauchen.«

»Platz wofür?«

Jetzt konnte er seine Begeisterung nicht länger zurückhalten. »Vater Dixon wird endlich die offizielle Erlaubnis erhalten, als Priester zu praktizieren! Demnächst soll es die erste Messe geben.«

Seine Freude war ansteckend. »Oh, das ist herrlich!«

»Ja, das ist es. Endlich ein Schritt in die richtige Richtung.« Duncan nahm seinen Teller und wog ihn in der Hand, als wollte er sein Gewicht schätzen. »Was meinst du?«, fragte er dann. »Könnte man daraus einen Kelch für die Heilige Messe herstellen?«

*

Auch wenn Duncan betonte, sie müsse es nicht tun – Moira wollte es. Und so ließ sie sich Anfang Mai des Jahres 1803 von Vater Dixon in die römisch-katholische Kirche aufnehmen. Wenige Tage später besuchte sie die erste katholische Messe ihres Lebens – die gleichzeitig die erste war, die offiziell in der Kolonie gefeiert wurde.

Es waren bestimmt an die fünfhundert Menschen, die sich an diesem schönen Herbsttag in und vor einem ehemaligen

Getreidespeicher in der Nähe des Hafens von Sydney versammelten; sogar vor den geöffneten Türen drängten sich die Gläubigen in dichten Trauben. Um das Haus herum waren Aufseher postiert, die verhindern sollten, dass es zu Ausschreitungen kam, denn die Gemeinde bestand größtenteils aus zerlumpten irischen Sträflingen.

Alles an dieser Messe war improvisiert. Es gab nur einen Tisch statt eines Altars, das Messgewand des Priesters hatten ein paar Frauen aus einem mehrfarbigen Damastvorhang genäht, und den kleinen Abendmahlskelch hatte Duncan tatsächlich aus einem Zinnteller hergestellt. Mehrere Abende lang hatte er ihn geglättet und poliert und bis zuletzt gezweifelt, ob der becherförmige Kelch gut genug für die Messe wäre.

»Er ist wunderschön«, hatte Moira ihm versichert – und das war er wirklich. Im Kerzenschein funkelte er wie aus Silber, als Vater Dixon ihn über seinen Kopf hob und die Wandlungsworte sprach.

Noch fühlte sich das neue Bekenntnis für sie fremd an, ungewohnt – wie ein Gewand, in das sie erst noch hineinwachsen musste. Dennoch: Die getragene Feierlichkeit, die trotz aller Dürftigkeit aus jeder Geste sprach – all das berührte sie tief. Am meisten aber freute sie sich über das Glück in Duncans Augen.

*

Moira trug ihr bestes Kleid aus silbrig blauer Seide und einen Kranz aus Wildblüten im Haar, als Vater Dixon sie und Duncan in einer kleinen, feierlichen Zeremonie unter freiem Himmel vermählte. Danach wurde gefeiert. Vor ihrer Hütte hatten sie ein paar von den Nachbarn geliehene Tische und Bänke aufgestellt, über einem Feuer drehte sich ein Spanferkel, und ein Geiger spielte zum Tanz auf.

Moira knickste, als die letzten Töne des *Irish Trot* verklungen waren.

»Ich danke dir für diesen Tanz«, sagte sie zu dem achtjährigen James Wentworth. Lächelnd sah sie zu, wie der Junge sich nahezu formvollendet verbeugte und dann über die Wiese zu seinem Vater lief, der sich gerade ein weiteres Bier genehmigte.

Elizabeth Macarthur und ihre Kinder, D'Arcy Wentworth, Mr Howe, Tedbury, Ningali, ein paar Nachbarn und sogar Mrs Harris, Joeys frühere Amme – alle waren sie gekommen. Auch einige *Eora*-Männer schauten vorbei. Samuel Fitzgerald konnte leider nicht kommen, das wäre für den flüchtigen Sträfling zu riskant gewesen. Tedbury hatte schließlich aufgeklärt, wie Fitzgerald von der Hinrichtung erfahren hatte: Eines Tages hatte der junge *Eora* ihnen mit breitem Grinsen erzählt, dass er schon vor Monaten auf einem seiner Streifzüge einen riesenhaften weißen Mann mit Haaren wie Blut getroffen habe, der zusammen mit einer Eingeborenenfrau und ihrem Kind an einer abgeschiedenen Stelle am Ufer des Parramatta River lebe. Seitdem hielten die beiden so ungleichen Männer locker Kontakt.

Den Brautstrauß fing zur allgemeinen Erheiterung Mrs Harris, die die Tatsache, dass sie demnächst noch einmal heiraten würde, ausgesprochen überrascht aufnahm. Als Duncan dann auch noch Moiras Strumpfband löste und zu den ledigen Männern warf, war das Gelächter groß, als ausgerechnet Tedbury es auffing. Und selbst wenn man es nicht sah: Moira hätte schwören können, dass der junge Mann unter seiner dunklen Hautfarbe rot wurde, als er Ningali einen verstohlenen Blick zuwarf.

»Mrs O'Sullivan?«

Sie brauchte einen Augenblick, um zu verstehen, dass sie

gemeint war. Vater Dixon stand vor ihr, sein heller Talar war ein wenig derangiert.

»Ihr wollt doch nicht etwa schon gehen?«, fragte sie. »Trinkt wenigstens noch einmal auf unser Wohl.«

Der Priester schüttelte bedauernd den Kopf. »Wenn ich so weitertrinke, kann ich am Sonntag die Messe nicht lesen.«

»Die Messe ist erst in zwei Tagen. Bis dahin habt Ihr Euren Rausch überwunden.«

»Als neues Mitglied meiner Gemeinde solltest du nicht so lose Reden schwingen.« Vater Dixon bemühte sich, sie mit seinen dunklen Knopfaugen streng anzusehen, aber da er ein freundlicher Mann war, misslang es gründlich.

Als es Abend wurde, leuchtete das Feuer wie ein großer, flackernder Edelstein in der Dunkelheit, und die vertrauten Geigenklänge weckten Erinnerungen. Nach einem weiteren Tanz entdeckte Moira zu ihrem Verdruss einen Riss im Rock ihres Kleides. Sie ließ sich auf eine der Bänke sinken und sah zu, wie Mr Betts' jüngste Tochter und die kleine Mary Macarthur mit Joey ganz in der Nähe Nachlaufen spielten.

Sie war erschöpft, glücklich und gleichzeitig von einer unerklärlichen Traurigkeit erfüllt. Vielleicht war es auch ein wenig Heimweh. Nach Irland, das plötzlich so nah und doch so fern schien. Drei Jahre war sie jetzt fort. Als sie damals hierhergekommen war, hatte sie es nicht freiwillig getan. Genauso wenig wie Duncan. Jeder war auf seine Weise ein Gefangener gewesen; unfrei, Zwängen unterworfen und mit wenig Hoffnung auf Besserung. Inzwischen hatten sie beide sich ihren Platz in diesem neuen Land erkämpft. Doch aus diesen Kämpfen waren sie nicht ungeschoren hervorgegangen, und die Angst, ihre beiden Liebsten zu verlieren, würde noch lange in Moira schwelen. Vielleicht sogar für immer.

»Da ist ja meine wunderschöne Braut.« Sie blickte auf und sah Duncan, dessen Umrisse sich dunkel vor dem Feuer abhoben.

»Eine Braut, die sich gerade ihr Kleid zerrissen hat.«

»Das bringt Glück, wusstest du das nicht?«

»Dann sollte ich besser aufpassen«, gab Moira trocken zurück. »Noch mehr Glück wäre ja kaum auszuhalten.«

Duncan ließ sich schwerfälliger als sonst neben sie auf die Bank fallen; auch er war nicht mehr ganz nüchtern.

»Geht es dir gut?«, fragte er.

Sie zögerte nur kurz, dann nickte sie. »Es ist nur so neu. Und es fühlt sich seltsam an.«

»Was? Katholisch zu sein?«

Sie lachte. »Das auch. Und mit dir verheiratet zu sein. Und ... das alles.« Mit einer vagen Bewegung deutete sie um sich.

Sanft fasste er nach ihrer Hand und hielt sie fest. »Das geht mir genauso. Manchmal fürchte ich, ich träume nur. Und wenn ich aufwache, finde ich mich im Straflager von Toongabbie wieder und muss angekettet schuften. Und du bist noch immer mit dem Doktor verheiratet.«

»Was für eine schreckliche Vorstellung.« Sie schauderte.

»Wo er jetzt wohl ist?«

»McIntyre?« Sie hob die Schultern. »Das will ich gar nicht wissen.«

Nein, das stimmte nicht ganz. In Wahrheit hätte sie zu gerne gewusst, was aus dem alten Bock geworden war. Und aus Ann. Aber das würden sie wohl nie erfahren.

Sie blickte auf, als sich plötzlich fremde Töne unter die Geigenklänge mischten und schließlich ganz übernahmen; kehliger Gesang und das rhythmische Schlagen kurzer Stöcke. Einige der *Eora* waren vor das Feuer getreten, ihre Körper mit weißen Mustern bemalt, und begannen nun ihren eindrucksvollen Tanz voller ruckartiger, vogelähnlicher Bewegungen.

Für Moira fühlte es sich plötzlich an, als würde das Land selbst sie umarmen. Etwas in ihr löste sich, fiel von ihr ab und entzündete eine kleine Flamme der Freude in ihrem Bauch. Und ihr Herz wurde weit.

*

Ningali blieb stehen und schaute zurück auf die vertrauten Hügel und Bäume und auf die Berge dahinter, über denen der Dunst wie ein bläulicher Schleier hing. Dann bückte sie sich, grub ihre Finger tief in die Erde und nahm eine Handvoll davon auf. Spürte das Leben darin, die Verbindung zum zeitlosen Beginn allen Seins. Es fühlte sich gut an. Warm. Lebendig.

Sie wusste nicht, wie lange sie fort sein würde. Zeit war nicht wichtig während dieses Weges, den sie auf den Pfaden der Ahnen wandern würde, durch Flüsse und Täler, über Felsen und Gras. Das Land rief nach ihr wie eine Mutter nach ihrem Kind. Und wenn sie zurückkam, würde sie ihre Aufgabe als Schamanin des Clans aufnehmen.

Plötzliches Flügelrauschen ließ sie nach oben blicken. Eine Krähe, schwarz wie verkohltes Holz, flog so dicht über sie hinweg, dass ihre Flügelspitzen sie fast streiften. Der Vogel landete auf einem Ast und beobachtete Ningali mit klugen dunklen Augen.

Augen, die sie an ihren Vater erinnerten.

Ningali neigte leicht den Kopf und lächelte. Dann machte sie sich auf den Weg.

Nachwort und Dank

Gouverneur Kings Worte über Pemulwuy sind überliefert: »Obwohl er für die Kolonie eine schreckliche Plage war, so war er doch ein tapferer und unabhängiger Charakter.« Noch heute ist unklar, wer den ersten Widerstandskämpfer Australiens erschoss – mal spricht man von Siedlern oder Sträflingen, dann wieder von Konstablern oder einem Schiffsmaat. Ich habe mir die Freiheit genommen, den fiktiven Major Penrith dafür verantwortlich zu machen.

Der abgetrennte Kopf des großen Kriegers, der nach England geschickt wurde, ist heute verschollen.

Pemulwuys Sohn Tedbury, der ein gerngesehener Gast bei den Macarthurs war, führte den Kampf seines Vaters für weitere acht Jahre fort. Auch ihn ereilte ein früher Tod: 1810 wurde er von einem Siedler erschossen.

Was D'Arcy Wentworth angeht, so habe ich mir erlaubt, ihn für einige Monate auf die Reise zu schicken. Meines Wissens hat er allerdings weder John Macarthur einen Teil der Strecke nach England begleitet noch für Elizabeth Macarthur Schafe aus Kapstadt mitgebracht – das tat John selbst, als er 1805 nach Australien zurückkehrte.

Einige der Gedanken Ningalis – ebenfalls einer fiktiven Figur – aus Kapitel 8 stammen, wenn auch leicht verändert, aus dem »Spiritual Song of the Aborigine« von Hyllus Maris.

Den Namen »Australien« verdankt das ehemalige Neuholland tatsächlich Matthew Flinders, der als Erster den gesamten Kontinent umsegelte. Sowohl in Sydney als auch in Donington, Flinders' Geburtsort in England, ist neben Flinders' Statue auch die seiner treuen Katze Trim zu sehen.

Und noch ein Tier ist erwähnenswert: Der seltsame Vogel, dem Moira auf ihrer Flucht mit Joey begegnet, ist ein Leierschwanz (so genannt, weil die ersten Präparatoren den Vogelschwanz in Form einer Leier formten); dieser Vogel kann tatsächlich alle Arten von Lauten täuschend echt nachmachen – in unseren Tagen sind das neben tierischen und menschlichen Stimmen auch die Geräusche von Kettensägen, Handyklingeln und das Klicken von Kameraverschlüssen.

Die *Sydney Gazette and New South Wales Advertiser*, die erste Zeitung Australiens, erschien mit kurzen Unterbrechungen von 1803 bis 1842 – gegründet und herausgegeben von George Howe.

Die neue Freiheit der Katholiken in Australien war dagegen nur von kurzer Dauer. Gouverneur King hielt Vater Dixon für mitverantwortlich für die große Rebellion irischer Sträflinge, die 1804 in Castle Hill stattfand, und zog die Erlaubnis, die Messe zu feiern, wieder zurück. Bis ein katholischer Priester erneut praktizieren durfte, sollte es noch sechzehn weitere Jahre dauern.

Mein herzlichster Dank gilt Katja – fürs Aufstöbern logischer Fehler, sprachlicher Schnitzer und stundenlanges Ideen-Brainstorming; meiner Mutter – für viele kleine Anregungen und Ratschläge; und natürlich Stefan – fürs Rückenfreihalten und sein »Das ist doch alles kein Problem« und die Präsentation einer möglichen Lösung, wenn die Autorin sich mal wieder in einer Plot-Frage verrannt hatte. Außerdem meiner Agentin Natalja Schmidt, meinem Lektor Carlos Westerkamp, den Mitarbeitern des Ullstein/List-Verlags sowie den Mitgliedern des Autorenforums Montségur.

Zeittafel

1770	James Cook entdeckt die Ostküste Australiens
1788	Ankunft der »Ersten Flotte« Gründung der ersten Sträflingskolonien
1793	Ankunft der ersten freien Siedler
1797	Beginn der Schafzucht durch John Macarthur
Jan. 1800	Ankunft des Sträflingsschiffs *Minerva* in Sydney
Sept. 1800	Philip G. King wird Gouverneur von Neusüdwales
Nov. 1801	John Macarthur reist nach England
Nov. 1801	Gouverneur King setzt ein Kopfgeld auf Pemulwuy aus
2. Juni 1802	Pemulwuy wird erschossen

3. März 1803	George Howe veröffentlicht die erste Zeitung Australiens – die *Sydney Gazette and New South Wales Advertiser*
15. Mai 1803	Erste offizielle katholische Messe
1801–1803	Matthew Flinders umsegelt als Erster den Kontinent